Bernd-Lutz Lange

Das Leben ist ein Purzelbaum

aufbau

Bernd-Lutz Lange

Das Leben ist ein Purzelbaum

Von der Heiterkeit des Seins

Mit Illustrationen von Egbert Herfurth

aufbau

FSC
www.fsc.org
MIX
Papier aus verantwortungsvollen Quellen
FSC® C083411

ISBN 978-3-351-02737-7

Aufbau ist eine Marke der Aufbau Verlag GmbH & Co. KG

2. Auflage 2011

Einbandgestaltung hißmann, heilmann, hamburg
Druck und Binden CPI – Clausen & Bosse
Printed in Germany

www.aufbau-verlag.de

Inhalt

Vorwort

Dass das Leben einem Purzelbaum ähnelt, merkt man erst, wenn man sich im letzten Drittel befindet. Die Welt dreht sich, so kommt es einem vor, immer schneller. Die Jahreszeiten rauschen vorbei. Eben hatte ich die Weihnachtssachen in den Keller gepackt und nun steht schon wieder ein Baum im Zimmer zum Anputzen bereit ...!

Beim Purzelbaum scheint sich die Welt um einen zu drehen, und man sitzt anschließend etwas benommen auf der Wiese. Was war da gleich?

Dieses Buch schlägt einen Purzelbaum von der Reformation bis in die Gegenwart. Ich habe dafür meine Anekdotenmappe geplündert.

Das Lexikon hat mich belehrt, dass »anekdota« aus dem Griechischen kommt und »nicht herausgegeben« bedeutet. Es geht um eine »knappe Erzählungsform für seltsame oder heitere Erlebnisse, oft in einer Pointe gipfelnd«.

Sie werden also Episoden aus dem Leben von bekannten und unbekannten Menschen und Begebenheiten aus historischen Epochen finden. Die Lektüre soll Sie möglichst zum Schmunzeln bringen. Wenn sich diese Absicht nicht erfüllt, hätte der Band seinen Zweck leider verfehlt.

Henri Bergson hat 1914 bei Eugen Diederichs in Jena ein Buch mit dem Titel »Das Lachen« veröffentlicht. 134 Seiten nur über das Lachen, aber leider überhaupt nicht lustig! Das schafft eben nur ein Philosoph.

Ein großer Geist, dessen Werk ich besonders schätze, war der Wiener Egon Friedell: Schauspieler und Kabarettist, Theaterkritiker und Kulturphilosoph, Dramatiker und Regisseur, Satiriker und Aphoristiker. Mehr geht nicht. Ich glaube, diese Vielzahl von Talenten – in einem Menschen vereint – gibt es heute nicht mehr. Die Schnelligkeit unseres Lebens lässt universelle Bildung kaum mehr zu.

Friedell war auch Berufskollege, er wurde 1908 künstlerischer Leiter des Kabaretts »Die Fledermaus«. Das Wiener Multitalent hatte eine besondere Neigung zur Anekdote, zu dieser kleinen literarischen Form, in der er Meister war, und er sagte darüber: »Oft wird ein ganzer Mensch durch eine einzige Handbewegung, ein ganzes Ereignis durch ein einziges Detail schärfer, einprägsamer, wesentlicher charakterisiert als durch die ausführlichste Schilderung. Kurz: die Anekdote in jederlei Sinn erscheint mir als die einzig berechtigte Kunstform der Kulturgeschichtsschreibung.«

In unserer schnelllebigen Zeit ist die Anekdote bei den meisten Autoren auf der Strecke geblieben. Vielleicht hängt es auch damit zusammen, dass die Kultur des Kaffeehauses fehlt. Denn dort, in der Gesellschaft diverser Spötter, war die Geburtsstätte so manch heiterer Miniatur. Nicht umsonst stammen die besten Anekdoten aus dem Wien der K.u.k.-Zeit.

Der überragende Friedrich Torberg hat jener untergegangenen Welt in seiner »Tante Jolesch« ein faszinierendes Denkmal gesetzt.

Noch einen weiteren Zeugen für diese kurze literarische Form will ich aufrufen. Walter Kiaulehn war in den zwanziger Jahren in Deutschland ein sehr geschätzter und bekannter Feuilletonist. Er schrieb in seinem Buch »Mein Freund der Verleger« (damit ist Ernst Rowohlt gemeint) im Jahr 1967 folgendes: »Die schiefen Urteile über den Feuilletonismus kommen entweder aus böser Absicht oder sie beruhen auf dem Missverständnis, die Anekdote mit Tratsch zu verwechseln. Der Tratsch entsteht aus Schlüssellochguckerei, doch die Anekdote ist der Ganzblick auf eine Persönlichkeit oder einen Zustand. So wie die Erde aus den Kratern die Diamanten hochschleudert …, so hinterlässt das Menschenleben und das, was man die Geschichte nennt, die Anekdoten.«

Dass ich Diamanten zusammengetragen hätte, nehme ich für mich natürlich nicht in Anspruch – die wurden von den Meistern der Sprache vor hundert Jahren geschliffen.

Ich gebe mich damit zufrieden, wenn diese Texte von Ihnen als farbige Glassplitter empfunden werden. Aber ein wenig funkeln sollten sie schon …

Setzense sich!

Von ABC-Schützen, Pennälern und Paukern

Wenn meine Patentante, eine Grundschullehrerin, zu Besuch kam, holte sie nach einer Weile meistens einen Zettel aus ihrer Handtasche, um uns die neuesten Stilblüten von ihren Schülern vorzulesen. Ihr herzliches Lachen, das sie manchmal den Satz bis zur Pointe kaum zu Ende bringen ließ, klingt mir noch im Ohr.

Haben heute die Lehrer keine Zeit mehr für das Sammeln solch kindlichen Humors?

Von den zwei, drei Pädagogen in meinem Bekanntenkreis habe ich noch nie eine Schulanekdote erzählt bekommen. Sind sie so mit Aufgaben eingedeckt, dass dafür keine Muße mehr bleibt?

Im »Leipziger Kalender«, der ab 1904 erschien und den die Dampfbuchbinderei Legel fertigte (da wurde ordentlich Dampf gemacht!), fand ich mehrere Artikel unter der Überschrift »Aus der Mappe eines alten Schulmannes«. Der namenlose Autor hat sich damals die Zeit für solche Aufzeichnungen genommen. Seinen Kuriositäten habe ich noch einiges aus meiner Sammlung des sächsischen Kindermundes hinzugefügt.

Adam und Eva sind aus dem Paradiese verstoßen! Bange folgen die Kinder der Erzählung des Lehrers. Ein Bild wird umhergereicht, auf dem die Schuldigen wehmütig das dornenbesäte Feld betreten. Ihr hartes Schicksal erregt allenthalben Mitleid. Nur der kleine Karl sagt ungerührt: »Da schdehnse nu un heiln! Häddnse de Äbbl nich gefrässn!«

Bleiben wir noch in der Religionsstunde: Fritz träumt vor sich hin, als über die Vertreibung aus dem Paradies gesprochen wird. Der Lehrer bemerkt dies und fragt ihn: »Weshalb wurden Adam und Eva aus dem Paradiese vertrieben?«

Fritz überlegt kurz und sagt dann: »Sie werden wohl in die Beete getreten sein.«

Der Junge hatte vermutlich schon Erfahrung mit einem Schutzmann im kaiserlichen Deutschland gesammelt, denn da herrschte bekanntlich Ordnung!

Im Zusammenhang mit der Weihnachtserzählung sagt der Lehrer: »Abends, wenn es langsam finster wurde, dann setzten sich die Hirten gemütlich ans Feuer. Und was taten sie dann wohl?«

Ein Gastwirtstöchterchen weiß es aus Erfahrung: »Sie spielten bestimmt ein bisschen Skat!«

In der Weihnachtszeit hörte der Kantor einer Gohliser Kirche die Kinder singen: »Uns ist ein Kindlein heut gebor'n von einer Jungfrau aus dem Chor.«

Gar nicht unmöglich! Und dann muss man sich auch nicht wundern, wenn manche Kinder singen: »O du fröhliche, o du selige knabenbringende Weihnachtszeit.«

Nicht erfunden, das alles ist tatsächlich passiert.

Axel Hacke hat ja über solche Hörfehler, die besonders bei Kindern verbreitet sind, ganze Bücher geschrieben. Und da kann ich noch einmal meine Patentante ins Spiel bringen. Sie amüsierte sich einmal köstlich über den Text eines Liedes, das ich sang, holte sofort ihren Mann und bat mich Zehnjährigen, den Schlager zu wiederholen.

Das Original lautete (und das habe ich nach so vielen Jahrzehnten immer noch im Kopf!): »Bravo, bravo, beinah wie Caruso, ja, so singt Filippo, tralalalalalala.«

Ich hatte aber verstanden und sang im Brustton der Überzeugung: »Bravo, bravo, Beine wie Caruso ...«

Zurück zur alten Penne.

Ein Schüler in einer Klasse begreift den Lehrstoff prinzipiell etwas langsamer. Ehe der Lehrer im Unterricht etwas Neues durchnimmt, sagt er deshalb immer: »Wir können erst weitergehen, wenn es Fritzsche verstanden hat!«

Nach dem Examen nun hält der Schuldirektor eine feierliche Ansprache, gibt den Kindern gute Ratschläge für das weitere Leben. Schließlich will er als Mann der Religion auf die Bedeutung des Segens von oben verweisen und fragt: »Aber auf wen kommt doch zuletzt alles an?«

Da ruft der kleine Hans Schmalfuß durch den Saal: »Auf Fritzsche!«

Es werden die zehn Gebote wiederholt. Einen Jungen hat die Natur mit Verstand etwas sparsam ausgerüstet. Kurzum, er hat keine Ahnung, als er das siebente Gebot aufsagen soll. Der Lehrer spricht ihm in eindringlichem Tone vor: »Du sollst nicht stehlen!«

Da kommt plötzlich die Wahrheit ans Licht: »Ich hab bloß offgebaßd, genomm hadds mei Vaadr alleene!«

Die Sache wird wohl ein Nachspiel gehabt haben ...

Ein junger Lehrer, das hatte sich herumgesprochen, ist heimlich verlobt.

Im Religionsunterricht will er darüber sprechen, dass Gott allgegenwärtig ist. So fragt er: »Wenn ich abends allein durch den Wald gehe, wer ist da doch bei mir?«

Zu seiner großen Verblüffung antwortet ihm darauf ein Mädchen: »Fräulein Schulze.«

Ein anderer Religionslehrer schildert den Weltuntergang in den düstersten Farben.

»Dann wird sich der Himmel verfinstern, Wolkenbrüche

überschwemmen das Land, Blitze zucken und ein gewaltiger Sturm braust über die Erde!«

Der Lehrer hält in seinen dramatischen Ausführungen inne. Da kommt es seelenruhig aus einer Bank: »Saachnse mal, wärn mir bei so een Sauwädder edwa ooch Schule hamm?«

Das wollen wir für den kleinen Frager nicht hoffen.

Nach der Schöpfungsgeschichte ist Anna etwas noch nicht klar: »Härr Lehrer, hadd Godd wärglich alle Diere geschaffn?«

»Natürlich.«

»Ooch die Rähchnwärmer, de Schnäggn un de Schbinn?«

»Auch die.«

»Ooch de Flieschn, de Miggn un de Moddn?«

»Selbstverständlich.«

Kurze Pause des Erstaunens. Dann kommt die lakonische Feststellung: »Wie gonnde dähr sich nur midd so ä Fiebselgrahm abgähm?!«

Für so etwas hat man doch normalerweise seine Leute!

Ein Lehrer will den Kindern erklären, dass die Tiernamen verschiedene Geschlechter haben. Er fordert sie auf, Tiere zu nennen.

»Das Mäuschen.«

»Das Kätzchen.«

»Das Hündchen.«

Dem Lehrer platzt der Kragen. »Mäuschen, Kätzchen, Hündchen! Ihr sollt die Tiernamen nicht immer verkleinern! Es heißt die Maus, die Katze oder der Hund! Franz, nenn du mir ein Tier!«

Franz zögert und meint: »Wie wäre es mit – das Kanin.«

Der zweite Schultag bei den ABC-Schützen. Sie haben dem Lehrer schon ihre Namen gesagt. Nun heißt es Auskunft geben über den Beruf der Eltern.

»Fellbaum, was ist denn dein Vater?«

Der kleine Held schweigt.

»Aber du musst doch wissen, was dein Vater ist!«, ermuntert ihn der Magister.

»Nee, das weeß ich nich! Mei Vater, der is egal ä was annersch!«

Es gab eben auch schon vor hundert Jahren dynamische Persönlichkeiten!

Sehen wir einmal in den Heimatkunde-Unterricht.

Vor den Kleinen hängt eine Abbildung vom Felde. Ein Landmann steht hinter dem mit zwei starken Pferden bespannten Pflug. Kräftig schwingt er die Peitsche.

Der Lehrer fragt: »Wie heißt der Mann, der so fleißig arbeitet draußen auf dem Felde?«

»Das ist der ... Feldwebel!«

Möglich wäre ja auch der General*feld*marschall.

Der Lehrer spricht mit den ABC-Schützen in einer Dorfschule bei Leipzig über die Einrichtung der Schulstube. Da gibt es nicht – wie zu Hause – ein Sofa oder eine Wanduhr, sondern hier steht das Pult, dort hängt die Wandtafel, da ist ein Papierkorb.

»Wozu ist der Papierkorb da?«

Alle Schüler wissen Bescheid. Der Lehrer verweist darauf, dass vom Frühstücksbrot keine Reste in den Papierkorb gehören. In dem Moment fällt ihm ein, dass unlängst eine Maus von den Krümeln partizipierte. »Obwohl, ganz so schlimm ist es auch wieder nicht, denn wenn ihr auf den Hof hinausgeht und es ganz still in der Schulstube ist, dann dauert es nicht lange, da schleicht sich jemand ganz leise an den Papierkorb und ißt die kleinen Bröckchen geschwind auf. Wer ist das wohl?«

Da tönt es ihm im Brustton der Überzeugung entgegen: »Der Lehrer!«

Man traute denen eben schon von jeher allerhand zu.

Die Schulanfänger, in Leipzig von älteren Schülern »Achtenkrutscher« genannt, haben ein Vierteljahr die Schulbank gedrückt. Da wird einer gefragt, was sie denn derzeit im Unterricht so machen würden. Die lakonische Antwort: »Nischd Neies, mir läsn immer noch!«

Der hatte keine Ahnung, dass sich das bis zum Ende durchziehen würde!

Am 8. Mai 1905, am Tag vor der Schillerfeier anlässlich des Dichters 100. Todestag, kommt ein Knabe nach Hause und meint zu seiner Mutter: »Wir haben morgen keine Schule, weil eine Feier ist, aber wir sind noch zu klein und dürfen nicht mitfeiern.«

»Und was ist das für eine Feier?«

»Vor hundert Jahren ist ein Schieler gestorben.«

Bleiben wir gleich bei dem großen deutschen Dichter. Der Lehrer zitiert Friedrich Schiller: »Da werden Weiber zu Hyänen.« Und er fragt: »Wo kommt das vor?«

»In den besten Familien!«, ruft ein Schüler.

Wo er Recht hat, hat er Recht!

In einer Klasse mussten die Knaben ein Rechenexempel lösen. Dabei ging es um den Salzgehalt des Meeres. Bei dieser Gelegenheit fragte sie der Lehrer, ob die Jungen überhaupt wüssten, woher der Salzgehalt des Meeres käme.

Großes Kopfzerbrechen. Allgemeines Schweigen.

Dann hatte einer der Jungs schließlich eine Erleuchtung: »Der kommt von den Heringen.«

Grammatik. »Wer von euch kann ›haben‹ im Präsens konjugieren?«

Der kleine Heinrich versucht es: »Ich habe … du hast … er hat … da hammrsch, da habdrsch, da hammses!«

Sozusagen sächsische Grammatik.

In der Oberklasse einer Schule werden die Leipziger

Denkmale behandelt. Als das Leibnizdenkmal dran ist, fragt der Lehrer, wer etwas von Leibniz wisse.

»Der hat den Keks erfunden.«

Also, ganz ehrlich: Das könnte bestimmt auch heute noch passieren …

Es soll ja Sachsen geben, die sich ihres Dialektes etwas schämen und ihre Kinder ermahnen, sich einer besseren Aussprache zu befleißigen. Manchmal geht es aber auch total daneben:

Große Hitze in der Stadt.

»Muddie, mir isses so heeß!«

»Schbrich nich so säggs'sch, mei Junge! Das heißd nich heeß. Heiß heeßds!«

Soviel zu den kleinen Schülern, nun zu den großen und ihren mitunter unfreiwillig originellen Lehrern. Im Dezember 1997 schickte mir Fred Rose, den ich durch meine Beschäftigung mit der jüdischen Geschichte Leipzigs kennen gelernt hatte, aus dem fernen kanadischen Toronto einen Brief mit Stilblüten des Studienrats Kurt Reichenbach. Er unterrichtete am König-Albert-Gymnasium. Das stand einst gegenüber dem Zoo und wurde im Krieg zerstört. In Freds Klasse, damals hieß er noch Siegfried Rose, ging auch der später berühmte – und einzige in Leipzig geborene – Nobelpreisträger: Bernard Katz. Er wurde von der Queen geadelt. Katz floh 1934, nach seiner Promotion an der Leipziger Universität, vor den Rassendiskriminierungen der Nazis nach England.

Die Stilblüten des Lehrers Reichenbach hatte Helmut Jerusalem gesammelt, ein Mitschüler, der aber nicht, wie man bei solch einem Namen glauben könnte, jüdischer Herkunft war, sondern, wie Fred Rose schrieb, »anständiges Mitglied der HJ, und im Zweiten Weltkrieg leider verschollen – wie vier andere, aber jüdische Mitschüler unserer Klasse. Am Ende, nämlich 1937, wurde ich als letzter jüdischer Schüler herausgeschmissen – aus Leipzigs bestem humanistischem Gymnasium!

Von unserer Klasse leben nur noch acht und wir haben uns einige Male wieder getroffen. Die anderen sind gefallen, vergast oder nach dem Krieg verstorben. Ein Stück deutscher Geschichte.«

Auf der mitgeschickten Ablichtung eines Klassenfotos sehen den Betrachter 26 junge Burschen an, die meisten ziemlich ernst. In den Unterrichtsstunden vom Geschichtslehrer Kurt Reichenbach grinsten oder lachten sie ziemlich oft.

Der Chronist nannte die Sammlung: »Der neue Galletti«

bzw. »Gallettiana« nach jenem Professor Johann Georg Galletti, der im 18. Jahrhundert in einem Gymnasium in Gotha unterrichtete und mit seinem unfreiwilligen Humor die Schüler erheiterte.

Aussprüche wie »Alexander wurde einundzwanzig Jahre vor seinem Tod vergiftet« oder »Nach der Schlacht von Leipzig sah man Pferde, denen drei, vier oder noch mehr Beine abgeschossen waren, herrenlos herumlaufen« machten in Schulen die Runde. Besonders absurd ist auch diese Stilblüte: »Es gibt viele, die nicht reden, wenn sie verstummen sollten, und andere, die nicht fragen, wenn sie geantwortet haben.«

Die Aussprüche des Pädagogen Kurt Reichenbach blieben also der Nachwelt erhalten. Hier einige Kernsätze des teilweise sehr zerstreuten Lehrers (am Telefon meldete er sich einmal mit »Hier Studienbach Reichenrat«), der oft zur Bestätigung mitten im Satz oder am Ende ein »nich« mit einem leicht angehängten »a« folgen ließ:

»Wenn Sie denken, Sie können mir auf dem Kopf herumtrampeln, dann sind Sie aber auf dem Holzweg, nich'a!«

»Scharnhorst zog die Rekruten aus und bildete sie ein.«

»Als Ludwig XV. nach seinem Tode gestorben war, folgte ihm Ludwig XIV. auf den Thron ... umgekehrt natürlich, nich'a ...«

»Der Soldatenkönig gründete neben Kriegsschulen Mädchenpensionate, um der Verwilderung Einhalt zu gebieten.«

»Ich bin vielleicht dreimal so alt wie Sie – oder sogar zweimal!«

»Er war von Geburt an von schwankender Gesundheit.«

»Wenn Ihnen die Art, wie ich vortrage, nicht passt, können wir ja mal was lernen!«

»Joseph I. hatte zwei Töchter, eine davon war Karl VI.«

»Es regierte zu dieser Zeit in Polen der ... Bautzmann! Passen Sie auf!«

»Die Sonne kam, so daß Friedrich seinen Stuhl herausbringen ließ und sich da ruhte ... Ich weiß wirklich nicht, was es da zu lachen gibt!«

»Südneuostpreußen oder – wie man auch sagen kann – Südneuostpreußen hatte ...«

»Als Friedrich der Große von seinem Tode erfuhr, war er den ganzen Morgen sehr ernst und still ...«

»Wenn ich Reich gefragt habe, habe ich eben nur Reich gefragt, nich'a, ich möchte es nicht bis hierher vorgesagt haben!«

»Aber die, die immer wie die Philosophen dasitzen und nur feixen, sollen sich über ihre Zensuren wundern.«

»Messejuseps, oder wie das Ding heißt, ist ein Land in Amerika ...«

»Wer den natürlichen Anstand nicht von zu Hause mitbringt, dem werden wir das hier beibringen, nich'a, und wenn das nicht gelingt, dann geht er woandershin.«

»Busse! Wenn Sie müde sind, gehen Sie raus und legen sich beim Hausmeister aufs Sofa.«

»Man muß die Straße senkrecht überschreiten.«

»Das Mitnehmen von Personen auf Fahrrädern ist verboten, außer Personen über unter acht Jahren, aber es muß ein besonderes Gesäß, nein ... ein ... ein ... Sattel angebracht sein ...«

»Das sieht ja kümmerlich aus, wenn Sie Ihren edlen Leib so emporheben ...«

»Er redete nicht nur von der Besiedlung des Volkes, sondern er suchte auch den Viehbestand zu heben durch Veredlung des Rindviehs ...«

»Peter der Erste, nein, Zweite, vielmehr der Dritte, na, ich weiß es auch nicht mehr so genau, nich'a, also Peter von Russland ...«

»Wenn Sie so lange auf der Schule sind wie ich, nich'a, können Sie sich auch mal versprechen, nich'a.«

Der Lehrer Reichenbach scheint geradezu der »Feuerzangenbowle« entsprungen zu sein. Und mit diesem Buch hatte ja wiederum der Leipziger Schriftsteller Hans Reimann viel mehr zu tun, als in der Öffentlichkeit Deutschlands bekannt ist. Lassen wir dazu seinen Enkel Andreas zu Wort kommen, der in Leipzig als geschätzter Dichter lebt und in der Publikation »Beschreiben und Bezeichnen« aus dem Leben seines Großvaters und auch über die Vorgeschichte der »Feuerzangenbowle« einiges erzählt. Denn dass dieser als Autor unbekannt ist, hat ganz bestimmte Gründe ...

»... Nun hatte Hans R. 1921 eine ätzende Parodie auf das antisemitische Elaborat ›Die Sünde wider das Blut‹ von Artur Dinter unter dem Titel ›Artur Sünder. Die Dinte wider das Blut‹ veröffentlicht. Zehn Jahre später unterschrieb er beim gleichen Verleger einen Vertrag, in dem er sich verpflichtete, Hitlers ›Mein Kampf‹ durch den Kakao zu ziehen. Von ›vorausschauenden‹ Nazis gewarnt, kniff er.«

Der Leipziger Publizist Wolfgang U. Schütte, ein Fachmann für – vor allem auch – vergessene Literatur der zwanziger Jahre, nannte mir in einem Gespräch dazu einen Namen: Hanns Johst, der 1935 Präsident der Reichsschrifttumskammer wurde. Mit diesem Johst spazierte Reimann irgendwann vor der sogenannten Machtergreifung der Nazis ein Stück des Weges und erzählte ihm von seinem Plan, Hitlers Kampfschrift zu parodieren. Das Buch sollte unter dem Titel »Mein Krampf« erscheinen. Johst sagte darauf in etwa zu Reimann: »Machen Sie das nicht. Man schlägt Sie tot!« Reimann hat das ernst genommen und dazu hatte er auch allen Grund. Mit seinem Verleger Paul Steegemann bekam er deshalb im Jahr 1932 noch Probleme, denn Steegemann verklagte ihn wegen des nicht abgelieferten Manuskriptes.

Reimann hat schon früh Hitler satirisch angegriffen. In seinem 1925 erschienenen Buch »Sago« findet sich das Gedicht »Sein Bart«:

»Eines Morgens löste Hitlers Bart sich von der Lippe,
Wie ein mohrenschwarzer Schmetterling hob er die
Flügel,
Schwebte adlergleich dahin zum Teutoburger Walde,
Armins, des Cheruskers, Denkmal mit Respekt zu
grüßen,
Und sodann, von Völkischkeit erfüllt, zu Wotan eilend,
In den patentierten Allgermanengötterhimmel,
Richard Wagner saß zur Rechten, Felix Dahn zur
Linken,
Um die Wette tranken süßen Met die drei Kumpane,
Und der mohrenschwarze Schmetterling trank
heimlich mit,
Trank und trank, und trunken kehrte er zurück zur
Erde,
Kehrte rück auf Adolf Hitlers ahnungslose Lippe,
Und wie teutscher Honig fleußt's seitdem von seinem
Munde.«

Als die Nazis 1933 über Nacht an die Macht kamen, war Reimann natürlich wegen der geplanten »Verhohnepipelung ihrer Heilsschrift« (Andreas Reimann) mulmig zu Mute.

Sein Plan hatte sich ja durchaus da und dort herumgesprochen. Und nun kommen wir zum Eigentlichen – zur Geschichte der »Feuerzangenbowle«. Andreas Reimann schreibt weiter in der genannten Publikation: »1932 hatte Hans R. im Antiquariat das Reclam-Heftchen ›Besuch im Karzer‹ von Ernst Eckstein ergattert und erwog, zusammen mit Heinrich Spoerl ein Filmszenario daraus zu entwickeln. Damit die Geschichte in sich stimmig würde, begab er sich hernach inkognito an ein Gymnasium in Neusalz an der Oder und spielte dort in etwa die Rolle des ›Pfeiffer mit drei f‹ durch. Da sich das Filmprojekt zunächst nicht realisieren ließ, schrieb er in kürzester Frist seinen Roman ›Die Feuerzangenbowle‹ und bat den ideell beteiligten Spoerl, das Buch mit dem Autorennamen Spoerl zu veröffentlichen, da er die Nazis vorerst nicht darauf aufmerksam machen wollte, dass er selbst noch existierte.«

So erschien die Geschichte unter Heinrich Spoerl.

Noch einmal Andreas Reimann: »1933 schrieb Hans R. dann das Drehbuch für den Rühmann-Film ›So ein Flegel‹ und später auch für den berühmtesten Aufguß des Stoffes, ›Die Feuerzangenbowle‹.«

Heinz Rühmann schreibt in seinen Memoiren: »Ich kannte den Roman von Heinrich Spoerl, denn ich hatte die Rolle schon einmal, 1934, gespielt. Damals hieß der Film ›So ein Flegel‹, und das Drehbuch war nicht von Spoerl ...« Ansonsten lobt er Heinrich Spoerl, aber der Name Reimann fällt gar nicht. Die wahren Zusammenhänge scheinen ihm unbekannt zu sein. (Auch in einem anderen Fall wird Reimann vergessen: Er hat mit Max Brod zusammen den »Schwejk« dramatisiert, den Piscator mit großem Erfolg auf die Bühne brachte. Aber der berühmte Herausgeber der Wochenzeitung »Die Literarische Welt«, Willy Haas, nennt wiederum in seinen Erinnerungen nur Max Brod – Künstlerpech ...)

Die beiden Autoren Reimann und Spoerl einigten sich jedenfalls, den Gewinn immer zu teilen. Das wurde auch bis zum Schluss praktiziert. Reimann hat nach dem Krieg versucht zu belegen, dass er der Hauptautor des Buches ist, und wollte auch, dass sein Name im Zusammenhang mit der »Feuerzangenbowle« erscheint, aber er konnte sich bei Gericht nicht durchsetzen.

Dabei scheint mir der Beweis, dass Reimann der eigentliche Autor des Romans ist, schon eindeutig genug, wenn man nur den 1918 (!) erschienenen Band »Das Paukerbuch« – Skizzen vom Gymnasium – liest. Hier hat Reimann bereits ins volle Pennälerleben gegriffen und ähnlich kuriose wie auch böse Lehrer aus seinen Schuljahren an der Leipziger Nikolaischule beschrieben.

Lassen wir ihn einmal selbst zu Wort kommen: »Französisch gab Professor Ramsthaler.

Das war ein ganz kleines Männchen, aber ein arroganter, eingebildeter Patron«, »sein Spitzname war Caligula. Erstens des caesarischen Auftretens, zweitens seiner unberechenbaren Launen wegen und drittens, weil er in winzigen Stiefelchen einherstolzierte.

Auf die Dauer war Caligula zu lang und umständlich, und es verschliff sich – philologisch nicht einwandfrei – zu ›Kax‹.

Daß er ein Pflaumen=Männchen war, sagte ich bereits.

Was ihm an Größe abging, suchte er durch imponierendes Auftreten und hohe Absätze gutzumachen.

Er war grausam und gebärdete sich wie eine Gottheit.

Wer in seinen Stunden nieste oder sonstwie ein unbedeutendes Geräusch von sich gab, der wurde unweigerlich in Arrest gesteckt.

Die Folge dieser despotischen Überhebung war, daß im ›Französischen‹ der tollste Radau vollführt wurde. Man verstand mitunter sein eigenes Wort nicht.

So konnte keiner bestraft werden ...

... Der ›Kax‹ polterte beim Sprechen, wie wenn jemand die Wendeltreppe hinunterkullert, und sein drittes Wort war ›Schweunereu‹.«

Sein Spitzname war ihm natürlich bekannt – dafür sorgte die Klasse. Er stand groß an der Tafel, an der Wand oder am Fenster. Betrat der Lehrer das Zimmer, hörte man aus allen Bänken: Kax!

Ganz Mutige wagten sogar noch mehr:

»... Einer zupfte ihn am Rockschoß:

Wuppdich schoß er herum und brüllte: ›Sö Flögöl!‹

Der Bösewicht begehrte auf: ›Ich weiß von nichts, Herr Professor!‹

›Lögen Sö nücht!‹

›Aber Herr Professor, ich versichere Ihnen ...‹

›Sö dommer Jonge Sö!‹

›Herr Professor, ich versichere Ihnen ehrenwörtlich ...‹

›Natörlich sönd Sö dör Frövler göwösn!‹

Der Rest des kurzweiligen Zwiegespräches erstickte in einer Lawine von Geheul und Gejaul.«

Reimann lernt in der »Nickelpenne« Lehrer kennen, die ihm als »von Psychologie unbelastete Dinosaurier« erscheinen, als »menschenunähnliche Reproduziermaschinen«. So zum Beispiel »der cand. rev. min. Heilemann. Der junge, rotgesichtige Herr mit dem Zwicker am Schnürsenkel, der nicht nur den kleinen Katechismus, sondern auch (aushilfsweise) Turnen lehrte. Dieser Heilemann hat mir in der Turnstunde (hintereinander ohne Pause, durch mein starres Erschüttertsein angefeuert) zwölf Ohrfeigen heruntergehauen, weil ich am Reck einen Klimmzug probierte, ohne Befehl dazu gehabt zu haben.«

Reimann gibt schließlich den inhumanen, stets missgelaunten Paukern die Schuld, dass sie durch ihr Verhalten aus ihm, »einem braven, arglosen Jungen«, letztlich einen solchen Flegel gemacht haben, der sogar in Betragen eine Vier verpasst bekam und von der Schule geworfen wurde. Das war bis dahin in der Nicolaitana noch nicht vorgekommen. Die pädagogische Anstalt befand sich übrigens Ecke König- (heute Goldschmidt-) und Stephanstraße am Johannistal.

Natürlich gab es auch ein paar freundliche Lehrer. Und

Reimann bekennt in einem Nachwort: »Richtig ist, dass ich die netten Lehrer verschwiegen habe. Wir hatten nämlich tatsächlich welche.«

Aber die geben für einen satirischen Autor nicht so viel her …

Kurios finde ich, dass Hans Reimann, der die alte deutsche Penne mit ihren teilweise kuriosen Lehrern so perfekt parodierte, sich ein Leben lang der exakten deutschen Sprache gewidmet, gegen deren Missbrauch gewettert und darüber auch humoristisch-satirisch geschrieben hat. Zum Beispiel in seinem »Vergnüglichen Handbuch der deutschen Sprache«. (Er würde heute mit seinen Texten über den Irrgarten der deutschen Sprache wie Bastian Sick Hallen füllen!) Und so ist er schließlich auch ohne Schule hinter dem Katheder gelandet. Lassen wir darüber Thomas Mann zu Wort kommen: »Die Deutschen haben nie einen so lustigen (und heimlich strengen) Deutschlehrer gehabt.«

Auch Georg Witkowski, Professor für deutsche Literatur an der Universität Leipzig, bis ihm die Nazis 1933 Lehrverbot erteilten, ging seinerzeit (einige Jahre vor Reimann) in die Nikolaischule. Sein Urteil über die Lehrer fiel allerdings in den Erinnerungen »Von Menschen und Büchern« nicht so verheerend aus wie bei Hans Reimann. Er lobte den Direktor Theodor Vogel, einen »wahrhaft vornehmen Charakter, in dessen Wesen sich tiefe Gläubigkeit mit edelstem Humanismus einte«. Erwähnte positiv Mehlhorn, Pfarrer an der Reformierten Gemeinde zu Leipzig. Weiterhin den tapferen »Atheist Niedermüller, der sich beim Morgengebet stets schweigend zum Fenster wandte«, und den durch seine »Sprachdummheiten« berühmt gewordenen Wustmann.

»Feuerzangenbowle«-Niveau besaß offensichtlich der Physiklehrer von Georg Witkowski, »wegen seiner hochroten Gesichtsfarbe ›Krebs‹ genannt.« Der tauchte auch schon bei Reimann auf: »Er wurde ›Kröps‹ genannt, weil er aussah wie ein gekochter Krebs, und weil er das Wort Krebs aussprach wie ›Kröps‹.«

Jener Lehrer scheint vor seinen physikalischen Versuchen immer sehr aufgeregt gewesen zu sein. Und das Ende vom Lied war, dass die Experimente zumeist misslangen – sehr zum Gaudi der Nikolaischüler. In solchen Situationen »wiederholte er noch öfter als sonst sein stetes Verlegenheitswort ›nemmlich‹.« Einmal bedrängten ihn die Schüler am Tisch bei seinen Versuchen, er wurde in der Enge immer nervöser und sagte den schönen mißverständlichen Satz: »Sie sehen doch nemmlich, wie beschränkt ich bin.«

Der »Krebs« war mehrere Jahre in Java gewesen und hatte auch darüber Erheiterndes zu berichten: »Nemmlich als ich nach Java kam, gab es daselbst noch viele wilde Esel, als ich aber die Insel verlassen hatte, war nemmlich nicht ein einziger mehr da.«

Eines Tages erhielt ich aus den USA Post von einem ehemaligen Pfarrer, der nahe der kanadischen Grenze bei einem Freund Urlaub machte, sich als Leser meiner Bücher vorstellte und gern einmal mit mir sprechen würde, um mir Erinnerungen an seine Zeit als Schüler der Thomasschule zu erzählen. Die hatte er in politisch wahrlich brisanten Zeiten besucht: von 1940 bis 1948. Wir trafen uns im Café Grundmann. Gottfried Wolff war viele Jahre Pfarrer in Holzhausen gewesen und lebt nun bei Magdeburg. Er wirkte in seiner lebhaften Art auf mich überhaupt nicht wie ein 80jähriger.

Mit sieben Jahren hatte er ein ganz besonderes Erlebnis. Er war mit einer Gruppe Kinder auf einer Wanderung im Bayrischen, als plötzlich Angehörige der SS angefahren kamen und zwölf Kinder auswählten, denen ihrer Meinung nach eine große Ehre widerfuhr. Die Gruppe befand sich nämlich in der Nähe des legendären Berghofes … und dann kam er auch schon, der merkwürdige Mann mit dem kleinen Bärtchen unter der Nase, und schnarrte Gottfried an: »Wie heißt du? Woher kommst du?«

Der kleine Leipziger Bub machte seinen Diener, sagte »Guten Tag« und beantwortete brav die Fragen, aber eins fühlt er noch nach so vielen Jahrzehnten: »Ob Sie es mir glauben oder nicht, Herr Lange, sein Händedruck war mir schrecklich unangenehm. Er hatte eine wabblige Hand, die verursachte mir so ein komisches Gefühl, dass ich noch genau weiß, wie ich mir anschließend instinktiv meine Hand an der Hose abgewischt habe.«

Von der Aktion wurden Fotos gemacht und dann war der ganze Tross schon wieder wie ein Spuk verschwunden.

Gottfried Wolff, der 1942 unter Günther Ramin die Matthäuspassion mitgesungen hat, erzählte mir von einem mutigen Geografielehrer in der Thomasschule, der mit den Schülern die Kriegs- und vor allem Frontsituation auf besondere Weise besprach. In die Aussprache flossen von den Schülern Informationen, die sie zum Beispiel von der BBC erfahren hatten. »Ich kann mich noch an die Rede von Thomas Mann erinnern, an die Informationen von Radio Beromünster aus der deutschsprachigen Schweiz oder dem Moskauer Rundfunk, wo die Akteure des Nationalkomitees Freies Deutschland sprachen. Und die ganze Klasse hat über Jahre dichtgehalten! Kein Denunziant! Da ist nie etwas herausgekommen! Wenn der Lehrer mit der Ankündigung zur derzeitigen Situation begann, klopften alle Schüler auf der Bank das Pausenzeichen des Londoner Rundfunks.«

Unglaublich! Und das mitten im Nazi-Deutschland!

Ich wollte von Pfarrer Wolff unbedingt den Namen dieses Lehrers erfahren, aber da ließ ihn leider sein Gedächtnis im Stich. Am selben Tag begann ich zufällig ein Buch zu lesen, das vom Schulmuseum Leipzig herausgegeben wurde: »Kinder in Uniform – Generationen im Gespräch über Kindheit und Jugend in zwei deutschen Diktaturen«. Darin stieß ich auf ein Interview mit Hans-Jürgen Bersch, der ebenfalls in der Nazizeit, allerdings in einer anderen Klasse als Wolff, Schüler der Thomasschule war: »... Für den Erdkunde-Unterricht war damals vorgeschrieben, in den ersten zehn Minuten auf die Geografie einzugehen, in der sich die aktuellen Kampfhandlungen abspielten. Unvergessen sind uns bis heute die mutigen und kaum verschlüsselten Interpretationen, die unser damaliger Geografielehrer für die ›planmäßigen Absetzbewegungen‹, die ›Frontbegradigungen‹ und ähnliches fand – reines Wortgeklingel in den täglichen Berichten des Oberkommandos der Wehrmacht, mit dem Verluste und Rückzüge umschrieben wurden. Dass dieser mutige Dr. Alfred Martin ...« – da hatte ich also plötzlich den Namen! – »... dem ich hier ein Denkmal setze, jede seiner Stunden stereotyp mit einem donnernden ›Bericht zur Lage‹ begann und fein lächelte (aber nie einschritt), wenn die ganze Klasse darauf unisono mit vier Faustschlägen auf die Tische reagierte, bummbummbummbumm, eine Imitation des Kennungssignals für deutsche Nachrichtensendungen der Londoner BBC –, und daß dies nie verpfiffen wurde, empfinde ich im Nachhinein als wahres Wunder.«

Es sei noch ergänzt, dass sich diese Töne auf eine Stelle der 5. Sinfonie von Beethoven beziehen und damit letztlich aus London vom anderen, humanistischen deutschen Geist Kunde gaben.

Gottfried Wolff erzählte mir auch, dass sein Deutschlehrer 1942 die Klasse ein Diktat über den Feldzug Napoleons gegen Russland schreiben ließ. Er zog so absichtlich unabsichtlich eine Parallele zu den Ereignissen des Krieges.

Dieser Deutschlehrer hatte keine Illusionen, als er der Klasse den Text mit dem bekannten Ausgang diktierte: Für Napoleon endete der Feldzug im Chaos.

Anfang Januar kamen Werber von der SS in die Klasse und versuchten, die 14jährigen Schüler für jenen teuflischen Verein zu gewinnen. Allein, die Klassenkameraden von Gottfried Wolff hatten alle Ausreden parat, es fand sich niemand.

Eine der letzten kriegerischen Auseinandersetzungen in Leipzig fand am Felsenkeller statt. Und Wolff kannte einen der Hitlerjungen, die mit der Panzerfaust einen amerikanischen Panzer angriffen, und er weiß, dass der später – wie er – Theologie studierte. Vielleicht seine Art der Sühne ...

Am 18. April begrüßte er mit seinen Freunden die Amerikaner. Am Abend genossen sie erstmalig wieder nach Jahren der Verdunklung eine helle Stadt. Die Jungs fanden kleine Pappkartons mit Pistolenmunition und tauschten sie mit den Amis gegen Schokolade.

Bald rubelte Gottfried in einem Geschäft in der Ritterstraße Silberbestecke in Zigaretten um. Eine Zigarette brachte 7 Mark, ein Dreipfundbrot kostete 70 Mark.

Und noch etwas aus jener Zeit ist ihm unvergesslich: »Das habe ich noch nie irgendwo gelesen. Am 20. April 1945 kam ich zum Hauptbahnhof. Da haben die Amis die Bevölkerung an einer bestimmten Stelle vorbeigetrieben. Dort waren aus Latten drei Verschläge gebaut. Darin kauerte jeweils eine Person. SS-Offiziere. Es erinnerte mich etwas an den Zoo.«

Vielleicht, so kam mir in den Sinn, waren diese SS-Leute an dem Verbrechen in Abtnaundorf beteiligt gewesen, wo Häftlinge kurz vor dem Einmarsch der Amerikaner entweder auf den Todesmarsch getrieben oder bestialisch ermordet worden waren.

Vom Geist der Alma mater Lipsiensis

Kuriositäten von gelehrten Herren und gelehrigen Studenten

Ich hätte gedacht, dass es in der 600jährigen Geschichte der Leipziger Universität eine Fülle von Anekdoten über Professoren und Doktoren geben würde. Allein dies stellte sich als Irrtum heraus – sie wurden vermutlich in den Studentenkneipen am Abend erzählt, wo man sich dann darüber erheiterte, aber sie wurden selten aufgeschrieben. Und oft waren sie am nächsten Tag, vermutlich wegen des Alkoholkonsums am Vorabend, schlichtweg vergessen.

Wer hat nicht alles über die Jahrhunderte an der Leipziger Universität studiert! Großartige Menschen und zweifelhafte Typen. So zum Beispiel ein gewisser Johann Tetzel, der 1518 zum Doktor der Theologie ernannt wurde. Sagt Ihnen der Name noch etwas?

Er lebte als Dominikanermönch in unserer Stadt. Das ist den hiesigen Dominikanern garantiert heute noch peinlich ...

Der verschwenderische Papst Leo X. fasste den Plan, die Deutschen finanziell auszuplündern, gab aber vor, das Geld für den Bau des Petersdomes zu verwenden. Der Erzbischof Albrecht von Mainz und Magdeburg, der dem Papst an Verschwendung nicht nachstand, ernannte Johann Tetzel zu seinem »Commissarius«. Tetzel durchreiste nun Sachsen mit zwei großen Kisten. In der einen hatte er päpstliche Ablassbriefe für alle möglichen begangenen und noch zu begehenden Sünden parat. In die andere steckte er das Geld, das er naiven Gläubigen abnahm. Er zeigte die päpstliche Bulle vor, kraft welcher er vom Heiligen Vater selbst die Befugnis habe, Sünden zu vergeben. Das rote Kreuz von des Papstes Wappen sei ebenso kräftig wie das Kreuz Christi und er habe mit seinem Ablasse mehr Seelen erlöst als Petrus mit seinem Evangelium. Und nun dichtete er auch noch zur Befeuerung seines Handels: »Wenn das Geld in dem Kasten klingt, die Seele aus dem Fegefeuer springt«.

Mancher Leichtgläubige gab seinen letzten Heller für einen nutzlosen Wisch hin. Vielweiberei kostete beispielsweise sechs Dukaten.

Die Sache funktionierte, bis Luther dem Treiben ein Ende setzte und den Sachsen klarmachte, dass Vergebung von Schuld nicht mit Geld zu erlangen ist. (Obwohl es auch heute immer wieder durch finanzielle Entschädigung versucht wird.)

Tetzel wurde in der Universitätskirche beigesetzt. Nach Umbauten lag sein Grab dann außerhalb des Gotteshauses. Im »Leipziger Raritäten-Cabinet« von 1858 empfahl ein Schreiber, an jener Stelle zu graben: »Man würde die Gebeine finden und den Kopf vielleicht noch erkennen, da Tetzel rothen Bart und rothes Haupthaar getragen haben soll. Der Schädel dann auf der Universitäts-Bibliothek aufgestellt, dürfte nicht nur für Phrenologen, sondern auch für alle Beschauer eine Merkwürdigkeit sein.«

Zum Glück hat man uns diese »Merkwürdigkeit« erspart!

Benedikt Carpzov wirkte als Professor der Rechte und Ordinarius der Sprachfakultät an der Universität Leipzig. Er genoss bis ins 18. Jahrhundert höchstes Ansehen mit seinen Arbeiten, die auf Grundlage der sächsischen Praxis entstanden waren. Sein Hauptwerk hieß »Practica nova imperialis Saxonia rerum criminalium«. Und man muss leider konstatieren, dass »criminalium« in »Saxonia« auch heute noch ein großes Problem ist!

Von ihm stammt ein Satz, mit dem er sich allerdings außerhalb der Messestadt nicht viele Freunde gemacht hat: »Extra Lipsiam vivere est miserime«!

Auf gut Deutsch heißt das: Außerhalb Leipzigs lebt sich's jämmerlich!

Ich kommentiere diesen Satz nicht, weil der Verlag und ich interessiert sind, dass dieses Buch vor allem auch außerhalb von Leipzig gern gelesen wird ...

Im 18. Jahrhundert lebte in Leipzig der Student Christian Rau. Er war der Sohn eines Rauchwarenhändlers vom Brühl. Sein Gastwirt wollte ihm kein Essen mehr servieren, da er reichlich Schulden hatte.

Da verblüffte er diesen mit folgender Logik: »Wenn Sie mir nichts mehr zu fressen geben, muß ich verhungern, und Sie kriegen also gar nichts; wenn Sie mich aber noch eine Zeitlang füttern, so bleibe ich am Leben und rücke in die Fakultät, dann kann ich Sie bezahlen.«

Der Mann hat Wort gehalten und später 1000 Taler abgezahlt.

Seine Leidenschaft blieben Essen und Trinken, auch als aus dem Studenten der Prof. Dr. Rau, der Königlich Sächsische Oberhofgerichtsrat und Domherr vom Hochstift Merseburg geworden war.

Bei einem Abendessen blickte er einmal ungeduldig auf die Tafel, hatte schließlich als einziger Platz genommen, legte seinen mächtigen Leib über den Tisch und rief mit aufgestellten Ellenbogen: »Nu, wird denn nicht bald losgedroschen?«

»Ja, gleich«, meinte die Gastgeberin, »der Flegel liegt schon auf dem Tisch.«

Mitte des 19. Jahrhunderts beschwerte sich ein Student in einer Zeitschrift über die Leipziger Hausmänner. Damals musste am Abend, wenn einem die Haustür aufgeschlossen wurde, noch der »Hausmannsgroschen« bezahlt werden. Den Groschen müsse man bei sich haben, zur Not solle man ihn eben in der »Kärche« borgen.

Der Student, der seinen Artikel vorsichtshalber nur mit F. W. Sch. zeichnete, wohnte am Brühl. Dort waren im Haus auch zwei Theologen einquartiert. Gegen die war der Hausmann äußerst freundlich, ließ sie sogar oft gratis herein »während ich meinen Tribut zollen musste. Der Hausmann hatte mehrere Töchter und da wollte die Eine oder die Andere gern Frau Pastorin werden.«

Von dort verlegte der Kritikus sein Quartier in die Fleischergasse.

Auf einem Zettel mit seinem Schuldenregister fand er nach einiger Zeit neben Wäsche, Abendbrot und Kaffee mehrfach »ein Töpfchen 6 Pfennige«.

Die Töpfchen nahmen kein Ende.

Die Erklärung war: Der Student hatte immer mal aus dem Kessel in der Küche um etwas warmes Wasser zum Rasieren gebeten. Er hatte sich fein bedankt, aber das reichte den Wirtsleuten bei weitem nicht und so kam nun die Rechnung.

Der Student schrieb: »Habsucht: dein Name ist Hausmann.«

Beim nächsten Vermieter kam vor dem Aufschließen in der Nacht immer erst ein Donnerwetter durch das Schlüsselloch. Schließlich landete der junge Herr in der Katharinenstraße.

»Der Mann ist reich, sehr reich, soll Möpse haben, dass es über die Puppen geht, und dieser will, höre es, Welt! Dieser will für's Aufschließen nach Mitternacht zwei Groschen haben! Zwei Groschen, das muß selbst einen Rothschild in den Harnisch bringen. Zwei Groschen, das ist wider das Völkerrecht. Drucken Sie gütigst, verehrte Redaction des Raritäten Cabinets diesen meinen Artikel:

Preßfeucht das erste Exemplar
Bring ich gleich diesem Hausmann dar,
Und geh, wenn dieses Nichts vermag,
Nach Frankfurt an den Bundestag.«

Was blieb ihm sonst übrig? Einen Mieterbund, der Beistand leisten konnte, gab es ja noch nicht.

Soviel über Studenten in alten Zeiten. Nun etwas über die hohen Herren der Universität.

Der Ordinarius der Juristenfakultät war im 16. Jahrhundert ein außerordentlich wichtiger Mann. Solche Leute waren gefragt und hatten, wie auch heutzutage bedeutende Persönlichkeiten, neben ihrem Gehalt noch diverse andere Einnahmen zu verzeichnen.

Ein Jurist, der ausgerechnet auf den schönen Namen Dr. Ulrich Mordeisen hörte, wurde zum Beispiel vom Kurfürsten August von Sachsen in verschiedenen Angelegenheiten konsultiert.

Das war sein Schade nicht, wie eine Zeitschrift im 19. Jahrhundert ausführte:

»Eine Verordnung vom 24. Juli 1554 bestimmte selbigem jährlich 500 Gulden Münz, damals eine sehr hohe Summe, dann hundert Gulden Kostgeld, gleichviel, ob er bei Hofe speise oder nicht. Besoldung für drei Pferde, jedes monatlich 14 Gulden. Ferner jährlich ein Fuder guten Kötzschenbrodaer Wein, zwei Malz zu ›zweien gebreuden Bier‹, sechzig Scheffel Korn, 50 Klaftern Holz, die ihm durch die Amts= und Schloßfuhre kostenfrei vor das Haus gefahren werden mußten, 2 Centner Hechte, 3 Zentner Karpfen, 2 gemästete Schweine, ein gemästeter Ochs und drei Fässer eingesalzenes Schweinwildpret.«

Kurzum: solche Leute hatten zu allen Zeiten und haben bis heute – Schwein.

Karl Binding wirkte im 19. Jahrhundert an der Universität Leipzig als Professor für Kriminalistik und Strafrecht. Was er, wie bestimmt auch viele andere seiner gelehrten Kollegen, gar nicht schätzte, waren Studenten, die zu spät zur Vorlesung erschienen. Er spricht also bereits, als ein junger Mann den Hörsaal betritt. Der setzt sich nun aber nicht etwa gleich hinten auf einen Platz, sondern steuert eine der vorderen Reihen an.

Der Professor ist empört, unterbricht seinen Vortrag und

blickt den Studenten wortlos so lange strafend an, bis der – heute würde man sagen total cool reagiert – resignierend den Saal mit dem Satz verlässt: »Aha, der Herr Geheimrat liest heute gar nicht …«

Der Sohn Karl Bindings und der Sohn seines Kollegen Adolf Wach studierten beide an der Universität Leipzig. Bei Semesterschluss erschien Wach einmal bei Binding und meinte: »Es tut mir leid, aber ich konnte Ihrem Sohn beim Examen nur eine Drei geben!«

Im nächsten Semester kam Binding zu Wach und verkündete strahlend: »Ich bin sehr froh. Ich konnte Ihrem Sohn gerade noch eine Drei geben!«

Was früher nicht alles möglich war! Obwohl es die antiautoritäre Revolution der 68er noch gar nicht gegeben hatte!

Der Jurist Bernhard Windscheid bat ein Jahrhundert früher die Studenten, während der Vorlesung das Rauchen zu unterlassen! Allein bei der nächsten Vorlesung fanden sich wieder weggelegte qualmende Zigarren auf den Bänken. Daraufhin meinte er: »Ich hatte Sie, meine Herren, das letzte Mal gebeten, das Rauchen im Saal zu unterlassen. Ich sehe, Sie sind außerstande, meiner Bitte zu entsprechen, ich schränke sie deshalb dahin ein, rauchen Sie wenigstens bessere Zigarren.«

Nach Windscheid ist in Leipzig eine Straße genannt, seine Tochter Käthe, mit ihren Kursen Wegbereiterin des Frauenstudiums in Leipzig, ist dagegen fast vergessen. Käthe Windscheid promovierte in Heidelberg als erste Frau und erlangte den philosophischen Doktorgrad.

1409 wurde die Leipziger Alma mater gegründet und es vergingen fast 500 Jahre, bis sich hier Frauen einschreiben lassen konnten. Während man in den USA schon ab 1833 als Frau studieren konnte, war das in vielen deutschen Ländern erst ab 1900 möglich, in Sachsen zum Beispiel ab

1906. In diesem Jahr ließen sich 27 Studentinnen in der Messestadt immatrikulieren, die erste war die 25jährige Martha Beerholdt aus Leipzig, die Medizin studierte.

Siebzig Jahre später studierte hier eine junge Frau namens Angela Kasner, heute Merkel, die seit Jahren ganz Deutschland regiert und sogar schon einem amerikanischen Präsidenten Widerwort gegeben hat!

Trotz des frühen Frauenstudiums in den USA hat es dort noch keine bis ganz nach oben geschafft!

1814 hat sich Leopold von Ranke, der spätere Begründer des deutschen Historismus, an der Leipziger Universität eingeschrieben. Er berichtet von einem Prof. Wieland: »Wehe denen, die unmittelbar vor ihm saßen; er sprudelte, indem er sprach, so lebhaft, daß er das Papier, auf dem man nachschreiben wollte, feucht machte. Es kam wohl vor, daß die Betroffenen einen roten Regenschirm aufspannten, um unter dessen Schutz ruhig schreiben zu können; er ließ sich das gern gefallen.«

Und die anderen Studenten wunderten sich, dass Kommilitonen bei sonnigem Wetter mit einem Regenschirm durch die Straßen gingen ...

Auch der bekannte Reichskanzler und Außenminister der Weimarer Republik, Gustav Stresemann, studierte einst an der Leipziger Universität. Er schrieb seine Doktorarbeit über ein sehr sympathisches Thema: »Die Entwicklung des Berliner Flaschenbiergeschäftes mit besonderer Berücksichtigung der gegenwärtigen Lage der Berliner Bierverleger«.

Endlich mal eine lebensnahe Dissertation!

Der Nationalökonom Prof. Karl Bücher beurteilte die Arbeit auch insgesamt positiv, kritisierte lediglich, dass sie »übermäßig breit« ausgelegt sei (das Flaschenbier musste aber auch einmal grundlegend gewürdigt werden!) und dass sie »nicht frei von stilistischen Mängeln« sei. Theorie und Praxis sind eben in Einklang zu bringen … Dabei kann es nach der praktischen Leerung einiger Flaschen schon einmal zu Dissonanzen kommen!

Zum ausgezeichneten und bekannten Chirurgen Thiersch kam ein Patient.

»Mein Hausarzt sagte mir, dass ich mich einer Operation unterziehen muss. Ich hörte, daß es in Paris hervorragende Chirurgen geben würde. Geld spielt bei mir zum Glück keine Rolle, deshalb will ich mich in der französischen Hauptstadt diesem Eingriff unterziehen. Nun bitte ich Sie, mir zu sagen, wer dort wohl der beste Chirurg ist.«

»Das dürfte der Professor Doyen sein.«

»Brauche ich da eine besondere Empfehlung, um an solch eine Kapazität heranzukommen?«

»Die brauchen Sie nicht. Sie melden sich dort einfach an, erklären den Zweck Ihrer Operation. Darauf wird Doyen fragen: ›Wo sind Sie zu Hause?‹ Sie werden antworten: ›In Leipzig.‹ Da wird Professor Doyen zu Ihnen sagen: ›Sie Rindvieh, warum haben Sie sich denn da nicht von Thiersch operieren lassen?!‹«

Um 1900 hieß der Ordinarius der Leipziger gynäkologischen Klinik Paul Zweifel.

In einer Bierzeitung der Leipziger Studentenschaft fand sich eines Tages folgender Satz: »Ohne Zweifel ist die medizinische Fakultät die beste ganz Deutschlands.«

Der Mediziner Adolf Strümpell war wegen seiner bohrenden Fragen während der Prüfungen bei den Studenten sehr gefürchtet. Ab und an gab es aber auch mal einen Studiosus, der ihm Paroli bieten konnte:

«Herr Kandidat, was würden Sie für schweißtreibende Mittel verordnen?«

Der Kandidat zählt eine lange Reihe von Medikamenten auf.

Der Professor gibt sich aber nicht zufrieden und hakt nach: »Und wenn das alles nicht wirkt, was tun Sie dann?«

»Dann schicke ich den Patienten zu Ihnen ins Examen. Herr Professor.«

Mit Erfolg bestanden.

Dem berühmten Universitätsprofessor und Chemiker Wilhelm Ostwald war »persönlicher Kult«, wie er es nannte, total verhasst. Dazu zählte er beispielsweise das Anprobieren von Kleidungsstücken oder Schuhen. Noch nervöser machte ihn ein nötiger Termin beim Zahnarzt oder Friseur. Das war für den Wissenschaftler verlorene Zeit.

Als er 1909 den Nobelpreis für Chemie erhielt, hatte seine Frau ihre liebe Mühe, ihn zu einem Gang zum Friseur zu bewegen. Es war aber dringend nötig, da er schon längere Zeit keinen Salon mehr aufgesucht hatte. Schließlich schaffte sie es doch, ihn wegen der feierlichen Übergabe vor den Honoratioren aus aller Welt dazu zu motivieren.

Missgelaunt betrat er den Friseurladen.

Als ihn der Figaro fragte, wie er sich den Haarschnitt wünsche, knurrte er lediglich: »Schweigend.«

Ernst Hugo Fischer wirkte von 1925 bis 1938 als Privatdozent der Philosophie an der Universität Leipzig. Vor dem Nazispuk emigrierte er dann nach Norwegen und später nach Großbritannien.

Fischer war das Paradebeispiel eines zerstreuten Wissenschaftlers. Als ihn Ernst Jünger, der den Wissenschaftler als *den* philosophischen Kopf schätzte, eines Abends besuchen wollte, kam ihm auf der Straße ein fünfunddreißigjähriger schlanker Mann in Schlafrock und Pantoffeln entgegen. In der Hand ein Buch. Er hatte einfach vor seinem Ausgang vergessen, sich entsprechend anzuziehen.

Gedankenlos benutzte er als Lesezeichen Geldscheine. So versüßte vermutlich manchem Studenten plötzlich ein Schein sein Studium in der Universitätsbibliothek. Wegen der finanziellen Verluste im Hause Fischer gewöhnte sich seine Frau an, vor der Rückgabe jedes Buch ordentlich durchzublättern.

»Hugo! Schon wieder ein Zehner!«

Hans-Jürgen Bersch studierte nach dem Krieg an der Leipziger Universität. Es war für ihn damals sehr schwer, an diese Bildungseinrichtung zu kommen. »Wolfgang Natonek, jener intelligente und mutige Vorsitzende des Leipziger Studentenrats (dem ich ›Bürgerlicher‹ meine Zulassung zum Chemiestudium verdanke), brachte das Einst und Jetzt der Immatrikulationspolitik auf dem Wartburgfest 1948 auf den Punkt: Vor 1945 mußte man eine arische Großmutter haben, jetzt muß man über eine proletarische Großmutter verfügen.«

Solch ein Satz blieb in jener Zeit leider nicht ungestraft. Und dann setzte sich Natonek auch noch für demokratische Verhältnisse an der Universität ein. 1948 wurde er vom NKWD verhaftet und von einem sowjetischen Militärtribunal zu 25 Jahren Arbeitslager verurteilt. Nach acht Jahren entließ man ihn endlich und Natonek ging nach Göttingen. Er zählt aber zum Glück zu jenen Menschen, denen noch Genugtuung widerfahren ist: Zur ersten feierlichen Immatrikulation nach der Friedlichen Revolution hielt er an der Leipziger Universität die Festrede.

Der große Denker Ernst Bloch wurde 1948 auf den Lehrstuhl für Philosophie der Universität Leipzig berufen. Aus den USA, wo er als deutscher Jude vor den Nazis Schutz gefunden hatte, kam er nach Sachsen. Eine Weile ging alles gut.

Sein Hauptwerk heißt ja bekanntlich auch »Das Prinzip Hoffnung«.

Bloch pflegte, wenn er examinierte, im Sessel zu sitzen und eine große Pfeife zu rauchen. Manchmal schob er wohl auch den Assistenten eine Zigarre hin.

Es war Brauch, dass der Prüfling seine Frage vor der Tür aus einer Schüssel fischte.

Im Raum äußerte einmal ein Student die Bitte, gleichfalls rauchen zu dürfen. Bloch gestattete es und der junge Mann zog eine Pfeife hervor, die größer als die des Professors war.

Er begann sie sorgfältig zu stopfen und in Brand zu setzen. Nach vier Minuten zog sie ordentlich und er fing an, über das gestellte Thema zu sprechen.

Sein Vortrag wurde von Bloch mit Eins bewertet. Zum einen für die Substanz des Gesagten und, so setzte der Professor hinzu, für philosophisches Verhalten ...

Günter Lohse, später Regisseur an der Leipziger Oper, hat Bloch seinerzeit im legendären Hörsaal 40 erlebt. Er beschreibt ihn so: »Dichtes, graues Haar, eine niedrige Stirn (wer sagt, daß Philosophen immer hohe Stirnen haben müssen?), eine schwarze Hornbrille mit dicken Gläsern, eine Adlernase und grimmig-schmale, zusammengepresste Lippen. Wenn man ihm eine große Federhaube aufgesetzt hätte, wäre er ein filmreifer Indianerhäuptling gewesen (natürlich ohne Brille), ein Sitting Bull der Philosophie. Wie eine Gottheit, die nach innen schaut, so wirkte Bloch.«

Ernst Bloch hielt Vorlesungen über die Geschichte der Philosophie.

»Er stützte beide Ellenbogen auf das Rednerpult, faltete seine Hände in dauernder Bewegung der Finger, was aussah, als ob er sich wüsche. Er schaute von rechts nach links und von links nach rechts in die ersten Reihen vom Hörsaal 40, dann war Stille in dem großen Raum.«

Lohse erlebte bei Ernst Bloch eine ihm unvergessliche Vorlesung im Zusammenhang mit philosophischer Geschichte: »Eines Tages war Karl Marx an der Reihe. Das musste sich in der Stadt Leipzig herumgesprochen haben, denn hohe Funktionäre kamen mit steinernen Gesichtern und nahmen auf den ersten Sitzreihen Platz. Ernst Bloch kam herein und sagte mit gedämpfter Stimme wörtlich: ›Meine Damen und Herren, wir sprechen heute über Karl Marx. Der Marxismus ist sehr schön, aber bei uns ist er leider Idioten in die Hände gefallen!‹

Ich schwöre, dass er das gesagt hat ... Die Wirkung ist kaum zu beschreiben. Der Saal explodierte, es ging ein Höllenlärm los. Wir haben geklopft und getrampelt, wie Besessene, minutenlang kam er nicht zu Wort. In den ersten Reihen herrschte die Ruhe eines Kirchhofs, um Marquis Posa zu zitieren. Die Herren schlichen wie geprügelte Hunde aus dem Saal, und Ernst Bloch ist nichts passiert, rein gar nichts. So groß war die geistige Macht, die dieser Philosoph besaß.«

Aber so etwas vergessen die Funktionäre der Partei natürlich nicht.

Eine Zeitlang ging es noch gut, hielt der Respekt vor dem international geschätzten Denker an. Zu seinem 70. Geburtstag im Jahre 1955 wurde er mit Ehrungen überschüttet: Nationalpreis der DDR; ordentliches Mitglied der Deutschen Akademie der Wissenschaften Berlin. Schon zwei Jahre später, im Jahr 1957, wollte die Führung der SED nichts mehr von ihm wissen. Er wurde attackiert und isoliert.

Den 75. Geburtstag im Jahr 1960 verlebte Bloch nur im engsten Freundeskreis. Sein Verleger Siegfried Unseld berichtet: »In der Leipziger Wilhelm-Wild-Straße 8 versammelten sich knapp zehn Freunde und Schüler; der Dekan der Philosophischen Fakultät kam für zehn Minuten mit einem Alpenveilchen und keineswegs im offiziellen Auftrag.«

Das gab es wohl nur in der DDR – Alpenveilchen im Juli!

In einer Zeit, in der Blumengeschäfte europaweit die schönsten Schnittblumen anboten, gab es in unserem Land diesen kleinen farbigen Hoffnungsträger. Ja, die Kultur der Alpenveilchen wurde wegen des ständigen Schnittblumenmangels in den Gärtnereien des Landes sogar vorgezogen, damit wenigstens davon Stängel für kleine Sträuße gezupft werden konnten.

Ein Jahr später blieb Bloch dann im deutschen Nachbarland, wo es das ganze Jahr über Schnittblumen gab. So wurde er einmal aus Deutschland von den Nazis und einmal aus einem Drittel des Landes von den Kommunisten verjagt.

Annette Boenheim, deren Vater Felix Boenheim in Leipzig als Professor für Innere Medizin und später für Geschichte der Medizin tätig war, gehörte zum Freundeskreis von Ernst Bloch.

Sie hatte mitbekommen, dass Bloch den Abenteuerschriftsteller Karl May sehr mochte. Überliefert ist sein Bonmot: »Ich kenne nur Karl May und Hegel; alles, was es sonst gibt, ist aus beiden eine unreinliche Mischung.«

Bloch zitierte auch gern mal einen Satz des sächsischen Autors, wie zum Beispiel »Eiskalt pfiff der Nordwind über die öde Prärie«, um hinzuzufügen, da sei doch »eine ungeheuere Wärme in diesem kalten Satz«.

Die kleine Annette jedenfalls durfte sich die Bücher des damals in der DDR nicht erhältlichen phantasievollen Schreibers aus Radebeul ausleihen. Und Bloch examinierte sie jeweils, wenn sie eines der abenteuerlichen Bücher zurückbrachte.

Als er in Bayreuth 1961 die Nachricht vom Bau der Mauer erhielt, blieb er. Annette nutzte dies aber nicht zu ihrem Vorteil aus. Das gehörte sich ihrer Meinung nicht. Und deshalb schickte sie ihm zwei geborgte Karl-May-Bände in den Westen nach ...

Ich möchte im Zusammenhang mit Ernst Bloch noch die Gelegenheit nutzen, Eltern zu ermuntern, dass sie wegen schwacher schulischer Leistungen ihrer Kinder nicht den Mut verlieren. Der bedeutende Philosoph hat zum Beispiel in der fünften Klasse in seinem »Königl. human. Gymnasium« in Ludwigshafen ein denkbar schlechtes Osterzeugnis bekommen. »Betragen: gab vielfach zu Klagen Anlaß; Fleiß: ließ sehr zu wünschen übrig.«

Er stand in den Fächern zwischen Drei und Vier, hatte nur in Turnen eine Eins – für einen künftigen Philosophen erstaunlich, oder?

Der Ordinarius merkte an: »Dieser Schüler ist zwar Repetent, gleichwohl sind seine Leistungen so gering, daß es fraglich ist, ob er wenigstens in diesem Jahr das Ziel der Klasse erreichen wird.«

Doch was hat er später nicht alles erreicht! Aus dem kleinen Ernst wurde der große Bloch!

Ein weiterer großer Geist hieß Hans Mayer und wirkte nach seiner Emigration von 1948 bis 1963 als Professor für deutsche Literaturgeschichte und Geschichte der Weltliteratur an der Leipziger Universität. Er galt als d e r undogmatische marxistische Literaturhistoriker schlechthin, der sich nie auf die kulturpolitische Linie der SED einließ.

Das war für die kleinkarierten Funktionäre der DDR Grund genug, gegen ihn zu hetzen und ihn schließlich in die Bundesrepublik zu vertreiben. Trotzdem sagte Mayer später: »Nein, sie haben mich nicht gereut, meine fünfzehn Leipziger Jahre vom Oktober 1948 bis zum August 1963. Sie konnten dem gewidmet sein, was ich wahrhaft wollte: dem Lehren und Schreiben.«

Augenzeugen schwärmen heute noch von seinen Vorlesungen im überfüllten Hörsaal 40, der nach der Universitätskirche, als man die intakten Reste der alten Uni ebenfalls in Trümmer verwandelte, zerstört wurde.

Mayer charakterisierte damals im Kreise von Assistenten sein Verhältnis zur neuen Studentengeneration so: »Die Mehrheit unserer Studenten meint: ›Was der Mayer da vorträgt, das weiß ich nicht, möchte es aber kennenlernen!‹ Eine vorerst noch unbeträchtliche Minderheit argumentiert: ›Was er vorträgt, weiß ich zwar nicht, brauche es aber auch nicht zu wissen!‹ Und da ist eine, abermals kleinere Minderheit, die sich sagt: ›Was der vorträgt, das darf ich gar nicht wissen!‹«

Günter Lohse studierte in den Fünfzigern auch bei ihm. Er berichtet von dem unglaublichen Respekt, ja der Angst der Studenten vor Prüfungen bei ihm. »Um seinen Mund, sehr fein geschwungen, zuckte die Häme Voltaires, er war nicht frei von Zynismus ... Man erzählte sich, dass Frauen ohnmächtig wurden.«

In dem Band »Universitätskirche Leipzig« beschreibt Lohse seine mündliche Abschlussprüfung bei Prof. Hans Mayer in der Ritterstraße: »Ich ging durch eine Toreinfahrt in den ersten Stock hinauf und läutete. Man muß vor seiner Hinrichtung ähnliche Gefühle haben. Er öffnete selbst die Tür und war von französischem Charme. ›Herr Lohse, kommen Sie herein. Sagen Sie mal, schreiben Sie arabisch? So eine Handschrift habe ich überhaupt noch nicht gelesen!‹ Ich lächelte erleichtert.«

Nun fragt ihn Mayer, was seiner Meinung nach von Rilke bleiben wird. Lohse nennt einiges aus dem Werk und meint dann: »›... ferner Gedichte‹. – ›Was für – Gedichte?‹

Die Frage klang wie eine Drohung, zumal er ›Gedichte‹ betonte wie entfernt grollenden Donner. ›Nun‹, bemerkte ich unter Aufbietung aller Energie, ›etwa das Requiem für den Grafen Wolf von Kalckreuth.‹ Erstaunter Blick. ›Ja, da heißt es zum Abschluß: Wer spricht von Siegen? Überstehn ist alles! Das trifft doch auch für ein Examen zu!‹«

Das hat Mayer imponiert. Er lachte herzlich.

Und für seine schriftliche Arbeit über den Lyriker Georg Trakl erhielt Lohse vom kritischen Geist sogar seine Zustimmung summa cum laude.

In seinen Erinnerungen »Ein Deutscher auf Widerruf« beschreibt Mayer eine Begebenheit aus der Frühzeit der DDR: »Mein Freund und Fakultätskollege Walter Markov, ein vorzüglicher Neuhistoriker, der im Dritten Reich im Zuchthaus gewesen war, hielt im Jahre 1950 eine offizielle Rede bei irgendeiner der zahlreich angeordneten Jubelfeiern, die man durch erhöhte Arbeitsleistung und Erfüllung eines ›Übersolls‹ besonders festlich zu machen suchte. Markov muß wohl gesagt haben, was vom Redner erwartet wurde. Doch nicht so ganz. Hinterher nahte sich der zuständige sowjetische Offizier. Markov stammte aus Slowenien, man sprach russisch miteinander. Der Kollege hat es mir kurz darauf erzählt: bleich und verstört. ›Nun, Genosse Markov, was haben Sie gegen den Genossen Stalin?‹ – ›Wie meinen Sie das?‹ – ›Nun, Sie haben ihn bloß viermal erwähnt!‹«

Markov hatte es schon wegen seiner slowenischen Herkunft in der Stalinzeit schwer. Er wurde dem ungeliebten Herrscher von Jugoslawien gleich als Sympathisant zugeschlagen und als »Titoist« eingestuft, später sogar aus der Partei ausgeschlossen.

Hans Mayer, der nie SED-Mitglied war, erlebte einen Empfang für Chruschtschow im Neuen Rathaus zu Leipzig im August 1957. Die »Unauffälligen«, wie er sie nannte, sicherten den »Einzug der Gäste« ab. Neben ihm stand wieder Walter Markov, der ordentliche Professor für Neuere Geschichte, der außerdem vor allem als Kenner der Französischen Revolution international angesehen war. Die Anekdote zeigt das vertraute Verhältnis zwischen den beiden. »Hier kam er nun: Nikita Sergejewitsch. Zuerst neue Unauffällige, die ihm einen bereits gebahnten Weg bahnten. An seiner Seite Ulbricht mit dem gußeisernen Lächeln. Chruschtschow schlurfte, wie man es im Film gesehen hatte. Er schaute mürrisch drein. Wir klatschten ihm artig zu beim Vorbeimarsch, wie man es von uns erwartete. Als er vorbei war und wir uns zu den Tischen begaben, flüsterte ich Markov zu: ›Der sieht aber mürrisch aus!‹ Die Antwort kam unerwartet. Gesprochen im langgezogenen Tonfall von weiland Österreich-Ungarn: ›Schau, Hans, wenn der uns sieht, fragt er sich doch bei jedem: Klatscht der oder schießt der?‹«

Hans Mayer gelang es, in schwierigen politischen Zeiten bekannte und in der DDR von den Oberen alles andere als geliebte Schriftsteller nach Leipzig zu holen. So organisierte er für den 30. und 31. März 1960 ein Lyrik-Symposion mit zwei Ost- und zwei Westdeutschen: Stephan Hermlin und Peter Huchel, Ingeborg Bachmann und Hans Magnus Enzensberger. Seminare hielten Inge und Walter Jens. Also hochkarätige Literaten.

Der »Leipziger Volkszeitung« war dieses Symposion natürlich keine Notiz wert.

Es kam aber doch zur Veröffentlichung eines Fotos in der »Universitätszeitung«, dem Mitteilungsblatt der Universitätsparteileitung. Dort war Mayer das Gegenteil von beliebt und die Veranstaltung sollte ignoriert werden. Deshalb hatte es auch die Bildunterschrift in sich: »Prof. Dr. Hans

Mayer, Direktor des Instituts für Deutsche Literaturgeschichte, mit Gästen«.

Die Gäste waren jene oben erwähnten bedeutenden Autoren aus den beiden Deutschlands ....

Aber noch macht Mayer weiter.

Im legendären Hörsaal 40 las am 21. März 1961 Günter Grass aus der »Blechtrommel«, aus einem Buch, das in der DDR erst sehr viel später, 1988, erscheinen würde.

»Der Fall Grass war jedoch schwieriger als alles, was ich bis dahin organisieren durfte. Ein Westberliner. Ein Mann, dessen Roman in Polen vorerst unerwünscht war. Ein Pornograph nach den Gesetzen der sowjetischen Ästhetik. Kritische Aussprüche die Fülle über die Zustände in der DDR und der Sowjetunion. Den also wollte ich eingeladen wissen?«

Das Unmögliche gelingt und die Studenten sind fasziniert. Und das sind sie auch von jeder Vorlesung des Literaturwissenschaftlers, zu der nicht nur Germanisten, sondern auch viele Studenten aus anderen Fakultäten strömen. Man musste bis zu zwei Stunden vorher da sein, um überhaupt einen Platz zu bekommen. Wer keinen Einlass fand, der hörte die Vorlesung, die eigentlich keine war, weil Mayer vielfach ohne Aufzeichnung sprach, über Lautsprecher in einem benachbarten Raum.

Josef Kurz war bis zu seiner Pensionierung als Dozent für Stilistik an der Universität Leipzig tätig. Er hing nicht nur an den Lippen des beliebten Professors, sondern er fotografierte ihn aus der ersten Reihe mit seiner Praktica FX 2 mit Meyer-Objektiv. In der »Leipziger Volkszeitung« berichtet er im Jahre 2010: »Er hat Gott sei Dank nichts gemerkt, denn er war immer hochempfindlich gegen jede Art von Störung.«

Das Kuriose ist, dass der Student auch andere hochgeschätzte Professoren, wie den Germanisten Frings und den

Literaturhistoriker Korff, ablichtete und die Fotos – wie Starpostkarten – an Kommilitonen zum Stückpreis von 30 Pfennigen verkaufte. Er schätzt, dass er sich mit rund 1000 Stück sein Stipendium dadurch erklecklich aufbesserte. Diese Aktion ist sogar literarisch festgehalten in einem Band von Uwe Johnson: »Vor dem Hörsaal 40 wurden Fotografien von Professoren verkauft. Für wen sich entscheiden? Natürlich für Hans Mayer.«

Ich kann mir kein Urteil über heutige Professoren erlauben, habe aber meine Zweifel, ob sich dieses Geschäft wiederholen ließe …

Eben wurde schon der Name Korff erwähnt: Prof. Dr. Hermann August Korff, ein bedeutender Germanist. Er verfasste das vierbändige Werk »Geist der Goethezeit«, das in jenen DDR-Jahren, in denen unentwegt Lenin und Stalin zitiert wurden, eigentlich etwas anachronistisch wirkte. Günter Lohse war von ihm sehr beeindruckt: »Korff war ein Grandseigneur, ein Marquis, ein Fürst des Geistes.« Eben ein Vertreter jener Garde von Hochschullehrern, die es nur noch in den fünfziger Jahren gab. »Der Name war schon eine Besonderheit und erinnerte an einen hochdekorierten Hofrat, wenn nicht gar an Herzog Karl August selbst. Eigentlich sah er wie Goethe persönlich aus.«

Deshalb muss man sich die folgende Begebenheit vorstellen: Korff, der stets im tadellos sitzenden Anzug daherkam, lernte noch im Alter Autofahren. Er fuhr einen IFA F 9 und soll irgendwo im Stadtverkehr ein Kohlenauto gerammt haben. Als nun der Professor, bestimmt etwas betroffen und benommen von dem Vorfall, aus seinem Wagen stieg, donnerte ihn einer der schwarzgesichtigen Muskelmänner an: »Saache ma deim Aldn, er soll dir ne neie Garre goofn!«

Aber wir sind noch nicht mit dem Leipziger Lebenslauf von Hans Mayer fertig.

Die unsägliche »Uni-Zeitung« läutet sein Ende ein. Mayer schreibt mit Bezug auf das damalige Foto: »Dieser Unterschrift in der ›Universitätszeitung‹ würde, drei Jahre später, eine Überschrift entsprechen, die jetzt nicht mehr ignorierte, sondern drohte: ›Eine Lehrmeinung zuviel!‹«

Das Ende eines kritischen Geistes in Leipzig.

Es dauerte Jahrzehnte, bis Prof. Dr. Dr. h.c. Hans Mayer Genugtuung widerfahren ist.

Als er nach der Friedlichen Revolution wegen seiner Ehrenpromotion an der Leipziger Universität eine Vorlesung hielt, war der Hörsaal überfüllt und ein Augenzeuge aus vergangenen Zeiten meinte deshalb: »Das ist ja wie früher! Wenn der Mayer liest, ist's immer knackevoll!«

Im April 1991 gab es mit ihm eine Veranstaltung im Mendelssohn-Saal vom Gewandhaus. Als er nach der Lesung Bücher signierte, meinte eine Dame voller Stolz zu ihm: »Herr Professor, ich war doch bei Ihnen im germanistischen Oberseminar!«

Mayer schaute kurz hoch und sagte zu der sichtlich enttäuschten ehemaligen Studentin: »Nun, es gab Schlimmeres.«

Wenn er auch aus gesundheitlichen Gründen nicht selbst vor Ort sein konnte, so hat er doch noch die Verleihung der Ehrenbürgerschaft der Stadt Leipzig am 9. Juni 2001 erlebt.

Es ehrten ihn an diesem Tag ostdeutsche Schriftsteller, die ihm quasi seinerzeit zu Füßen saßen: Christoph Hein hielt die Laudatio und Christa Wolf las aus den Erinnerungen von Hans Mayer mit dem beziehungsreichen Titel »Ein Deutscher auf Widerruf« das Kapitel »Hörsaal 40«.

1954 kam der berühmte Physiker Gustav Hertz nach seiner Zeit in Suchumi am Schwarzen Meer, wo er ab 1945 ein Institut zur Isotopentrennung und -analyse aufgebaut hatte, nach Leipzig. An der inzwischen nach Karl Marx benannten Universität leitete er die Forschung am Physikalischen Institut. Hertz wurde nach seiner Rückkehr nach Deutschland schnell Mitglied verschiedener Akademien.

Eines Tages fragt er den Wissenschaftler Artur Lösche, ob er wüsste, wozu eine Akademie eigentlich da ist. Während Lösche über eine fundierte Antwort nachdenkt, sagt Hertz zu ihm: »Eine Akademie ist dazu da, dass sich diejenigen, die nicht drin sind, darüber ärgern!«

Dann gab es in jenen Jahren noch einen Mayer an der Universität. 1950 bis 1963 war Georg Mayer deren Rektor. Hans Mayer kam mit ihm gut klar und beschreibt ihn als eine sympathische Magnifizenz, nicht mit früheren Rektoren zu vergleichen, denn er sei kein Befehlsempfänger gewesen. »Georg Mayer hat viel verhindern können … Ulbricht nahm sich vor ihm zusammen und vermied alle Zusammenstöße mit einem Mann, der in Leipzig viel angesehener war als der gebürtige Leipziger.«

Altmagnifizenz Cornelius Weiss nennt Mayer einen Schlemihl. »Bürgerlich bis in die Knochen.« Er hielt seinen Stammtisch im damals noch privaten »Kaffeebaum« oder in »Pfeiffers Weinstuben« ab.

Der Student Weiss sang im Universitätschor. Wenn er mit Freunden aus dem Chor in einem dieser Lokale zechte, dann sangen sie für Mayer ein Madrigal oder Volkslied – und der Rektor übernahm jeweils die Rechnung »seiner Studenten«.

Weiss erlebte auch, dass er später einmal in der Operette Georg Mayer traf und der seiner Begleiterin die Hand küsste. Und das mitten im Sozialismus!

Andererseits konnte er knallhart im Sinne der Partei regieren, deren Mitglied er natürlich war. Die FDJ-Grundorganisation hatte für die Leipziger Universität den Namen Karl Marx vorgeschlagen. Da gab es im Haus Widerstand. Karl Marx sei nie an dieser Uni gewesen. Es gebe keinen Grund, die Uni nach ihm zu benennen.

Der Rektor geriet unter Druck.

Mayer wollte die Umbenennung unbedingt erreichen und so kam es, wie man erzählt, zu einer pseudodemokratischen Abstimmung. Jedes Senatsmitglied musste dem Rektor seine Meinung ins Ohr flüstern. Das erinnert alles etwas an Gepflogenheiten aus einem mittelalterlichen Kloster ...

Anschließend gab der Rektor die überwältigende Zustimmung bei einer Gegenstimme und einer Enthaltung bekannt!

Leider hat Georg Mayer auch, obwohl er vorgab, Sinn für Tradition zu haben, in einem entscheidenden Fall anders als erhofft reagiert: Als die bauliche Zukunft der Universität beraten wurde, hat er seinen Einfluss für eine Erhaltung der Universitätskirche und der alten Universität nicht geltend gemacht und beizeiten für einen neuen Komplex votiert.

Mit seiner volkstümlichen Art war er aber schon zu Lebzeiten eine Legende und viele Anekdoten ranken sich um seine Person. Es war stadtbekannt, dass Magnifizenz seit seiner Studienzeit gern dieses und jenes Glas Bier, Wein oder auch Hochprozentiges zu sich nahm.

In den fünfziger Jahren gehörte das Sammeln von Kartoffelkäfern (man gab den amerikanischen Imperialisten die Schuld an der Plage – sie hätten sie vom Flugzeug aus abgeworfen ...!) zum studentischen Alltag. Der Verwaltungsdirektor hatte 500 Studenten zum Einsatz mobilisiert, konnte aber nur 200 verschließbare Flaschen auftreiben. Somit musste er schweren Herzens 300 Studenten wieder nach Hause schicken.

Als das der Rektor erfuhr, raunzte er ihn an: »Und warum hast du die fehlenden Flaschen nicht bei mir zu Hause abgeholt?!«

Eine Senatssitzung im Jahre 1958.

Hart prallen die Meinungen aufeinander.

Erhitzte Gemüter.

Die Diskussion nähert sich einem Eklat.

Da steht der Rektor auf, legt die Zigarre aus der Hand: »Verehrte Senatoren! Die Situation gebietet eine außergewöhnliche Verständigung.«

Und der legendäre Rektor mit dem Spitznamen »Mayer-Schorsch« und auch – wegen seiner Schmisse – »Säbel-Mayer« genannt, hält eine kurze Rede in fließendem Latein. Auf Deutsch schließt er: »So erlaube ich mir denn die Frage, ob Sie mit meinen Darlegungen einverstanden sind?«

Nur Schweigen im Raum.

»Dann werden wir wie vorgesehen verfahren. Die Senatssitzung ist geschlossen.«

Nach einem Auftritt entspannten wir »academixer« einmal in unserem geliebten »Schwalbennest«, einer urigen holzgetäfelten Kneipe in der Magazingasse.

Altmagnifizenz »Mayer-Schorsch« saß am Stammtisch. Der Laden war zwar schon geschlossen, doch Hardy, der Wirt, ließ Stammgäste oft länger beim Bier verweilen. Der ehemalige Rektor bedauerte: »Heute gibt es keine Studenten mehr, heute gibt es nur Studierende.«

Und er meinte wohl, dass die Persönlichkeiten fehlten.

Auch diese Geschichte von der Altmagnifizenz machte in Leipzig die Runde. Sie spielt in der auch von mir seinerzeit sehr geschätzten Regina-Bar. Eine angedudelte Frau singt vor sich hin. Mayer-Schorsch kommt ins Lokal und wird vom Ober gleich hofiert. Zwei Herren bitten nach einer Weile die Frau, dass sie doch etwas leiser singen soll. Da ruft Altmagnifizenz: »Singe, wem Gesang gegeben! Ich kann leider nicht singen! Sind Sie denn keine Kavaliere?«

Der Ober klärt die Herren auf, wen sie vor sich haben. Die ordern sofort Kognak und es ergibt sich ein versöhnlerisches, bald lebhaftes Gespräch. Nach wenigen Minuten ruft plötzlich Mayer-Schorsch zu der singenden Dame: »Nun halten Sie endlich Ihren Mund. Man versteht ja sein eigenes Wort nicht mehr!«

Ein seinerzeit bekannter Frauenarzt rügte eines Tages scherzhaft den Rektor, dass er doch bei seinen Wanderungen über Berg und Tal seine Frau zu sehr strapazieren würde. Und er fügte hinzu, es gebe eben verschiedene Möglichkeiten, seine Gattin vorzeitig ins Grab zu bringen. Magnifizenz schoss sofort lächelnd zurück: »Die sicherste ist allerdings, sie einem Gynäkologen in die Hände zu geben.«

Nach 14jähriger Amtszeit verabschiedete sich der Rektor 1963 von seinen Studenten in der Mensa Kalinin. Was der Name eines sowjetischen Funktionärs mit Beefsteak und Bratkartoffeln zu tun hatte, blieb ein Geheimnis der Universitätsleitung…

Mayer hielt zum letzten Mal eine seiner legendären Reden. Die Neulinge staunten. Diese Sätze! Bringt er diese syntaktische Konstruktion tatsächlich noch zum Schluss?

Die Skeptiker wurden eines Besseren belehrt.

Selbst nach fünf Minuten und vielen Umwegen kam noch zum Subjekt das passende Prädikat!

Der Freund von Hopfen und Malz hatte dafür gesorgt, dass er und der neue Rektor für die Studenten jeweils ein

Fass Bier spendierten. Als er es im Saal von der Balkonbrüstung aus verkündete (die Mensa war vor dem Krieg das Vergnügungs-Etablissement Naumann-Bräu gewesen), johlten die Studenten vor Freude. Neben ihm stand der Staatssekretär für Hoch- und Fachschulwesen, der dem Treiben, das war seinem Gesicht anzusehen, mit einiger Skepsis zuschaute. Man hatte den Eindruck, dass dieser Trubel nicht seiner Vorstellung von der Verabschiedung des Rektors einer sozialistischen Universität entsprach.

Plötzlich sah man, dass Magnifizenz mit dem Staatssekretär sprach und dieser schließlich, nach kurzem Zögern und mit unbeweglichem Gesicht, nickte.

Daraufhin trat der Rektor wieder an die Brüstung und verkündete: »Liebe Studenten, soeben hat sich der Staatssekretär auch bereit erklärt, ein Fass Bier zu stiften!«

In der Mensa Kalinin wackelten die Wände!

Cornelius Weiss lebte von 1946 bis 1955 in der Sowjetunion. Sein Vater war nach dem Krieg von den Sowjets als Kernphysiker dienstverpflichtet worden.

Im Alter von 12, 13 Jahren erfüllte sich für den kleinen Cornelius der Traum manches Kindes: er hatte eineinhalb Jahre keine Schule! Er konnte sich dem Spiel widmen und streifte durch die russischen Wälder. Dann gab es eine Lagerschule, in der er das Abitur ablegte. Seine Mutter unterrichtete in diesem besonderen Objekt Religion und Weiss dürfte wohl weit und breit der einzige sein, der auf sowjetischem Territorium in Krippenspielen mitgewirkt hat.

Als 20jähriger begann er dann das Chemiestudium in Minsk und war Anhänger einer Art »Rabaukenkommunismus«. Er dachte in der Art: Ein Mann braucht ein Hemd zum Tragen und eins in der Wäsche.

Weiss setzte das Studium von 1955 bis 1960 in Leipzig fort, habilitierte sich und wirkte später als Professor im Wissenschaftsbereich für Theoretische Chemie.

Berühmt war seine Mitwirkung bei den Weihnachtsvorlesungen, die es seit den siebziger Jahren gab. Die begannen wissenschaftlich und dann nahm der Unsinn zu, was sich aber nicht sofort erschloss. Es gab auch Filmeinblendungen, wo zum Beispiel zur Musik von »Dallas« anstelle eines amerikanischen Wolkenkratzers das Leipziger Unihochhaus auftauchte. Politische Sentenzen, Witze über Volkspolizisten – alles war in diesen Veranstaltungen drin. Die Uni-Kreisleitung der SED bekam davon Wind und wollte sich deshalb den Mitschnitt vorführen lassen. Man startete und drückte »aus Versehen« auf Löschen.

Es gab trotzdem drei Jahre Weihnachtsvorlesungs-Verbot.

Prof. Eberhard Hoyer hat ein paar unfreiwillige Bonmots bei den Uni-Chemikern gesammelt. So sagte Wolfgang Lorenz in der Diskussion zu einem Habilitationsvortrag den schönen Satz: »Das ist wahrscheinlich unwahrscheinlich.«

Professor Langhammer meinte am Telefon zu seinem Gesprächspartner: »Komm doch mal vorbei, ich habe gerade nichts zu tun.« Als er aber im selber Moment den auf der Türschwelle wartenden Testataspiranten bemerkte, korrigierte er sich blitzschnell: »Das heißt, zu tun hat man ja immer!«

Zum Phänomen der Selbstentladung elektrischer Elemente konstatierte Professor Ilberg: »Meine Damen und Herren, eine Batterie lässt nach und nach nach.«

Am 1928 eingeweihten Krochhochhaus am Augustusplatz steht oben unter den Glockenmännern »Omnia vincit labor«.

Als Nichtlateiner habe ich nachgelesen: »Arbeit überwindet alles«.

Ein Chemiestudent übersetzte die Weisheit in den achtziger Jahren allerdings mit »Gemeinsam siegen wir im Labor«.

1991 wurde Cornelius Weiss Rektor der Universität. Am Tag seiner Wahl war er vermutlich selbst so über das Ergebnis überrascht, dass er dieses mehr als salopp kommentierte: »Mahlzeit, Leute!« Setzte dann aber noch ergänzend hinzu: »Ich bete, dass ich der Verantwortung gerecht werde.«

Nachdem der neue Rektor einige Wochen im Amt war, wurde er einmal von seinem persönlichen Referenten sanft gerügt: »Herr Weiss, Sie rennen immer so! Das macht kein Rektor! Er schreitet gemessen unter der Last seiner Verantwortung.«

Georg Mayer hat ja einmal gesagt: »Ein Rektor ist ein Mann, der nichts zu verlieren hat als seine Kette.« Cornelius Weiss erzählte mir, dass diese Amtskette ganz schön schwer ist. Etwa dreieinhalb Kilo schleppt da Magnifizenz bei Empfängen durch den Saal. Da heißt es Haltung bewahren. »Und sie drückt hinten auf den Knochen!«

Auf solch bedrückende Weise macht sich die Last der Verantwortung bemerkbar…

Ein Rektor hat bekanntlich auch Sprechstunden. Wissenschaftler erörtern mit ihm diverse Probleme. Wegen der vielen Interessenten und begrenzten Zeit für diese Aussprachen absolvierte Cornelius Weiss sie im 30-Minuten-Takt.

Nun gibt es immer wieder Professoren und Doktoren, die sich zwar gut ausdrücken, aber nicht kurz fassen können. Die sozusagen Magnifizenz eine kleine Vorlesung halten wollen oder gar nicht daran denken, dass andere Kollegen auch ihre »Bewerbchen« haben. Für diese Fälle hatte Rektor Weiss mit seiner Sekretärin irgendwann einmal ein Codewort ausgemacht. Nach Ablauf von 30 Minuten sollte Frau Hermann die Türe öffnen und den Redeschwall unterbrechen, indem sie von der Tür aus informiert: »Herr Rektor, der nächste Gast wartet … Professor Meyerlink!«

Der Fall tritt ein, aber die beiden Herren sprechen intensiv weiter.

»Herr Rektor, der nächste Gast …«

»Wer?«

»Herr Professor Meyerlink …«

»Was will denn der?«

»Ja, ich weiß nicht …!«

»Wie heißt der?«

»Meyerlink!«

»Kenn ich nicht.«

Kurzum: Frau Hermann musste den Rektor, nachdem sein Gesprächspartner das Zimmer verlassen hatte, darauf hinweisen, dass sich Magnifizenz natürlich auch an gemeinsame Absprachen erinnern muss. Sonst nützt das schönste Codewort nichts!

Armin Kühne fotografiert seit Jahrzehnten die Messestadt. Das stellte sich als Glücksfall heraus, denn dadurch konnte er in einem Bildband »Den Wandel zeigen«. Gebäude, die er zu DDR-Zeiten im desolaten Zustand dokumentiert hatte, fotografierte er Jahre später aus derselben Sicht im Glanz der Rekonstruktion. Das Buch wurde ein Bestseller. Kühne hatte schon immer einen genauen Blick fürs Ganze und für das Detail. Auch der Rektor schätzte den Fotografen und sein Können. Allerdings hatte er doch ein anderes Bild von sich selbst und konnte sich eines Tages beim Betrachten der Fotos einer Kritik nicht enthalten. »Der Kühne fotografiert mich immer aus einem Winkel, dass es so aussieht, als hätte ich einen Eierkopp!«

Diese Feststellung des Rektors übermittelte der persönliche Referent dem Fotografen Kühne, der daraufhin eine Demutshaltung einnahm und Besserung versprach. Vielleicht würde er ein anderes Objektiv ... mal sehen, was da zu machen ist ...

Kühne ging, öffnete aber kurz danach noch einmal die Tür und resümierte in Richtung persönlicher Referent: »Aber einen Eierkopp hat er trotzdem!«

Fleißige Mitarbeiter, die nicht auf die Uhr sehen, sind ein Segen. Zu ihnen zählte der Prorektor Günther Wartenberg, Professor für Theologie.

Dem glücklich Arbeitenden schlug keine Stunde.

Es gibt ja ein Gedicht von Erich Weinert mit dem Titel »Im Kreml ist noch Licht«, in dem der weise Stalin besungen wird. Alles schläft, einsam wacht der Führer des Proletariats der Welt. In unserem Fall war es kein Atheist, sondern eben ein Theologe.

Der Rektor konstatiert: »Der konnte fünfzehn Stunden arbeiten! Ich fand neunzehn Uhr als Arbeitsschluss gut.«

Der Rektor ging ins Gewandhaus. Das Fenster war erleuchtet. Der Rektor kam aus dem Gewandhaus. Das Licht brannte immer noch.

Fleißige Mitarbeiter sind ein Segen, aber sie können auch auf andere provokativ wirken. Schließlich sehen ja den Lichtschein aus dem Arbeitszimmer des Prorektors auch andere Angehörige der Universität. Und das Rektorzimmer ist dunkel!

Magnifizenz wusste sich aber zu helfen und hat einfach ab und an mal dort das Licht brennen lassen ...

Lutz Lippold war der letzte Bohemien in Leipzig. Man traf ihn in den sechziger Jahren täglich im ersten Stock des legendären Cafés Corso, dem Treffpunkt der Künstler, Studenten und Spinner der Nation. In diesem beliebten Kaffeehaus, das noch original im Stil des Art déco erhalten war, bekam man oft keinen Platz an den Marmortischen.

Bernd Peschko, der sich in Leipzig über Jahrzehnte einen Namen als »Mäuschens Discothek« gemacht hatte (Mäuschen war sein Spitzname), saß einmal neben Lutz Lippold. Der studierte in jener Zeit Theologie und sagte nach einem Blick auf die Uhr zu ihm: »Kannst du mir mal meinen Platz frei halten? Ich muss nur mal in der Unikirche meine Probepredigt halten.«

Der Chemiker Wilhelm Treibs kehrte von einer wissenschaftlichen Konferenz zurück. Auf dem Flughafen wurde er von seinen Assistenten begrüßt. Treibs schwärmte von den Tagen mit Kollegen aus aller Welt, klagte aber gleichzeitig über schreckliche Rückenschmerzen seit dem Morgen seines Abflugs. Vermutlich ein Rheumaanfall, er habe vorsichtshalber seinen Mantel im Flugzeug angelassen.

Zu Hause merkte er, dass es einen handfesten Grund für

seine Beschwerden gab: Er hatte in der Eile in seinem Hotel den Mantel gleich mit dem Kleiderbügel angezogen!

Johann Christian Günther studierte von 1717 bis 1719 in Leipzig. Er dichtete vor dreihundert Jahren viel Wahres über unser Leben:

»Brüder! wir
Sind ietzt hier,
Und wer weiß wie lange?
Jeder Schritt
Ist ein Tritt
Zu dem letzten Gange ...

Fort, ihr Brüder, trinckt und schreyt,
Weil ihr noch in Leipzig seyd
Und man in der schönen Stadt
Doch kein ewig Leben hat.«*

Und dabei ist es geblieben.

* Zitiert nach: Johann Christian Günther: Werke, hrsg. von Reiner Bölhoff, Deutscher Klassiker Verlag, Frankfurt am Main 1998, S. 548 u. 550

Stammtische

Von klugen Käuzen und anderen geselligen Bürgern

Der »Leipziger Kalender« von 1906 suchte nach einer Erklärung, warum in der Stadt so viele Stammtische existieren: »Was bildet nun aber die bewegende Triebkraft, welche Tag für Tag die einzelnen Individuen zu regelrechten Kreisen ›verdichtet‹ und sie zu festen Verbindungen zusammenführt? Einzig und allein die Geselligkeit. Sie ist dem Deutschen angeboren. Aus ihr entspringt auch der ›Stammtisch‹, den die übrige kultivierte Welt eigentlich nur dem Namen nach kennt, jener eigenartige glückliche Bund aller möglichen Standeselemente, welche Zufall, Bekanntschaft einander näher gerückt und zu längerer Gemeinschaft eng verbrüdert haben.«

Jene runden Tische mit dem unverwüstlichen Schild in der Mitte haben ja oft den Ruch einer Männerrunde, in der vor allem heftig gezecht wird, kleinbürgerliche Ansichten verbreitet, politische Stammtisch-Parolen ausgegeben und neben alkoholischen Getränken ein- oder zweideutige Witze serviert werden. Das gab und gibt es natürlich, aber vielfach war es auch anders: Diese Stadt zwischen Messe und Universität, Kunst und Buch ließ gebildete, interessierte Menschen sich bei einem guten Trunk versammeln. Ihnen ging es um geistigen Austausch, um politische Intentionen, und das alles wurde kräftig mit geistvollem Jux gemischt.

Außerdem gibt es in Leipzig schon lange auch Stammtische für Frauen, die sich – im Gegensatz zum nachmittäglichen »Kränzchen« mancher Damen in der Wohnung mit Rommé und Kaffee – lieber in einem Lokal bei Bier und Wein versammeln. Daneben existieren gemischte Gesellschaften. In Leipzig ist alles möglich!

Am Ausgang der Romantik trafen sich im berühmten »Kaffeebaum« die »Davidsbündler«, ein Kreis junger Musiker und Schriftsteller. Es ging gegen die Philister an sich – egal ob in der Musik oder sonst im Leben. Prominentestes Mitglied war Robert Schumann, aber auch der Mendelssohn-Biograph Lampadius und der damals bekannte Publizist Karl Herloßsohn ließen in diesem Kreis die Gläser klingen.

Ebenfalls im 19. Jahrhundert formierte sich der berühmte »Verbrechertisch« in der »Guten Quelle«, einem Lokal am Brühl. Das waren Männer, die nach der gewaltsamen Niederwerfung des Volksaufstandes von 1848/49 in Bedrängnis geraten waren, gar Zuchthaus oder Verbannung zu erleiden hatten und sich dem Geist von Robert Blum verpflichtet fühlten. Anfang der sechziger Jahre fand solch ein Kreis von Gesinnungsgenossen und Leidensgefährten zusammen, der – und das war auch wieder typisch für Leipzig – den berühmten Wissenschaftler neben dem Handwerksmeister sah. Ohne Dünkel pflegten Bürger den Meinungsaustausch. Da saß Roßmäßler, Professor für Naturgeschichte, der nicht nur wissenschaftliche Werke schrieb, sondern sich auch als Volksschriftsteller einen Namen gemacht hatte, neben dem Dichter Friedrich Hofmann und den Gebrüdern Carl Moritz und August Dolge. Letzterer, von Beruf Tischler und Instrumentenbauer, floh aus seiner Zelle in der Pleißenburg. Leider riss das Seil, er stürzte auf die Burgstraße und wurde wieder eingefangen. Zunächst wurde Dolge zum Tode, dann zu lebenslänglich verurteilt. Er verbrachte acht Jahre im Zuchthaus Waldheim, ehe man ihn endlich begnadigte.

Nach seiner Entlassung schaffte er es mit seiner unglaublichen Energie, eine Pianofabrik von Weltruf aufzubauen. Der Sohn Alfred ging später nach Amerika, wo dessen Fabrikanlagen ein solches Ausmaß annahmen, dass sie einer kleinen Stadt ähnelten und »Dolgeville« genannt wurden.

Solche Menschen versammelten sich um den »Verbrechertisch« am Brühl!

Der Lehrer Louis Lindner wurde eingesperrt, weil er bei einem Essen nicht auf das Wohl des Königs mit angestoßen hatte. Für solch eine Handlung wurden seinerzeit brave Sachsen arretiert! Das muss man sich einmal vorstellen!

Wenn ich nicht auf Honecker angestoßen hätte, wäre ich doch nicht gleich in den Knast gekommen!

August Bebel berichtet in seiner Schrift »Aus meinem Leben« über die Bedeutung »der Restauration zur Guten Quelle auf dem Brühl«. Er erwähnt auch, dass der Wirt namens Grun selbst ein Achtundvierziger war, und erklärt, warum der Stammtisch so hieß: »Das besagte, daß hier nur die ehrwürdigen Häupter der Demokratie Platz nehmen durften, die zu Zuchthaus oder Gefängnis verurteilt worden waren ... Wir Jungen rechneten es uns zur besonderen Ehre an, wenn wir an diesem Tisch in Gesellschaft der Alten ein Glas Bier trinken durften.«

Die Mitglieder des »Verbrechertisches« wurden in Sesshafte und Zugelassene unterteilt. Erstere hatten wirklich im Gefängnis »gesessen«, während letztere wegen ihrer bürgerlich-demokratischen Gesinnung es wert waren, in diese Runde zu gehören.

Zugelassene waren zum Beispiel Dr. Theodor Apel, der 1861 aus eigenen Mitteln die später nach ihm benannten 44 Marksteine an Stellen der Völkerschlacht aufstellen ließ. Weiterhin gehörten zu diesem Kreis der »Gartenlaube«-Verleger Keil und der Mediziner Professor Bock,

»weil er wenigstens alle Tage werth gewesen wäre ins Zuchthaus zu kommen«.

Zum Leipziger Turnfest im Jahre 1863 war der Stammtisch das Zentrum der Patrioten. Damals saß auch der Mecklenburger Dichter Fritz Reuter mit in der Runde. Er war ja schon einmal zum Tode verurteilt und später zu 30 Jahren Festungshaft »begnadigt« worden. Über jene Zeit kann man in seinem Buch »Ut mine Festungstid« nachlesen.

Der »Verbrechertisch« an sich, dieses hölzerne Möbel, überlebte die Stürme der Geschichte. Zu DDR-Zeiten wurde er nicht in die Stadtgeschichte unseres Museums integriert, sondern im Naturkundemuseum mehr oder weniger abgestellt. Begründet wurde das damit, dass Roßmäßler doch Naturforscher gewesen sei.

Es hing aber natürlich damit zusammen, dass bürgerlich-demokratisch nicht mehr gefragt war. Sozialistisch sollte es sein!

In der zum 25. Jahrestags der DDR eingeweihten Dauerausstellung »Leipzig gestern – heute – morgen« im zweiten Obergeschoß des Alten Rathauses war in der Konzeption kein Platz für den »Verbrechertisch«.

Er stand fortan im Magazin oder in einem der Diensträume. Schließlich ging es in dieser Schau darum, die Orientierung des VIII. Parteitages der SED für die Geschichtsmuseen im Lande umzusetzen und »die gesellschaftliche Entwicklung in der DDR im Zusammenhang mit dem revolutionären Weltprozeß« zu zeigen. Das hieß übersetzt: Die neue Ausstellung begann nun 1917 mit der Großen Sozialistischen Oktoberrevolution…

Wäre die Revolution von 1989 gescheitert, hätte es womöglich nach einigen Jahren einen neuen »Verbrechertisch« in Leipzig gegeben!

Seit Dezember 2011 ist er wieder in die Dauerausstellung des Stadtgeschichtlichen Museums integriert. Dort kann nun auch jeder Besucher die geschnitzte Inschrift von 1856 auf der Tischplatte entziffern:

»Aller
Treu gedenken
Die mit uns gestrebt!
Kann der Tod doch kränken
Keinen der gelebt!«

In der »Centralhalle« tagte ... das Verb stimmt ja gar nicht in diesem Zusammenhang ... also traf sich am Abend ab 1866 der Stammtisch »Die Lerchenschachtel«. Wie kam es zu diesem merkwürdigen Namen? Ein Mitglied hatte die Runde zunächst von der Galerie des Restaurants aus gesehen; er fand, die Glatzköpfe erinnerten an die früher übliche Verpackungsweise der als Delikatesse bekannten »Leipziger Lerchen«. So wurden die Versammelten, die gleichermaßen an Haarschwund litten, auf diesen Namen festgelegt.

Wer kennt heute noch Julius Roderich Benedix?

Der Mann war Theatersänger, Schauspieler, Regisseur und vor allem: Lustspieldichter. Benedix gehörte zu den erfolgreichsten Bühnenautoren des 19. Jahrhunderts und hat über 80 Lustspiele und Possen geschrieben, obwohl alle ziemlich schlicht in der Handlung waren.

In der längst nicht mehr existierenden »Oberschenke« in Leipzig-Gohlis traf sich der »Benedix-Stammtisch« mit Teilnehmern unterschiedlichster Profession vom Komponisten bis zum Juristen. Humor wurde groß geschrieben.

Wer von der Reichsstraße kommend durch die Specks-Hof-Passage bummelt, kann zur Linken eine von seinen Freunden gestiftete Gedenktafel für den heiteren Dichter sehen. Dort hatte sein Geburtshaus gestanden, ehe das gesamte Quartier wegen des Baus dieses Messpalastes abgerissen wurde.

Leipzig ist bekanntlich die Stadt der Gose. Das helle, obergärige Bier mit seinem besonderen Geschmack wurde seit 1765 in Leipzig ausgeschenkt. Bis 1966. Dann war für zwanzig Jahre Schluss, bis Lothar Goldhahn 1986 die Gosenschenke Ohne Bedenken am alten Platz wieder eröffnete. Hier versammelten sich seinerzeit viele Stammtische unter dem Motto: Wo man Gose trinkt, da kannst du ruhig lachen, Bösewichter trinken schärfre Sachen.

Der Wirt sorgte auf seine Weise für entsprechende Harmonie im Laden:

»Seid gemütlich, meine lieben Gäste,
tut, als wäret ihr bei mir zu Haus,
laßt's euch schmecken auf das Allerbeste,
streiten zwei, so fliegen beide raus!«

Im Restaurant Fröhlich, in dem noch bis 1966 Gose ausgeschenkt wurde, versammelte sich Anfang des 20. Jahrhunderts der »Lichtertisch«, der strengen Regeln folgte. Bei festlichen Gelegenheiten brannte eine Kerze auf einem fähnchengeschmückten Tisch-Obelisken und erinnerte an die Jahrzehnte vorher bestehende »Leuchter-Gesellschaft« auf der Großen Funkenburg. Deren Mitglieder versammelten sich Abend für Abend vor einer Astrallampe. Was wird das gewesen sein? Von einem Astralleib habe ich ja schon gehört. Das ist im Okkultismus der unsichtbare Ätherleib des Menschen, der durch die Gegend schwebt, aber die Astrallampe stand ja sichtbar auf dem Tisch ... Wir werden wohl nicht mehr erfahren, was es damit auf sich hatte.

»Freunde, mein Glas ist leer.
Nur noch ein goldner Tropfen am Grunde
spiegelt schwank eure Tafelrunde,
blank vom Glanz unsrer Feierstunde
und vom Duft der Jahrhunderte schwer.«*

So lautet die erste Strophe vom »Weinblumenlied«, das Richard Dehmel für einen Männerkreis geschrieben hatte, der sich »Bungonentisch« nannte. Ein etwas mystischer Begriff, die Herkunft ist nicht geklärt. An diesem Tisch saßen neben dem Oberhaupt und Initiator, Rechtsanwalt Dr. Hetzel, und seinem damals schon berühmten Kollegen Martin Drucker auch der Psychiater Dr. Götze und die Mediziner Dr. Eggebrecht und Adolf Rauscher. Mit ihnen tafelten die verschiedensten Leute, vom Bibliothekar bis zum Komponisten und Universitätsprofessor. Richard

* Zitiert nach: Dehmel, Richard, Zechers Nachtfeier, aus: Schöne wilde Welt, Neue Gedichte und Sprüche, S. Fischer, Berlin 1913, S. 115. Dieses Gedicht wird auch das »Weinblumenlied« genannt.

Dehmel und Frank Wedekind, die beide eine Zeit in Leipzig lebten, waren bei den »Bungonen« dabei. Den Dichter Wedekind charakterisierte Gustav Herrmann in der Zeitschrift »Das neue Leipzig« so: »... derzeit Unmassen Pilsner Bieres vertilgend, erschien schon vorübergehend, wenn auch noch nicht, wie später, höchst offiziell in schwarzen Hosen und hellem Gehrock.« Jener Autor meinte auch: »... die Geister Wagners und Nietzsches schwebten über den Redeschlachten; Passierschein war einzig: Originalität der Weltbetrachtung und hochstrebende Freiheit der Gesinnung, wie des Wortes.«

Herrmann meint, dass Hetzel den Stammtisch dominierte: »Mit Stammtischen ist es wie mit Völkern. Das Wort vom aufgeklärten Despotismus als bester Regierungsform erscheint beachtenswert.«

Der Jurist Hetzel galt als »geniales Rauhbein«. Er selbst charakterisierte die Runde mit dem Satz: »Wir sind Könige im Reiche der Indiskretion.« Das gehörte aber vermutlich nach der geistigen Auseinandersetzung über Kunst, Philosophie und Politik dazu – etwas Klatsch entspannt ja mitunter ...

Von der Vielzahl der Stammtische um die Wende zum 20. Jahrhundert seien ein paar wegen ihres originellen Namens genannt: In der »Goldenen Eule« tagte der »Galgenbund«, in der »Meißnerschen Probierstube« der Wohltätigkeitsverein »Rote Nasen«, im Theaterrestaurant nannten sich die Zecher »Die Wärmflasche«, während sich »Die Erleuchteten« in »Zills Tunnel« trafen, in der Kantine des Neuen Rathauses hatten sich die »Kellerwürmer« und die »Zementmotten« eingenistet. Ein Stammtisch von Künstlern nannte sich »Die Stalaktiten« und machte den Kneipenraum zur heiteren Tropfsteinhöhle.

Eine Zeitlang – es ist leider schon eine Weile her – galt Leipzig als die geistigste deutsche Stadt. Kein Wunder bei so viel Intelligenzpotential durch Universität, Akademie, Konservatorium, die Theater, als Buchhandelsplatz Nummer 1 in Deutschland und als Welthauptstadt des Buchdrucks. Es gab eine Fülle wissenschaftlicher Vereinigungen und Institutionen. Ab 1910 traf sich im Hotel Hauffe ein literarischer Montagsstammtisch unter dem Namen »Hexenküche«. In dieser Runde wurde jeder willkommen geheißen, der wissenschaftliche oder künstlerische Leistungen vorweisen konnte oder zumindest mit schöngeistigen Interessen ausgestattet war. Dort saß Heinrich Hubert Houben, Entdecker des Nachlasses von Eckermann und literarischer Leiter des Brockhaus Verlages, der mit enzyklopädischem Wissen ausgerüstet war, neben den Schriftstellern Valerian Tornius, Franz Adam Beyerlein und dem später berühmten Kurt Pinthus, der mit der Anthologie »Menschheitsdämmerung« der Lyrik des Expressionismus den Weg bahnte. Max Krell gab sich die Ehre, dessen hervorragendes Buch über die zwanziger Jahre »Das alles gab es einmal« ich erst unlängst entdeckt habe. Maler und Grafiker wie Erich Gruner oder Hugo Steiner-Prag, die in Leipzig berühmten Theaterleiter Max Martersteig und Fritz Viehweg stellten sich ein. Auch ein kabarettistischer Vorfahr riss am Tisch seine Witze: Woldemar Sacks, von dem mir noch Alexander Wanschura, ein Pianist und Klavierlehrer, erzählte: Einmal sei er bei ihm in der Wohnung gewesen und habe zu seiner Verblüffung und Erheiterung gesehen, dass Sacks sich als relativ armer Künstler eben die Möbel an die Wand gemalt hatte… Sacks selbst war ein Könner auf dem Piano, ein musikalischer Solokabarettist, der in »Heiteren Klavierabenden« auch die Klassik verulkte. Er war Komponist und Lehrer. In seiner Berliner Zeit wurde er zu Kleinkunst-Veranstaltungen bei Hofe hinzugezogen und begründete die »Musikerklause«, die als Geburtsstätte des deutschen Kabaretts angesehen wird. Ernst von Wolzogen wählte ihn zum musikalischen Beirat des »Überbrettls«. Und er trat auch in Reinhardts »Schall und Rauch« auf.

Langeweile hat es bei den vielen illustren Gästen in der »Hexenküche« nie gegeben. Mancher Anlass erregte die Gemüter. Valerian Tornius schrieb in der Zeitschrift »Das neue Leipzig« im Jahre 1931 über die Atmosphäre des Stammtisches: »Man hatte durch jahrelangen Verkehr die Schwächen des anderen kennengelernt und schoß gelegentlich spitze Pfeile der Ironie oder Neckerei gegen diese ab, freilich nie so scharf, dass die Seele des Verspotteten Wunden davontrug. Denn der Geist, der in der ›Hexenküche‹ waltete, war der einer gegenseitigen Anerkennung und eines freundlichen Wohlwollens. Darum kam es nur selten zu Misshelligkeiten, obwohl die Meinungen oft hart aneinanderprallten, die Wogen der Entrüstung hochgingen – es waren ja außergewöhnliche Zeiten (Krieg, Revolution und Inflation) – , der über allem als unsichtbarer Schutzengel schwebende Humor sorgte immer für Ausgleich und Eintracht.«

Einige Größen verließen Leipzig in Richtung Berlin und die Wirren der Inflation beendeten diesen literarischen Stammtisch. Tornius schreibt: »Als sich nach der Inflation die wirtschaftlichen Verhältnisse zu konsolidieren begannen, stellte sich auch nach Jahren unfreiwilliger Einsamkeit das Verlangen nach geselligem Beisammensein allmählich ein; denn die Geistig-Schaffenden waren durch die Entwertung des Geldes in ihrer Existenz wohl am härtesten betroffen worden. Man trachtete darnach, die Geister des Trübsinns zu verscheuchen, schöpfte neuen Lebensmut ...« So entstand im Herbst 1925 vor allem dank der Initiative von Fritz Mack, dem Feuilleton-Redakteur und Theaterkritiker der »Leipziger Neuesten Nachrichten«, ein neuer Treffpunkt, die »Eierkiste«. Im Gegensatz zur »Hexenküche« (in der allerdings nicht eine Frau den geistigen Auflauf mit bereitete) konnten aber die Liebhaber geistiger Sätze und Getränke nicht einfach so hinzuströmen. Es wurde ein Numerus clausus verhängt. Der Grund? »... dieweyl«, wie es in der Gründungsurkunde hieß, »... nur 16 Eyer auf die Mandel zaehleten«.

Im »Kaffeebaum« traf man sich, und manch Gast wird sich gewundert haben, wenn er von honorigen Herren plötzlich ein »Ei, ei – ei, ei, ei!« mit steigender Betonung vernahm, den Schlachtruf des Stammtisches nach entsprechenden Pointen. Die originellen Sitzungsprotokolle, die in Hexametern oder Prosa abgefasst wurden, erhielten durch die anwesenden Zeichner noch die nötige Würze und wurden entsprechend der »Eierkiste« eben »Omeletts« genannt.

Den Vorsitz des Stammtisches führte der bedeutende Germanist und Goethe-Biograph Georg Witkowski, genannt der »Eierstock«. Er hatte von Viehweg, dem Intendanten des Schauspielhauses, einen Spazierstock Goethes als Zeichen seiner Würde gestiftet bekommen. Witkowski war übrigens ein Bruder des bekannten Journalisten und Schriftstellers Maximilian Harden, der eigentlich Maximilian Felix Ernst Witkowski hieß.

Hochangesehene Persönlichkeiten der Stadt, wie der Verleger Gustav Kirstein, der Direktor der Deutschen Bücherei Heinrich Uhlendahl oder Thomaskantor Günther Ramin, trieben hier neben ernsthafter Diskussion immer wieder auch Jux und Dollerei! Der damals in Deutschland weithin bekannte Dramatiker und Schriftsteller Max Halbe äußerte einmal, dass er in München und Berlin einige literarische Stammtische kenne, dass er sich aber an keinem so wohlfühle wie in der »Eierkiste«. Das brachte ihm auch die Ehrenmitgliedschaft ein. Verdienstvolle Bürger wie er wurden vom Stammtisch zu »Ehreneiern« ernannt. Halbe reiste nach einem Leipziger Aufenthalt einmal spätabends im Schlafwagen. Da wurde er vom Schaffner aus dem Schlummer gerissen. Eine Nachricht aus Leipzig: »Die Eierkiste ernennt Sie hiermit zum Ehrenei.« Halbe nimmt die Information etwas unwillig zur Kenntnis, weil man ihm das auch am nächsten Tag hätte mitteilen können. Er schläft also wieder ein und wird nach kurzer Zeit wieder geweckt. Erneute telegrafische Mitteilung: »Wegen ausgebliebener Begeisterung Ernennung zum Ehrenei rückgängig gemacht.« Das war natürlich nur ein Gag und in seiner Heimatstadt München erfuhr er dann, dass die Ehrung selbstverständlich aufrechterhalten wird. Dass solche hochangesehenen Leipziger Bürger Sinn für soviel Unsinn hatten – das imponiert mir sehr! Davon könnten wir in unseren Tagen etwas gebrauchen.

Zu DDR-Zeiten ging es oft bierernst zu. Deshalb schuf der Volkswitz Luft zum Atmen und man traf sich in der Nische, um heitere Abende im Kreise von Gleichgesinnten zu verleben. Die achtziger Jahre des vorigen Jahrhunderts brachten nach den bleiernen Siebzigern allmählich etwas Bewegung ins Land. Der Wunsch nach Veränderung wurde größer, je mehr Leipzig in sich zusammenfiel. Ich kannte einige Menschen, denen unsere Stadt besonders am Herzen lag und die den Zustand nur noch satirisch ertragen konnten. Wenn wir uns ab und zu unterhielten, war immer mal die Rede davon, man müsste einen Kreis von Leuten versammeln, die sich Leipzig auf besondere Weise verbunden fühlen. Irgendwann beendete ich die Rederei darüber und verschickte im Jahr 1984 alte Postkarten, auf denen ich zur Gründung eines Leipzig-Stammtisches einlud. An einem Montag … warum ein Montag? Der erste Tag der

Woche steht ja auf der Hitliste nicht immer weit oben, vielleicht war da die Freude auf einen amüsanten Abend anspornend. (Ich hatte natürlich nicht die geringste Ahnung, was der Montag wenige Jahre später für Leipzig bedeuten würde ...)

Ich bat etwa 15 Leute in die Gaststätte Boccaccio in der Kurt-Eisner-Straße. Das Lokal war aus gutem Grund gewählt, war es doch das letzte erhaltene altdeutsche Weinlokal mit Holztäfelung und Bleiglasfenstern, einem alten Kaminofen und Wandbildern, die Persönlichkeiten aus der Geschichte Leipzigs zeigten. Wir reservierten uns für weitere Sitzungen das Jagdzimmer, das mit einer alten Schiebetür abgetrennt war. Und dort trafen sich nun als harter Kern Journalisten (Peter Seidel, Udo Boden), Schriftsteller (Bernd Weinkauf), Kabarettisten (Gunter Böhnke, Hanskarl Hoerning), Kunst- bzw. Kulturwissenschaftler (Dr. Claus Baumann, Wieland Zumpe), der Architekt (Dr. Hajo Götze), der Arzt (Dr. Stefan W. Wolf), Maler und Grafiker (Wolfgang Mattheuer, Egbert Herfurth, Heinz-Jürgen Böhme, Detlef Lieffertz) und Cartoonisten (Lothar Otto, Ulrich Forchner) ... Alle liebten diese Stadt und alle litten unter dem Verfall. Und alle klebten (und kleben bis heute) wie die Kletten an diesem Leipzig.

An den Wänden hingen Geweihe und ich weiß noch, wie wir einige Zeit später zum ersten Mal den von uns geschätzten Maler Prof. Wolfgang Mattheuer zu Gast hatten und er über die politisch freie Rede unserer Stammtischmitglieder sehr erstaunt war. Er zeigte auf eine der gehämmerten Nieten, die das Geweih auf einer Holzfläche hielten, und meinte zu mir in Anspielung auf das Äußere, das einem kleinen Mikrofon ähnelte: »Bist du dir sicher, dass das da oben wirklich nur ein großer Nagel ist?!«

In diesem Kreis wurde offen geredet und gescherzt. Wir nutzten den Freiraum im »Boccaccio«, um etwas Freiheit

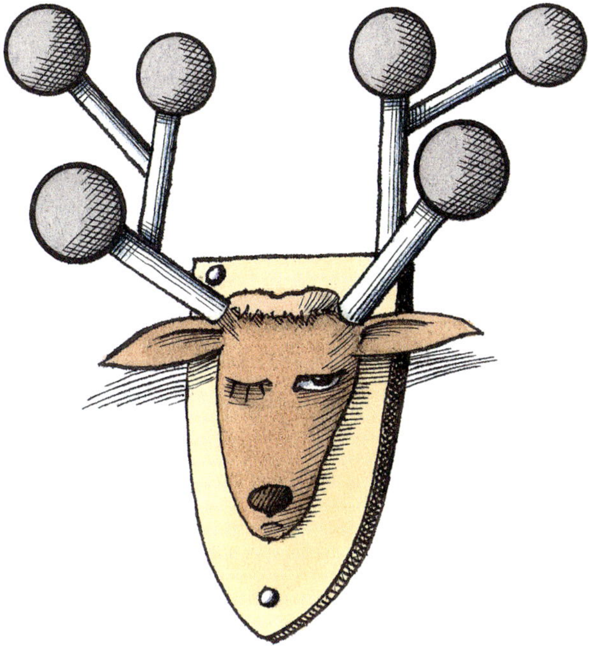

zu schmecken. Das galt auch für die drei Stammtisch-Mitglieder, die Genossen der SED waren. So spielten wir in diesem Hinterzimmer Demokratie in der Art, dass wir als erstes festlegten, dass Beschlüsse nur angenommen werden, wenn es auch wenigstens e i n e Gegenstimme gäbe. Einstimmige Beschlüsse würden nicht akzeptiert. Das war schon eine Wohltat, wo in diesem Land immer alles hundertprozentig bestätigt wurde.

Das Jagdzimmer wurde zu unserem Hochstand für satirische Schüsse. Es wurde ganz besonderes Rotwild erlegt. Auf der Lichtung versammelten wir die Protagonisten, die für den Zustand dieses Landes verantwortlich waren, eröffneten das Treiben gegen Kampagnen und hohle Phrasen, deren Wildwuchs täglich zunahm.

Zufällig hatte ich 1984 entdeckt, dass vor 75 Jahren in

Leipzig eine besondere Tischrunde gegründet worden war: die »Leoniden«, eine geistvolle Versammlung, die auch für jeden Unsinn zu haben war. Zwei Dialektdichter waren führend: Georg Bötticher und Edwin Bormann. Das größte Werk von Boetticher war allerdings sein Sohn. Der legte den Familiennamen ab und nannte sich – Joachim Ringelnatz!

Ich besitze eine Radierung, auf der sich die beiden Freunde lorbeerumkränzt zuprosten. Auf dem Blatt ist die Naschmarktseite des Alten Rathauses zu sehen. Links vom Durchgang zum Markt hängt (bis heute) eine Tafel an der Wand, die zur Erinnerung an die heiteren Dichter gestiftet wurde. Das Blatt ist der Osterfeier der »Leoniden« am 16. April 1919 gewidmet und die Tafel wird gerade von Passanten betrachtet. Rechts unten im Bild sieht man zwei Soldaten, einer trägt die Armbinde A.u.S.Rat (also Arbeiter- und Soldaten-Rat) Leipzig. Das Profil des einen Kämpfers mit Pfeife ist eindeutig dem Boetticher-Sohn Ringelnatz zuzuordnen. Für Klarheit sorgt die markante Nase.

Wegen dieses von mir zufällig entdeckten Jubiläums wollten wir uns eventuell »Neue Leoniden« nennen, aber nach einigen anderen Vorschlägen entschieden wir uns schließlich für den ursächsischen Begriff »Gogelmohsch«, der soviel wie Kleinkram, Kleinzeug bedeutet. »Räume hier mal deinen Gogelmohsch weg!« Kurt Gerhard Franke erklärt in seinem Bändchen »1000 Wörter Säggs'sch« den Begriff auch noch mit »undurchsichtige Sache bzw. unbedachte Handlung«.

Das alles passte auf uns hervorragend!

In der DDR waren in den sozialistischen Betrieben sogenannte Brigadetagebücher üblich. Dort fanden sich Berichte über den Kampf um die Planerfüllung wie auch über gemeinsame Unternehmungen, Theaterbesuche oder Ausflüge. In rührend kitschig-naiver Weise wurden in der

Art von Schulaufsätzen Texte ins Tagebuch geschrieben, Fotos oder Zeichnungen geklebt. Die »Gogelmohscher« nahmen nun diese Form auf die Schippe, indem sie eine besondere Art Tagebuch führten. Lächerliche Überschriften und andere Ausschnitte aus der Parteipresse und aus Zeitschriften, Zeichnungen der talentierten Künstler am Tisch und Bonmots trug und trägt bis heute vor allem Wieland Zumpe ins Buch ein.

Wir haben über Probleme in der Stadt, im Land, in der Welt gesprochen, es wurde geblödelt und auch ein wenig geklatscht. Alles, was für die Seele gut ist. Die Tagebücher des Stammtisches »Gogelmohsch«, die eigentlich Abendbücher genannt werden müssten, sind eine flapsige Chronologie des Unterganges der DDR, obwohl wir natürlich keine Ahnung hatten, dass er schon so nahe war. Und die Eintragungen zeigen auch: Das System schreckte längst nicht mehr. Keiner von uns dachte daran, dass wir uns mit diesen Büchern auch viel Unbill hätten einhandeln können. Ich habe nun für Sie in diesem heiteren Schatz geblättert. Am ersten Abend stellte jemand fest:

»Das Rauschen im Telefon wird immer schlimmer.«

»Ich glaube, ich habe jetzt sogar mal einen reden gehört.«

Irgendwann forderte jemand »Freiheit für Grönland! Weg mit dem Packeis!«

Als die Truppe dem Kellner 23.15 ein Bier ausgeben will, meint der: »Wenn'ch ä Glas hädde, gärne.« So war dieses Land – in den Gastwirtschaften reichten nicht mal die Gläser. Wenn die Gaststube voll war, musste man unter Umständen warten, bis jemand ausgetrunken hatte.

Die Küche machte auch beizeiten Schluss. Dieses und jenes Essen war immer mal wieder – wegen knapper Lieferungen – »aus«. Hartnäckig fragte ich an einem der

Montage den Kellner Becker: »Wirklich nichts mehr in der Küche?«

»Nee. Gar nichts.«

»Nich mal drei frisch erschlagene Kakerlaken?«

Die Situation in den DDR-Gaststätten war durch die Bank schrecklich. Deshalb vermerkten wir im »Gogelmohsch«-Buch: »Der Gast ist der natürliche Feind der Gastronomie.«

Und zogen die Konsequenz in der fiktiven Anzeige:

»Machen Sie sich einen schönen Abend – bleiben Sie zu Hause!

Ihr Gaststättenbetrieb«

Es wurden natürlich auch Fundsachen ins Buch geklebt. Die folgende Lyrik-Probe stammt aus der »Leipziger Volkszeitung«. Der schreibende Arbeiter Kurt-Rudolf Böttger, der aber – wie so viele Zirkelmitglieder – gar nicht als Arbeiter tätig war, bedichtete in »Braustraße 15« Karl-Liebknechts Geburtshaus:

»… Das schönste Bild:
Liebknecht im roten Sonnenschein,
mit heißen Augen
und mit
sturmdurchwehtem Haar.
Es tat dem Kampfgeist gut, durch
dieses Haus zu gehen.
Ich hatte danach, glaub ich,
Liebknechts festen Schritt.
Ich habe plötzlich ringsum mehr
als sonst gesehn.
Ich nahm aus einer
Stunde
Kraft für Tage mit.«

Wenn Kurt-Rudolf anschließend tatsächlich mehr gesehen hat, dann war er sehr zu bedauern, weil gerade in der Braustraße die Häuser allen statischen Gesetzen zum Trotz nicht einfielen. Um diese maroden Bauten zu verkraften – da hat er wirklich »Kraft für Tage« gebraucht.

Die denkbar schlechteste Antwort gab Gogelfreund Egbert Herfurth einem Mitarbeiter der DDR-Zollorgane. Auf die Frage »Haben Sie etwas zu verzollen?«, antwortete er: »Eigentlich nicht.«

Daraufhin wurde er dreimal kontrolliert.

Das gab es nur im permanenten Mangel des Ostblocks, dass Produkte im Weiterverkauf teurer wurden. Ein Buch von Lothar Otto kostete neu 9,40 Mark. Der Autor und Cartoonist fand es in einem Antiquariat für 12,40 Mark.

Bei Autos ging es dann noch um ganz andere Summen. Man bekam es quasi nie wieder so billig wie beim fabrikneuen Kauf!

Im Herbst '85 erzählte man sich in Leipzig folgende (angeblich wahre) Geschichte:

Ein Ehepaar zieht nach Grünau. (Das zweitgrößte Neubauviertel der DDR nach Berlin-Marzahn – zum Glück aber ohne eine Cindy aus Grünau.)

Am Morgen großer Schreck: Der Trabant wurde gestohlen. Die Familie meldet den Diebstahl und geht auf Arbeit. Am Abend steht der Trabant zum Erstaunen wieder vor der Tür mit einem Entschuldigungsbrief hinter dem Scheibenwischer. In dem Brief steht sinngemäß, dass das eigene Auto kaputt gewesen wäre, man hätte aber dringend eins gebraucht. Als Dank für das »Leihauto« lagen in dem Kuvert zwei Eintrittskarten für die »Pfeffermühle«.

Die waren seinerzeit etwa mit einem Forumscheck vergleichbar.

Das Ehepaar ist voller Freude, dass der Trabi wieder da ist, und bricht an jenem Tag zum Kabarettbesuch auf.

Als sie zurückkommen, ist ihre Wohnung ausgeräumt ...

Der Journalist Udo Boden war in der Mongolischen Volksrepublik. Es wurden ihm irgendwo bei einem Besuch Hammelaugen offeriert. Er war sprachlos, fasste sich aber schnell und hatte eine Ausrede parat, die sofort von den Gastgebern akzeptiert wurde: »Das verbietet mir meine Religion.«

Peter Seidel, genannt Schnafte, kam als Mitglied des Studentenkabaretts »Rat der Spötter« am 13. September 1960 ins Gefängnis. Er wurde 40 Mal verhört und man warf ihm unter anderem vor, ein Horthy-Faschist zu sein. »Ich wusste gar nicht, was das war!«

Über Jahre verfasste ich unter der Redaktion von Bernd Locker in der »Leipziger Volkszeitung« einmal monatlich eine Humor- und Satireseite. Dazu kamen Zeichnungen von Cartoonisten aus der Messestadt. Das ging natürlich alles nur im Rahmen des Möglichen ...

Es »starb« immer mal eine Zeichnung oder ein kleiner Text.

Der LVZ-Chefredakteur Rudi Röhrer hat mir sogar die Kritik an den fehlenden Schraubverschlüssen bei Marmeladengläsern (es wurden lediglich Plastikdeckel draufgedrückt) gestrichen.

Und die Begründung?

Das würde unsere ganzen Errungenschaften in Frage stellen.

In Leipzig gab es (zu Ehren des ehemaligen Leipzigers) eine Walter-Ulbricht-Oberschule. Seine Frau Lotte hatte (was für eine Ehre!) für diese Bildungseinrichtung eine Brille ihres gestorbenen Mannes gestiftet. Die lag nun in der Schule in einer Vitrine hinter Glas. Daraufhin meinte ich seinerzeit: »Das ist die, wo er dann nicht mehr durchsah!«

Der Journalist Peter Seidel fragte mich in Zusammenhang mit dem Skandal beim »Stern«: »Wollen wir nicht mal die Ulbricht-Tagebücher fälschen?«

Wir haben aber aus guten Gründen darauf lieber verzichtet!

Grundlage des Stammtisches war das Sich-Lustigmachen über die gesamte sozialistische Sprache und Bürokratie. Man kann sich nur wundern, dass es keine Akte »Gogelmohsch« gibt.

Nur einen Beleg fand ich in meinen Stasi-Akten. Das hing so zusammen: Am 22. April 1985 gab es große Aufregung am Stammtisch. Gerhard Polt war auf der Durchreise in Leipzig und sollte auch bei »Gogelmohsch« auftauchen. Der Stammtisch platzte aus allen Nähten. Kein Stuhl mehr frei. Über 20 Leute harrten der Dinge. Der verehrte Polt kam und kam nicht. Die Reihen hatten sich schon gelichtet, als er schließlich doch noch gegen 24 Uhr mit Siegfried Mahler von der »Pfeffermühle« eintraf, und etwas später folgte auch noch Hansi von den »Biermösl Blosn«.

Alle in Sachsen hochverehrt!

Polt musste sich natürlich in unserem »Montags-Brigadebuch« verewigen und schrieb: »Bedingt durch Anwesenheit meinerseits scheint die Präsenz meinerseits gewährleistet ...«

Am 17. Juni 1985 schrieb wiederum Major Reum, BV für Staatssicherheit, Abteilung II, folgende Information 344/85:

»Jeweils montags ab 18.00 treffen sich in der Gaststätte ›Gambrinus‹ im Leipziger Süden ...« (im Leipziger Süden gab es nie eine Gaststätte Gambrinus, wir trafen uns – wie schon erwähnt – im »Boccaccio«) »6–20 Personen als Stammtischrunde. Die Initiatoren sind die Schriftsteller Weinkauf und Schulte ...« (Bei uns saß nie ein Schriftsteller Schulte am Tisch! Vielleicht meinte der Major den Schriftsteller Schütte.) »... sowie der Angehörige des Ensembles des Kabaretts ›academixer‹ Bern-Lutz Lange.« (Na gut, wegen des fehlenden ›d‹ will ich mal nicht so pingelig sein.)

»Auf Anregung von B.-L. Lange ist auch zukünftig geplant, öfters prominente Leute dahin einzuladen. So war schon der Maler Mattheuer und am 13.5.1985 (?) der Münchener Kabarettist Bolte in der Runde anwesend. Bolte ist an diesem Tage dann auch nach 24.00 Uhr noch in die Wohnung von B.-L. Lange mitgegangen.

Quelle: zuverlässig

AKG informiert Abteilung XX.«

Das schrieb also der stellvertretende Leiter der Abteilung II und wie wir sehen, war die Quelle alles andere als zuverlässig. Eins steht jedoch fest: Der freundschaftliche Kontakt mit dem »Münchener Kabarettisten Bolte« (nicht verwandt mit der gleichnamigen Witwe) ist bis heute nicht abgerissen!

Meister der Farbe

Von Malern, ihren Bildern und ihren Marotten

Im Jahr 1898 konnte die Literarische Gesellschaft Detlev von Liliencron als Gast begrüßen. Der Jurist, Schriftsteller und Lebenskünstler Kurt Martens – Gründungsmitglied dieser Gesellschaft – war an jenem Abend dabei und hat darüber geschrieben.

Das Souper nach der Lesung sah auch Max Klinger am Tisch. Der zeigte sich zunächst sehr wortkarg und frostig, taute aber auf, »erwärmte sich zusehends und erzählte schließlich in seinem breiten, behäbigen Sächsisch von der Entstehung seiner Salome, deren Modell ein kleines Pariser Mädel war, seinem Herzen sehr nahe und beinahe verderblich«.

Das alles beobachtete vom anderen Ende der Tafel »eine fremdartige, ziemlich bizarr zurechtgemachte junge Dame«. Sie sah Klinger »saugenden Blickes« an. Dabei handelte es sich um seine spätere Geliebte Elsa Asenijeff, die aus Bulgarien stammte und ihn eine lange Zeit durchs Leben begleitete. Zu vorgerückter Stunde nahm sie jedenfalls an jenem Abend neben dem Meister Platz, ohne jedoch besonderen Eindruck auf Klinger zu machen. Das bemerkte ein anderer Künstler und pirschte sich an sie heran: der Dichter Frank Wedekind. Er flüsterte vehement auf die Dame ein, die nach einiger Zeit zur Überraschung der Gäste einen eleganten Dolch aus ihrem Gewand zog und bedrohlich auf Wedekinds Halsschlagader richtete. Martens schrieb: »Wedekind, ganz hingerissen von dieser heroischen Geste, packte das Mordinstrument, führte es zum Munde und umspielte die blanke Spitze mit seiner Zunge. Frau Asenijeff, starr vor Entrüstung, entriss ihm den Dolch, warf ihn angeekelt von sich und rief dem Kellner zu: ›Läggen Sie das in Karbol!‹«

Nur wenigen ist bekannt, dass einer der bedeutendsten deutschen Karikaturisten, Thomas Theodor Heine, der Schöpfer der legendären roten Bulldogge auf der Zeitschrift »Simplicissimus«, 1867 in Leipzig geboren wurde. Keine Straße, keine Schule ist nach ihm benannt. Es ist mir unerklärlich, dass die Stadt diesen berühmten Sohn so sträflich vernachlässigt. Deshalb habe ich 2010 dem Dezernenten für Kultur vorgeschlagen, zum Andenken an den Künstler einen Thomas-Theodor-Heine-Preis auszuloben. Inzwischen gibt es Überlegungen, den großen Künstler nun endlich zu ehren.

Heine war Schüler des Thomas-Gymnasiums und hieß damals mit dem ersten Vornamen noch David. Er hatte jüdische Eltern. Der Vater besaß eine Gummiwarenfabrik. Das Talent des jungen David brachte ihn dazu, für die »Leipziger pikanten Blätter« (sie erschienen unter der Regie von Alexander von Sacher-Masoch) Karikaturen von stadtbekannten Modejünglingen zu zeichnen. Deswegen musste er sogar das Gymnasium verlassen.

Mein Gott, waren die an dieser Schule prüde und pingelig! Bloß wegen so ein paar gezeichneten Modestenzen?

Mit zweiundzwanzig Jahren ließ sich Heine taufen und wählte als ersten Vornamen Thomas. Eines steht jedenfalls fest: Eine Verbeugung vor seiner Schule machte er damit garantiert nicht!

Bei den meisten Leuten rangiert Joachim Ringelnatz zu Recht als hintergründiger Poet ganz oben auf ihrer Literaturliste. Vielen ist gar nicht bekannt, dass er sich in den zwanziger Jahren mit einer Reihe Ausstellungen auch einen Namen als Maler gemacht hat. Die bedeutende Galerie Flechtheim in Berlin verkaufte so manches seiner Werke. Und das zu – nach heutigem Maßstab – sehr erschwinglichen Preisen. Ringelnatz galt als ein Maler, der seine Farbkultur für poetische, naive und originelle Bilder nutzte. Die haben dann Titel wie »Dachgarten der Irrsinnigen« oder »Riesendame der Oktoberwiese«.

Im Herbst 1928 fand in Leipzig eine größere Ausstellung seiner Werke statt. Das hatte eine Bardame erfahren, die ihn deshalb am Abend fragte: »Was denn, Herr Ringelnatz, Sie malen auch?«

»Ja.«

»Malen Sie richtige Bilder?«

Darauf sagte er: »Nein, ich male unrichtige. Ich forme Gesichter aus Quark, und die Augen setze ich aus Kirschen ein. Das Ganze wird auf dem Holzbrett serviert.«

Damals war das noch ein Witz, heutzutage ist in der Kunst alles möglich.

Max Schwimmer, der Leipziger Maler und Grafiker, kannte Ringelnatz natürlich gut und saß mit ihm auch im berühmten Künstlercafé Merkur zusammen. Schwimmer war eigentlich Zeichenlehrer, bildete sich autodidaktisch weiter und zeichnete in den zwanziger Jahren für die legendäre Zeitschrift »Der Drache«. 1933 wurde er sofort aus dem Lehramt entlassen. Einige seiner Werke diffamierten die Nazis als »entartete Kunst«.

Nach dem Krieg leitete er die Abteilung Grafik an der – wie sie damals hieß – Staatlichen Akademie für Graphische Künste und Buchgewerbe Leipzig. Der Künstler bekam aber bald ideologische und künstlerische Probleme. Der sinnenfreudige Schwimmer passte nicht in die Zeit des Dogmatismus. Der Rektor warf ihm vor, nur »nackte Weiber« zu zeichnen, und mokierte sich über fehlende Sujets des Sozialismus. Schwimmer konterte dann, dass er wenigsten etwas Sinnlichkeit in dieses Leben bringe und dass dem Sozialismus etwas Sexappeal guttue. Seine duftigen aquarellierten Federzeichnungen, wie zum Beispiel jene zu den »Venezianischen Epigrammen«, waren (und sind!) außerordentlich beliebt.

Er wandte sich entschieden gegen die Prüderie verschiedener Funktionäre. 1951 ging er wegen der Querelen in Leipzig an die Akademie nach Dresden, wo er bessere Arbeitsmöglichkeiten hatte.

Wolfgang Bruns erzählte mir, dass sich Schwimmer 1956 aufregte, weil er nur den Nationalpreis III. Klasse bekommen sollte. Er wandte sich an Johannes R. Becher, den er noch aus den Kaffeehäusern der zwanziger Jahre kannte. Der war inzwischen immerhin Minister für Kultur. Und so wurde für Schwimmer noch ein Nationalpreis II. Klasse daraus! Verliehen unter anderem für seine Illustrationen zu Heines »Wintermärchen«.

Wolfgang Bruns gehörte in den fünfziger Jahren zum Stammtisch in der Kneipe der Kammerspiele, an dem neben Schwimmer (und anderen Malern und Grafikern) auch Bloch, der große Denker und Schöpfer des »Prinzips Hoffnung«, mitunter auftauchte. Manchmal kamen Wieland Herzfelde, Franz Konwitschny oder Max Burghardt vorbei.

Bloch erhielt 1957 nach politisch-philosophischen Querelen mit den herrschenden Dogmatikern Lehrverbot an der Universität. Es kam danach zu erregten Diskussionen am Stammtisch. Herzfelde war eher ein linientreuer Genosse und Schwimmer provozierte ihn, sprach davon, dass man an der Universität einen neuen Lehrstuhl einrichten könne: »Prinzip Hoffnungslosigkeit«.

Als Bernhard Heisig 1961 zum Rektor gewählt wurde, durfte die Leipziger Hochschule für Grafik und Buchkunst auf Weisung des Ministeriums für Kultur keine Malklassen unterhalten. Dort war man der Meinung, wer Malerei studieren wolle, der solle das gefälligst in Dresden tun.

Heisig initiierte dann die Malklasse mit einem Trick: er rechnete sie gegenüber dem Ministerium unter der Bezeichnung »Farbige Gestaltung« ab.

Ehe man das in Berlin mitkriegte, waren in Leipzig schon fleißig Bilder produziert worden.

Eröffnung der VI. Deutschen Kunstausstellung im Oktober 1967. Egbert Herfurth ist als Student durch einen Plakatwettbewerb vertreten. Ende der offiziellen Runde im Treppenhaus des Albertinums. Großes Gedränge. Mittendrin stehen sein Lehrer Wolfgang Mattheuer und er. Plötzlich kommt seinen Hut schwenkend und etwas rufend Walter Ulbricht die Treppe herab. Großer Applaus, aber kaum jemand hatte den Ruf verstanden. Daraufhin sagte Wolfgang Mattheuer zu Egbert Herfurth: »Er hat bestimmt Freundschaft gerufen, was sonst, er ruft ja immer Freundschaft.«

Einer der bekannten Maler der zweiten Generation der Leipziger Schule, also der nach Heisig, Mattheuer und Tübke, ist der schon zu DDR-Zeiten in die BRD ausgereiste Maler Volker Stelzmann. Sein Frauenbild fand offenbar in der DDR bei bestimmten Leuten keinen besonderen Anklang. Er hatte das Porträt einer eleganten Frau im Stil der zwanziger Jahre gemalt, die vor der heruntergekommenen Plagwitzer Stadtlandschaft posierte.

Ein Besucher der Leipziger Bezirkskunstausstellung empörte sich darüber, dass die Frau wie eine Hure aussehe. Der zufällig hinter ihm stehende Künstler bemerkte dazu: »Entschuldigen Sie nur, das ist meine Frau!«

Probleme gab es auch mit dem Mehrfach-Porträt der Kunstkritikerin Renate Hartleb, die sich stark für die »Leipziger Schule« einsetzte. Als Stelzmann das Bild für die Ausstellung »Die Frau in der sozialistischen Gesellschaft« einreichte, wurde es mit der Begründung abgelehnt: »So sehen unsere Frauen nicht aus.«

Wolfgang Mattheuer fuhr einmal mit seinem Auto auf den Parkplatz jenes Dresdner Hotels an der Elbe, von dem man den berühmten Canaletto-Blick genießen kann (damals allerdings noch ohne die schöne Silhouette der Frauenkirche) und das nur Gästen mit Devisen offenstand. Wegen des schönen Blicks hieß es auch »Bellevue«.

Mattheuer wollte sich dort mit einem Galeristen aus der anderen Welt treffen.

Als er seinen Wagen auf dem völlig autolosen Parkplatz abstellte, stürmte ein livrierter Hoteldiener auf ihn zu und erklärte ihm mit kernigen Worten, dass er als DDR-Bürger sofort diesen Parkplatz zu verlassen habe.

Es entspann sich ein Disput über das Leben in der DDR im Allgemeinen und um den Parkplatz des Hotels Bellevue im Speziellen.

Es kam zu keiner Einigung und der uniformierte Lakai drohte dem Maler: »Wenn Sie nicht wieder runterfahren, lasse ich Sie abschleppen!«

Und was sagte darauf der zweifache Nationalpreisträger, aus gutem Arbeiterhause stammend und voller Zorn auf solche Zustände?

»Na, dann schleppen Sie mich doch ab, Sie Arschloch!«

In einer Leipziger Schule informiert die Lehrerin: »Also, Jugendfreunde, am Dienstag ist FDJ-Lehrjahr. In diesem Rahmen werden wir ins Dimitroff-Museum gehen und sehen uns eine Ausstellung von Wolfgang Matthau an.«

Daraufhin korrigiert sie eine Schülerin: »Sie meinen wohl Mattheuer?«

»Du sollst nicht immer reinreden! Der Name spielt doch gar keine Rolle!«

In Leipziger Malerkreisen wurden zwei Anekdoten erzählt, die lediglich gut erfunden waren. Mattheuer und Tübke wohnten eine Zeit im selben Haus am Johannapark und sie hätten sich ab und an auch mal miteinander angelegt.

Den mehr von der Neuen Sachlichkeit inspirierten Mattheuer hätte Tübke einmal »Dekorateur!« genannt. Mattheuer dagegen entgegnete dem Maler, der seine Vorbilder in der Renaissance suchte: »Du Pinselquäler!«

Die andere geht so: Heisig und Mattheuer sitzen zusammen und unterhalten sich darüber, wer von beiden der Größte ist. Heisig nimmt das für sich in Anspruch. Daraufhin spielt Mattheuer seinen Trumpf aus und sagt: »Bernhard, mir ist heute Nacht Gott im Traum erschienen und der sagte: ›Mattheuer, du bist der Größte!‹«

In dem Moment tritt Tübke gerade an den Tisch und meint: »Das stimmt nicht, Wolfgang, ich war letzte Nacht gar nicht bei dir!«

Die Lehrer und Studenten der Hochschule für Grafik und Buchkunst mussten natürlich auch an der Demonstration zum 1. Mai teilnehmen. Da gab es kein Pardon. Traditionsgemäß wurde ein Objekt gefertigt, das die Studenten auf dem Umzug zeigten. Im Jahr 1984 malten die angehenden Künstler das in allen Amtsstuben und öffentlichen Räumen hängende offizielle Honecker-Porträt.

Jeder in der DDR kannte dieses Foto.

Auf den ersten Blick schien das Werk der Studenten ein genaues Abbild zu sein. Auf den zweiten sah man, dass alles etwas überhöht gemalt war … Der Kopf war größer, auch die Brille und vor allem das Parteiabzeichen. Die Augen blickten etwas mehr nach rechts und das Lächeln war noch ein wenig selbstgefälliger, aber eine böse Absicht war nicht nachzuweisen – dazu war es einfach zu perfekt gemalt!

Professor Heinz Wagner, Maler und Pfeifenraucher, sucht eines Tages im DDR-Leipzig seinen Tabakladen auf und lässt seine Blicke über die Regale schweifen. Er guckt leicht resignierend, da er seine Lieblingssorte nicht vorfindet. Die Verkäuferin bemerkt die Enttäuschung und fragt:

»Na, was suchense denn?«

»Ach, meine Sorte haben Sie sowieso nicht.«

»Wollmr wäddn?«

»Ja.«

Die Frau strahlt, langt unter den Ladentisch und sagt: »Die Wädde hammse verlorn!«

Als Bernhard Heisig zum zweiten Mal als Rektor der Hochschule für Grafik und Buchkunst inthronisiert wurde, sagte Heinz Wagner zu ihm: »Du bist unser Bernhard und wir sind deine Bernhardiner.«

Professor Heinz Wagner bekommt Besuch von seinem Kollegen Professor Hans Mayer-Foreyt. Der fragt ihn, ob er denn nicht einen guten Tropfen im Haus habe. Ihm sei danach. Er müsse aber gleich zur Schule. Beide waren Dozenten an der Hochschule für Grafik und Buchkunst.

Wagner tischt einen teuren französischen Kognak auf.

Mayer-Foreyt trinkt ein Glas, noch eins und noch eins und muss plötzlich gar nicht mehr so schnell in die Schule. Da kein Ende abzusehen ist, meint Wagner schließlich zu ihm: »Mensch, das wird ja ganz schön teuer, mein Freund!«

Darauf meint Mayer-Foreyt: »Deshalb kannst du ab heute ›teurer Freund‹ zu mir sagen!«

Es kann unter Malern aber auch ganz anders zugehen: Heinz Wagner traf einmal kurz vor Beginn des Pfingstfestes seinen alten Lehrer und Freund Karl Krug, der sich in Leipzig einen großen Namen als Landschaftsmaler gemacht hat. Krug hatte zwei Limonadenflaschen unterm Arm und Wagner meinte zu ihm: »Na, Karl, gleich zwei Flaschen – du lebst ja ganz schön üppig!« Der bescheidene und sparsame Meister antwortete ihm voller Überzeugung: »Aber Heinz, wir haben doch auch zwei Feiertage.«

Während einer Kunstausstellung kam es zu einer Begegnung zwischen Karl Krug und dem unseligen 1. Sekretär der SED-Bezirksleitung, Paul Fröhlich. Die Begegnungen mit Fröhlich waren allerdings für die Beteiligten alles andere als fröhlich.

Der hohe Genosse steht also vor einem Bild des Meisters. Ein Stück Wald, die Bäume in jener Krug-Manier gemalt, dass man die Rinde mit der Hand zu spüren scheint, golden leuchtend.

Fröhlich schaut sich das Bild an und meint: »Genosse

Krug …« (Für einen Mann wie Fröhlich bestand die DDR prinzipiell nur aus Genossen.), »… ein wunderschöner Waldwinkel. Sehr schön. Aber es fehlt etwas.«

Krug schaut auf das ihm bis ins letzte Detail vertraute Bild und weiß, dass darauf nichts fehlt. Er bleibt also stumm und wartet, was nach Meinung des »Kunstkenners« fehlen soll.

»Es fehlt ein Hirsch! Ein schöner Hirsch! Ich lade Sie mal zur Jagd ein!« Und schon war er weitergegangen. Karl Krug murmelte vor sich hin: »Am besten wäre wohl, ich würde ein Rindvieh malen …«

Als Tübke mit vielen Bildern glänzte, meinte der Leipziger Maler W. H. im Kaffeehaus, Tübke zeige in letzter Zeit »eine geradezu kaninchenhafte Produktivität«. Als er den Meister auf der VII. Kunstausstellung der DDR trifft, sagt er zu dessen überbetontem Selbstporträt: »Sie haben da ja ein sehr ehrliches Bild gemalt.« Darauf Tübke: »Meinen großen Kollegen aus den vergangenen Jahrhunderten ist das ja auch oft gelungen.«

In den sechziger Jahren fand das Naturstudium an der Hochschule unter Leitung von Dietrich Burger statt. Dabei hörten die Studenten oft die Kammermusikstunde des Deutschlandsfunks. Maler Burger brachte ein vietnamesisches Modell mit in die Hochschule. Als im Radio eine Ansage kam, dass nun ein Werk von Telemann gespielt würde, meinte die Vietnamesin, dass Telemann in ihrer Heimat sehr bekannt sei. In den Städten und Dörfern. Es würden sogar Schulen und Kindergärten seinen Namen tragen. »Überall kennen sie Ernest Thälemann.«

Irgendwann nach einer Kabarettvorstellung gab mir eine Kunsterzieherin die Ablichtung eines Aufsatzes, den Werner B. – Schüler der 9. Klasse – im Jahr 1968 zu dem Womacka-Bild »Am Strand« geschrieben hatte.

Eine Passage dieses schulischen Meisterwerkes – natürlich auch in der Originalorthografie – möchte ich Ihnen nicht vorenthalten:

»Die Malerei in unserer Deutschen Demokratischen Republik hat große Fortschritte gemacht. Im Jahre 1945 war noch nicht viel von der Malerei zu spüren. Aber ab 1945 begannen die ersten Maler mit dem Versuch, ein Bild zu malen.

Sie schufen viele Bilder danach. Z. B. Casper David Friedrich ›Ausblick in's Elbtal‹. Womacka, Walter schuf das Bild ›Am Strand‹. Es ist ein Bild, in dem wir genau wissen, was er mit dem Bild aussagen will und was es bedeuten soll. Es ist rein gestaltet gegenüber anderen Malern, die ein Bild malen und danach noch Striche hineinlegen, um das Leere zu vervollständigen. Dann müssen wir erst raten, was es überhaupt soll. Dagegen ist Womacka ein anderer Maler, er malt das Bild rein äußerlich bunt. Aber es ist erkenntlich!

Das Bild ›Am Strand‹ wurde von Walter Womacka gemalt …«

Was lernen wir daraus?

Wo Werner B. Recht hat, hat er Recht!

Eins steht jedenfalls fest: Auch nach über vierzig Jahren gibt es noch Maler, die die Leere des Bildes mit Strichen vervollständigen. (Und mitunter gut daran verdienen!)

Passender Nachtrag: Auf der V. Deutschen Kunstausstellung in Dresden im Jahre 1962 zeigte Walter Womacka zum ersten Mal sein Bild »Am Strand«. Das Paar war der Inbegriff eines knackigen jungen Arbeiter-Liebespaars, wie es sich die Oberen in der DDR so wünschten.

Das Werk wurde bald offiziell als »Markstein in der Entwicklung der bildenden Kunst zu einem sozialistischen

Menschenbild« bezeichnet. Und wie Sie vorhin gemerkt haben, wurden in den Schulen der DDR auch Bildbetrachtungen darüber geschrieben. Ein Besucher schrieb ins Gästebuch der V. Deutschen Kunstausstellung: »Mir gefällt am besten Walter Womackas ›Am Strand‹«.

Werner Tübke schrieb darunter: »Mir gefällt Walter Womacka auch am besten Am Strand«.

Im Foyer des neuen Leipziger Gewandhauses schuf Sighard Gille das größte Deckengemälde Europas: das 714 Quadratmeter große Wandbild »Gesang vom Leben«. Vom ersten Entwurf bis zum fertigen Bild arbeitete Gille drei Jahre daran. 1981 wurde es mit dem Konzerthaus eingeweiht.

Der Gewandhauskapellmeister Kurt Masur hat einen ganz besonderen schöpferischen Anteil an diesem Kunstwerk. Der Maestro transportierte mit seinem PKW aus West-Berlin das in der DDR nicht erhältliche Bindemittel Caparol!

Auf der untersten Schräge des Wandbildes sieht der Betrachter eine Konzertsängerin mit blanken Brüsten. Bei der Abnahme des Kunstwerks vor der Eröffnung des Hauses störte sich das Politbüromitglied Kurt Hager an diesen schönen nackten Tatsachen. Er meinte, dass solch Bild nicht zu diesem hehren Ort der Kunst passen würde. Hager forderte mehr Ehrfurcht vor dem Haus ein. Auf der einen Seite gebe es festlich angezogene Konzertbesucher und auf der anderen Seite diesen nackten Busen – das ginge nicht. Sighard Gille schlug eine praktikable Lösung vor. Er würde die Brüste mit einem Schleier übermalen. Damit war das Problem aus der Welt. Der Leipziger Maler betrieb die Sache allerdings mit einer gewissen Chuzpe, denn er benutzte Wasserfarbe, und so konnte Gille die Dame kurz vor der Eröffnung des Konzertsaales wieder entschleiern.

Irgendwann soll eine Gruppe aus Japan vor dem Bild ausgerufen haben: »Chagall, Chagall!«

Ein besonders geartetes Lob für Gille, aber eben ein großer Irrtum: Die Devisen hätte die DDR nie und nimmer aufbringen können.

In einem Text, in dem ich im Kabarett »academixer« einen Stadtführer spielte, gab es die folgende freche Passage: »Und hier sehen Sie das größte Deckengemälde Europas. Es entstand dadurch ... dass man kurz vor Vollendung des Baus eine große freie Fläche entdeckte. Nachdem der Altenburger Schnellzeichner Gerhard Vontra abgelehnt hatte, bemühte man sich um einen hiesigen Künstler. Und siehe da: Wo ein Gille ist, ist auch ein Weg!«

Der Maler Roland Frenzel galt als ein etwas wunderlicher Typ. Das hing mit seiner psychischen Krankheit zusammen, die ihm immer wieder schwere Lebensphasen brachte.

Ich habe seine Bilder zum ersten Mal als Student in den sechziger Jahren in der Kunsthandlung Engewald in der Klostergasse gesehen. Sie gefielen mir sofort. Warum? Das lässt sich kaum erklären. Es gibt auch in der Malerei diese Liebe auf den ersten Blick.

Ich mochte vor allem die Farben oder eine besonders geformte rosa Wolke, die da am Himmel schwebte. Mir gefielen seine Stillleben, Landschaften, die Großstadtpoesie, die seine Bilder verströmten. Man sprach bei ihm von einem »lyrischen Realismus«.

Ein Maler der einfachen Dinge, einer, der sich immer wieder über die Farben der Blumen, des Himmels oder das Strahlen der Sonne wundern und freuen konnte. Ungewohnte Farbtöne prallten in seinen Bildern aufeinander.

Zum ersten Mal hab ich ihn dann persönlich 1972 bei meinem Freund Peter Laube, ebenfalls Maler und Grafiker, erlebt. Da er mich nicht kannte, war er zunächst zurückhaltend, ja, er wirkte auf mich regelrecht scheu. Nach einiger Zeit taute er auf und es zeigte sich, dass er viel über Malerei wusste. Frenzel schilderte uns dann mit einfachen Sätzen in geradezu naiver Weise ein Bild, das er gerade gemalt hatte.

Im Café Corso, am Stammtisch der Maler und Grafiker, erzählte man sich manche Anekdote über Frenzel. So kam eines Tages angeblich eine Kommission des Verbandes bildender Künstler in seine Wohnung, um ein Auftragswerk zu besichtigen oder sich generell einen Überblick zu verschaffen. Die Künstler und Funktionäre schauen sich also die Bilder an, sagen kluge Sätze, die Sache zieht sich in die Länge. Frenzel wird unruhig, so viele Menschen in seiner kleinen Wohnung, ihm schwirrt der Kopf von dem Gesagten. Und urplötzlich verblüfft er die hehre Kommission mit der nüchternen Mitteilung: »Also ich gehe jetzt ins Bett!« Sprach's, zog sich aus und legte sich nieder, während die stadtbekannten Persönlichkeiten zur Tür schlichen.

Es wird auch immer wieder mal erzählt, dass Frenzel ein Bild verkauft hat, nach einem Jahr vor der Tür stand und es wiederhaben wollte. »Aber, Herr Frenzel, ich habe das Bild doch bezahlt.«

Darauf antwortete Frenzel entwaffnend: »Das macht doch nichts.«

Eines Tages saß ich im Café Corso an Frenzels Nachbartisch. Die gemütliche Enge des Kaffeehauses ließ Gespräche mit Personen an mindestens drei Marmortischen zu. Da fasste ich mir ein Herz und meinte: »Herr Frenzel, ich würde gern mal ein Bild von Ihnen kaufen.«

Er sah mich an, lächelte, nickte und sagte aber nichts dazu. Wenn wir uns sahen, grüßten wir uns, aber es kam zu keinem weiteren Wortwechsel. Frenzel ließ nicht jeden an sich heran, das war bekannt.

Nach ein, zwei Jahren saß ich wieder einmal in seiner Nähe und plötzlich sagte er:

»Herr Lange, Sie wollten doch mal ein Bild von mir kaufen.«

»Ja.«

»Sie können jetzt mal kommen.«

»Gern. Passt es Ihnen am Donnerstag?«

»Ja.«

»Um elf?«

»Gut. Da stell ich mir ’nen Wecker.«

»Kann ich meine Frau mitbringen?«

»Sie hamm wohl ’ne Frau? Na, da könnse froh sein … Bei der Jahreszeit.«

Wie zu merken ist, hatte Frenzel einen gepflegten absurden Humor: Es war Dezember.

An einem Donnerstag stand ich mit meiner Frau im Westen Leipzigs vor seiner Tür. Keine Klingel, nur ein Schild: Roland Frenzel, Maler.

Wir klopften.

»Moment!«

Er öffnete und knöpfte gerade den letzten Hosenknopf zu. »Kommse rein. Das ist wohl Ihre Frau? Freut mich. So ’ne Schöne hammse. Hamm Sie ein Glück!«

Im kleinen Korridor stand ein altes Metallbett. Das war offensichtlich sein Schlafzimmer. Er war garantiert gerade aufgestanden, denn das Bett war noch zerwühlt.

»Guckense nich hin. Ich bin gestern versackt. Ich hab sogar noch langsamen Walzer getanzt. Im ›Intermezzo‹. Mit ’ner Frau. In der ›Regina‹ war ich ooch noch. Kommse, aber stoßen Sie nicht an die Bilder. Passen Sie auf! Sie könn’ sich alles angucken.«

Wir kamen in ein Zimmer, in dem sich Bilderpyramiden türmten: auf dem Boden hochkant eine Reihe hintereinander und darauf wiederum verjüngend nach oben in drei Reihen. Es gab schmale Gänge zwischen den Kunstdepots, doch konnte man sich nur die äußeren Bilder ansehen. War man unvorsichtig, bestand die Gefahr, die Bilderberge zum Einsturz zu bringen. Die einzigen bilderfreien Möbelstücke waren ein Sofa, ein kleiner Tisch und ein Stuhl. Selbst der Ofen war von unten bis oben »bebildert«.

»Es ist aber kalt bei Ihnen, Herr Frenzel, können Sie den Ofen wegen der Bilder nicht heizen?«

»Ach, der ist sowieso kaputt.« Frenzel zog ein traurig wirkendes verstaubtes Papierfaltrollo nach oben. Er lebte allein, war vor nicht allzu langer Zeit erst geschieden worden. »Sie hamm mir gesagt, sie haben 300 Scheidungen im Stadtbezirk. Sie hamm keine Wohnungen. Da musste ich die nehmen. Meine Frau wollte mich ja nu ooch mal raus haben. Hammse Kinder?«

»Einen Sohn.«

»Ich habe vier Kinder.«

»Wovon leben Sie denn?«

»Ich bin jetzt invalidisiert, ich kriege dreihundert Mark Rente und sie bezahlen den Unterhalt für die Kinder. Jetzt hab ich vom Verband was auf der Agra gekriegt. Da verdien ich tausend Mark.«

Wir sehen uns seine schönen Bilder an. Viele Landschaften sind mit einer tiefen Liebe zur Natur gemalt. Und jede Menge Blumenstillleben. Frenzel scheint unentwegt zu malen.

»Passen Sie bloß auf, dass nichts ins Rutschen kommt.«

Man kann durch den Raum nicht ohne artistische Verrenkungen laufen.

»Da war mal ne Fotografin aus Duisburg hier. Die hat gesagt, in so einer engen Wohnung hab ich noch nie fotografiert.«

Schließlich stoßen wir bei unserer Suche auf ein Bild,

das beim ersten Blick unser Herz erfreut. Wunderbar! So eins hatten wir uns gewünscht. Farblich sehr intensiv. Eine graue Straße mit einer Litfaßsäule im Vordergrund, rechts davon ein ockerfarbenes Haus, an das sich eine gelbe Wand anschließt. Eine Frau läuft mit einem Kind auf dem Gehweg.

Und auch die berühmten Frenzel-Wolken schweben rosa auf dunkelblauem Himmel.

Ein Winterbild, das sommerlich leuchtet.

Später wohnte er in der Nähe des Lindenauer Marktes, ebenfalls unter ärmlichen Verhältnissen, ohne Bad, aber wenigstens mit mehr Platz. Es gab wieder keine funktionierende Klingel. Wir vereinbarten am Telefon eine Zeit und dann schloss er die Haustür auf.

Er war über Jahrzehnte psychisch sehr krank und seine Malweise veränderte sich in solchen Phasen. Ich besitze ein Bild von ihm mit einem schreiend gelben Himmel und dunkelbraunen Häusern. Auf der linken Seite ist das Gemälde intakt. Vor einem braunen Haus steht ein türkisfarbenes Auto. Die rechte Seite ist chaotisch. Dunkelbraune Farbfetzen lassen kaum Häuser unter einem grellen gelben Himmel erkennen.

In größeren Abständen rief er bei uns an, wenn es finanziell klemmte, und lud uns zum Kauf seiner Bilder in die Wohnung ein. Nach der Friedlichen Revolution wurde seine Situation noch schwieriger. Einmal sagte er am Telefon: »Herr Lange! SOS! Ich kann die Miete nicht bezahlen!«

Im Juni 1998 erzählte er mir: »Nach der Wende wollte ich nach Italien. Mit'm Fahrrad. Ich kam aber bloß bis Aschersleben. Da saß ich in der Nähe in einem Dorf. Ich hab mich nachts irgendwo hingesetzt, da kamen Hunde und Katzen, das war mir unheimlich. Da war gerade die Geldumtauschaktion. Da hab ich mir in Bernburg Geld getauscht und bin mit dem Zug wieder nach Hause gefahren.«

Manchmal machte er auch Sachen, an die er sich später nicht erinnern konnte. Beschädigte die Tür zu einem Laden in der Innenstadt, in dem von einem Leipziger Maler eine Ausstellung hing. Denn er hatte sich in seinem Zorn gewünscht, dass seine Bilder ausgestellt würden.

Ich habe ihm einmal eine Ausstellung organisiert, die er wieder absagte. Da überfiel ihn dann Angst vor seiner eigenen Courage. Sein Lebensraum wurde immer enger, er konnte wegen seiner Ängste auch nicht mehr mit der Straßenbahn fahren.

»Ich hör manchmal Stimmen. Wenn ich mich wasche, da sagen die, mache jetzt mal das und das. Die Stimmen jagen mich manchmal durch die Gegend. Ich bin eben ein verrückter Maler.«

Frenzel hatte schöne dunkle, ausdrucksstarke Augen. Sie blickten sehr gutmütig.

Manchmal sprach er davon, dass er gern eine Frau hätte.

»Die Frauen haben zu mir gesagt, du bist ein guter Kerl, aber du hast keine richtige Wohnung und kein Geld. Dabei hab ich mein Essen und Trinken immer selbst bezahlt.«

Schließlich bekam er im März 2004 eine schöne neue Wohnung mit Bad und WC.

Freunde und Bekannte des Malers halfen beim Umzug, aber leider starb er schon im darauffolgenden Monat.

Nach meinem Eindruck ist das Interesse an Frenzel-Bildern in den letzten Jahren eher gewachsen. Der Leipziger Maler hat es wirklich verdient, dass er nicht vergessen wird.

Das vielleicht schönste Bild von Frenzel hängt im Altenburger Lindenau-Museum: Alter Friedhof im Schnee. Wer es kennt, schwärmt von dieser Winterlandschaft.

Ein Maler, den Frenzel persönlich gut kannte, der ihn besonders angeregt hat und dessen poetische und stimmungsvolle Landschaften er sehr schätzte, war Walter Bodenthal.

Irgendwann waren mir dessen Bilder aufgefallen. Meine Frau und ich hätten gern eins besessen. Eine befreundete Kunstwissenschaftlerin verschaffte uns in den siebziger Jahren einen Besuchstermin. Wir saßen in seinem bescheidenen Wohnzimmer in Meusdorf und unterhielten uns über dies und das. Ich entsinne mich noch, dass Walter Bodenthal mir erzählte, dass er wegen einer Denunziation von Nachbarn noch gegen Ende der Nazizeit verhaftet und in das KZ Osterode gebracht wurde.

1947 schreibt Bodenthal in »Bild der Gegenwart« über sich: »Ostern 1906 stand ich beim Malermeister Arndt vor dem Malerkarren und zog mit Kreide, Leim, Farben und Leiter los. Dann in die Geheimnisse der ›Farben‹ eingeweiht, ließ ich eine gute Leinenschürze der Meisterin verschwinden. Die Schürze verwandelte sich, auf einem Rahmen von Sprottenkisten gespannt, zum Malgrund. Nun ging die Malerei los.«

Und die hat ihn bis zum Ende seines 95jährigen Lebens nicht mehr losgelassen.

Zu DDR-Zeiten lebte er vorwiegend von Aufträgen für die Messegestaltung. Seine Tochter Christa erzählte mir, dass er wegen seiner Haft eine kleine Rente bekommen hatte, aber – wie in der DDR üblich – als Opfer, da er nicht in der Partei gewesen war (jene Menschen wurden als Kämpfer anders eingestuft). Bodenthal, ein »Halbjude«, sei ja »nur« rassisch verfolgt gewesen.

Ich weiß noch, wie ich ihn an jenem Nachmittag fragte, ob er denn – wie viele Maler – auch schon auf Reisen gewesen sei. Seine verblüffende Antwort lautete: »Aber wozu? Ich habe doch rings um Leipzig hier genug zu malen.«

Die Bilder bestätigen das. Bodenthal hatte reichlich Motive außerhalb der Stadt in den wechselnden Jahreszeiten. Nicht umsonst wird er auch »Der Maler der Landstraße« genannt. Dort stellte er seine Staffelei am liebsten auf.

Bei unserem Besuch auf dem kleinen ländlichen Anwesen ging der Maler dann mit uns über den Hof in einen Schuppen, der ehemals als Hühnerstall gedient hatte. »Na, dann sehen Sie sich's mal an …«

Wo einst Hühner gesessen hatten, stand Bild an Bild. Wir fanden drei, die uns besonders gefielen, und erstanden sie zu einem kulanten Preis. Nie würde ich sie verkaufen. Die Landschaften sind uns ans Herz gewachsen und alle »rings um Leipzig« entstanden.

Als sich der Grafiker und vor allem geschätzte Buch-Illustrator Egbert Herfurth nach der Friedlichen Revolution im Gespräch mit Mattheuer bitter beklagte, dass die Verlage nur noch »Bonsai-Honorare« anbieten, manche sogar Pleite gehen und deshalb gar nichts mehr bezahlen würden, sagte der: »Aber Egbert, soll ich denn die deutsche Einheit alleine bezahlen?«

Schriftsteller in Leipzig

Von Autoren, Verlagen und Büchern

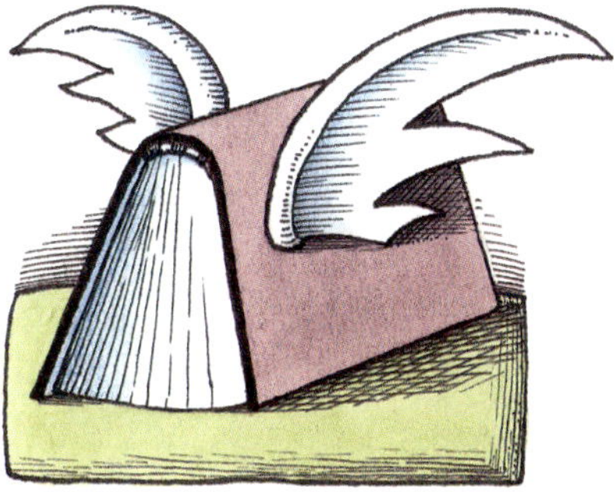

Ganz ohne Goethe geht die Chose nicht. Nein, der bis zum Überdruss zitierte Leipzig-Spruch von ihm wird nicht wiederholt! Aber der Deutschen größter Dichter gehört natürlich auch in dieses Kapitel. Schauen wir in einen Brief, den er der Frau von Stein Weihnachten 1782 aus Leipzig geschrieben hat: »Es stickt unglaublich viel hier beysammen. Die Leipziger sind als eine kleine moralische Republick anzusehen. Reichthum, Wissenschaft, Talente, Besitzthum aller Art geben dem Ort eine Fülle, die ein Fremder, wenn er es versteht, sehr wohl genießen und nutzen kann.«

Nach wie vor »stickt unglaublich viel hier beysammen«. Und 1989 gingen die Bürger auf die Straße für eine ganz besondere »moralische Republick«, schafften jene, die sich deutsch und demokratisch nannte, einfach ab.

Bloß mit dem »Reich- und Besitzthum« – da hapert's leider bei vielen …

Anton Kippenberg war eine der bedeutendsten Verlegerpersönlichkeiten in Deutschland. Er führte den Insel-Verlag zu Weltruhm. In der Gohliser Richterstraße 27 gingen bekannte Literaten, wie Rainer Maria Rilke, Stefan Zweig oder Hugo von Hofmannsthal, ein und aus.

Einmal fragte man Kippenberg, wie ihm denn das lyrische Schaffen der Jüngeren gefalle. Darauf meinte er: »Sagen Sie getrost, dass ich befangen wäre oder gar pro domo rede – aber ich kann mir nicht helfen: mir gefallen von allen Rilke-Gedichten die von ihm selber stammenden immer noch am besten ...«

An seinem Leipziger Stammtisch musste Kippenberg einmal gegenüber einem Bekannten eine Lanze für Rilke brechen. Der Zechkumpan schätzte weder dessen Gedichte noch die Briefbände. »Lesen Sie den eben im Insel-Verlag erschienenen Band ›Rilkes Briefe an seinen Verleger‹! Der wird Sie eines besseren belehren! Wenn er mir geschrieben hat, da konnte er ganz real, klar und nüchtern sein. Gerade wenn es um Vertrag, Honorar, Vorschuß ging. Da war er ganz er selber. Eben richtig Rilke! Die vielen Briefe in den anderen Bänden – ach, du lieber Himmel, da sind die Frauen dran schuld. Die Weiber, die haben den armen Rilke ganz verrückt gemacht ...«

Ein anderes bedeutendes Unternehmen in dieser Branche war der Verlag Breitkopf, der später unter Breitkopf & Härtel firmierte. Er gehörte Anfang des 20. Jahrhunderts der Familie von Hase, die mit der Verlegerfamilie Meiner befreundet war. Der alte Hofrat Arthur Meiner besaß den Verlag Johann Ambrosius Barth.

Bei Breitkopf erschienen zwei wichtige Zeitschriften von wissenschaftlichem Rang, die der Hofrat Meiner sehr gern seinem Verlag angegliedert hätte. Zu Lebzeiten des Vaters Hase war darüber nicht zu reden. Nach seinem Tode aber erklärten sich die beiden Söhne zu Verhandlungen mit dem Hofrat bereit, ja, sie waren sogar wegen diverser Erbangelegenheiten an flüssigen Mitteln interessiert.

Über eine Summe wurde nicht gesprochen, denn die beiden Brüder Hase waren sich einfach nicht im Klaren, was sie für die beiden Zeitschriften hätten verlangen können. Auch der Hofrat nannte im Gespräch keinen Betrag, hinterlegte aber beim Verlassen des Breitkopf-Hauses auf dem Schreibtisch einen geschlossenen Briefumschlag.

Dazu meinte er, in diesem Umschlag befinde sich ein Scheck, und die beiden Brüder sollten sich in aller Ruhe überlegen, ob dieser Betrag ihnen als Kaufsumme recht wäre. In ihren kühnsten Träumen hatten sie für die Zeitschriften etwa eine Summe von 100 000 Mark angepeilt. Die Brüder öffneten nach dem Weggang des Verlegers den Umschlag und mussten sich vor Schreck erst einmal hinsetzen. Meiners Scheck lautete über eine Viertelmillion!

Nachdem sie sich erholt hatten, liefen sie dem Hofrat hinterher und erklärten ihm, er müsse sich geirrt haben. Die Schecksumme wäre viel zu hoch, und sie sagten ihm ehrlich, dass sie mit maximal 100 000 Mark gerechnet hätten.

Die Antwort des Hofrates ist ein Beleg für Ethos und Moral einer so nicht mehr vorhandenen Kaufmannsschicht: »Für Breitkopf & Härtel mögen die beiden Zeitschriften ja

wohl nur 100 000 Mark wert sein. Für Johann Ambrosius Barth aber sind sie eine Viertelmillion wert – und ich zahle als anständiger Kaufmann den Betrag, den das, was ich kaufe, mir wert ist.«

Ein zu Unrecht in seiner Heimatstadt vergessener Dramatiker und Schriftsteller ist Carl Sternheim. Er wurde 1878 in Leipzig geboren. Sein Vater war Jude, von Beruf Bankier, seine Mutter stammte aus einer protestantischen Handwerkerfamilie. Nichts erinnert heute in der Messestadt an ihn. Keine Tafel, kein Straßenname. Schon als Schüler schrieb Sternheim Dramen, Prosa und Gedichte und vertrat bald einen für die Zeit außergewöhnlichen »antiautoritären Individualismus«.

In der Wilhelminischen Ära hatte er immer wieder Probleme mit der Zensur. Bis 1918 blieben einige seiner Stücke wegen »Gefährdung der öffentlichen Sittlichkeit« verboten, aber auch in der Weimarer Republik griffen ihn bestimmte Kreise an. Außerordentlich erfolgreich liefen auf vielen Bühnen »Bürger Schippel«, »Die Hose«, »Der Snob« und »1913«. Sternheim wurde von der Kritik als der »deutsche Molière« bezeichnet.

Eines Tages plauderte er mit einem Literaturkenner, der zu ihm sagte: »Das ganze literarische Getue ist ja großer Quatsch! Es gibt überhaupt bloß zwei große Dichter auf der Welt!«

Darauf fragte Sternheim: »Und wer ist der andre?«

Otto Julius Bierbaum lebte eine Zeitlang in Leipzig. Sein Vater betrieb eine Wirtschaft in der Grimmaischen Straße. Der Familienname passt ja auch hervorragend zu einem Ausschank.

Als Otto Julius seinen Militärdienst ableisten musste, kam er an ein besonderes Original. Darüber schreibt er in seinen Erinnerungen: »Zum Glück hatten wir einen alten Feldwebel, dessen Grobheit humoristische Untertöne besaß. Als wir ›Helm ab zum Gebet!‹ bei ihm üben mußten (denn alles will geübt sein), erklärte er: ›Die Hauptsache beim Militär ist, daß alles klappt. Tempo muß die Sache haben! Wir können uns nicht darauf einlassen, daß etwa die Theologen langsamer beten als andere. Das Beste ist: Jeder zählt bis vierzig. Bei vierzig wird der Helm aufgesetzt!‹

Ob dem lieben Gott dieses Gebet wohlgefällig war, steht dahin; der Feldwebel war sehr zufrieden damit.«

Herbert Günther, eine Zeit Schauspieler und dann ein geschätzter Schriftsteller und Publizist, war in seinen Leipziger Tagen besonders mit Ringelnatz befreundet. Sie trafen sich mitunter zum Frühstück (gar zu früh wird es allerdings nicht gewesen sein!). Günther trank seinen gewohnten Morgenkaffee, »während Ringelnatz statt des magenwärmenden Getränkes schon vormittags das hier freilich zünftige helle Bier wählte«.

Ringelnatz absolvierte bekanntlich einige Schuljahre in Leipzig und erzählte Günther von seinen vielfältigen Streichen. Als Quintaner hatte er sich oft in der Pause in den gegenüberliegenden Zoo verdrückt. Seine Eltern hatten ihm ein Jahresabonnement geschenkt und das nutzte er weidlich aus. Eines Tages war dort eine Völkerschau zu sehen. Drei Samoaner und dreiundzwanzig Samoanerinnen. Letztere interessierten den pubertären Joachim besonders. Die fremdländischen Frauen trugen ein hemdartiges Gewand und schmückten ihr Haar mit Blumen. Der Gymnasiast bewunderte die Schönen und wollte ihnen gern etwas Gutes tun. Taschengeld für Geschenke besaß er allerdings nicht. Ringelnatz musste sich irgendwie im Haushalt bedienen. So trug er nach und nach den gesamten Weihnachtsbaumschmuck in den Leipziger Zoo und mit Verwunderung betrachteten die Besucher jene Insulanerinnen, die mitten im Sommer ihr Haar mit Glaskugeln, kleinen Weihnachtsmännern, Tannenzapfen und Engeln schmückten. Sie freuten sich über die Gaben des Jünglings, lächelten ihn an oder strichen ihm gar über den Kopf. Das war ihm größte Wonne. Eine der bronzefarbenen Damen hat ihm schließlich – auf seinen Wunsch hin – in den Unterarm ein »H« tätowiert. Warum ausgerechnet diesen Buchstaben – davon ist in den Memoiren des großen Ringelnatz nichts zu erfahren. Die Pause reichte jedenfalls bei weitem nicht für das Tätowieren aus und es gab großen Ärger mit dem Lehrer, als Ringelnatz auf die Frage, wo er denn gewesen sei, antwortete: »Ich habe mich tätowieren lassen!«

Nun reichte es – nach vielen anderen Streichen: Consilium abeundi.

Man steckte den aufsässigen Burschen in eine jener »Drillschulen«, die von den Schülern »Presse« genannt wurden. Es war die »Tollersche Privat-Realschule«. Seine Streiche wurden aber nicht weniger. Allerdings traf er dort auf einen Lehrer, an dem die Ungezogenheiten abprallten: Dr. Dörry. Ringelnatz wusste selbst nicht, was ihn eines Tages geritten hatte, dass er sich im Unterricht meldete und auf die Frage, was er wolle, jenem Dr. Dörry antwortete: »Darf ich fünf Minuten in den Puff gehen?«

Die Klasse hielt den Atem an.

Dörry sah Ringelnatz ins Gesicht, warf einen Blick auf seine Uhr und meinte: »In fünf Minuten bist du zurück.« Es gab tatsächlich in der Nähe ein Bordell, aber der junge Schüler hatte nie im Sinn gehabt, das etwa zu betreten. Er wartete aufgeregt die fünf Minuten ab und ging dann wieder in die Klasse. Dörry erwähnte die Sache nicht, sprach kein Wort mehr darüber. Das ermunterte den kessen Jungen scheinbar, sich nach Tagen wiederum zu melden: »Herr Doktor, erlauben Sie, daß ich ein Stück Quarkkuchen essen gehe?«

Und wieder erhielt er fünf Minuten Zeit, kaufte tatsächlich ein Stück und schlang es letztlich lustlos hinunter. Ringelnatz bekam so viel Respekt vor dem Geografielehrer, dass er in jenem Fach ein Ass wurde.

Da beherrschte einer die hohe Schule der Pädagogik.

Vor über hundert Jahren gab es logischerweise in unserer Stadt noch völlig andere Eßgewohnheiten. Ich las darüber bei dem Leipziger Schriftsteller Franz Adam Beyerlein. Wer kennt ihn noch? Hand hoch!

Na ... ich sehe ... es ist eben einfach zu lange her.

Im ausgehenden 19. Jahrhundert studierte der Absolvent der Fürsten- und Landesschule St. Afra zu Meißen in Leipzig allerhand, nämlich: Philosophie, Philologie, Rechts- und Staatswissenschaft. Heute sind Studenten dank Bachelor und anderen Studienungereimtheiten dem Zusammenbruch schon nahe, wenn sie nur zwei Fächer belegen. Beyerlein hingegen genoss ausgiebig das vielfältige Studentenleben. Unvorstellbar!

Einer seiner Freunde war Hans von Weber, dem man die Entdeckung Frank Wedekinds mit zuschreibt. Er war Herausgeber der bekannten Zeitschrift »Zwiebelfisch« und verlegte diverse bibliophile Kostbarkeiten.

Doch zurück zum Essen: Bei von Weber wurde mitunter etwas ganz Besonderes aufgetischt: Hahnenkämme!

Da hält sich mein Appetit sofort in Grenzen.

Er kaufte sie hinter der Alten Börse im Salzgässchen, das seit dem Zweiten Weltkrieg wegen der Zerstörung kein Gässchen mehr ist, in der Feinkosthandlung der Witwe Schwennicke. Weber servierte sie auf Artischockenböden mit Bechamelsauce und Beyerlein meinte, sie schmeckten nach Schalotten und Schinken. Und er lobte: »... es kam auf den ›frisson‹, den leichten, prickelnden Reiz an, der die Haut flüchtig streichelte und bisweilen sogar mit einem angenehmen kleinen Schauer den Rücken hinabwehte«.

Witwe Schwennicke setzte nicht nur Hahnenkämme an Weber ab. Sie bezog, ebenfalls aus Frankreich, auch Froschschenkel in Gläsern. Aber nachdem einer aus der Clique kundig darüber referierte, dass die Froschschenkel aufs Haar den Gliedern eines ausgewachsenen Bandwurmes ähnelten, war jegliches Interesse an diesem Gourmet-Vergnügen erloschen.

Franz Adam Beyerlein schrieb auch selbst Stücke. Sein Drama »Zapfenstreich« hatte 1927 im Alten Theater seine Uraufführung. Zur zweiten Vorstellung saß Hans Reimann in der Direktionsloge. Plötzlich »... verließ ein Mann im ersten Rang kurz vor Schluß des Stückes (mitten in der Tirade des kernigen Wachtmeisters) seinen Platz, stapfte zum Ausgang und plautzte die Tür hinter sich zu. Eine Demonstration, die hinterdrein von den Zuschauern wie von den Mitwirkenden erregt debattiert wurde.«

Den Grund für so eine Reaktion wollte sich natürlich ein Satiriker wie Hans Reimann nicht entgehen lassen. Das ergab doch garantiert eine Pointe für einen Text! Reimann stürzte also »... wie ein Blitz zum ersten Rang hinauf, wo ich den Mann eben noch erwischte.

›Sagen Sie ganz aufrichtig‹, bat ich ihn schmeichlerisch, ›warum haben Sie das Theater verlassen?‹

›Aus bersöhnlichem Inderässe!‹ hauchte er mich an.

Und verschwand ziemlich hurtig in der Toilette.«

1919 gründete Hans Reimann in Leipzig die humoristisch-satirische Zeitschrift »Der Drache«.

Der Schriftsteller bezeichnete die Wochenschrift im

Untertitel als »ungemütlich«. Ein später weltberühmter Schriftsteller, damals Student an der hiesigen Alma mater, verdingte sich dort als Autor: Sándor Márai. Er schrieb über das Blatt: »Dieser Drache geißelte sächsische Mißstände und die sächsische Provinzialität ...«

Márai war nicht gerade ein begnadeter Student, saß wohl mehr im Kaffeehaus und bestand auch nicht die Prüfung an der Philosophischen Fakultät, Institut für Zeitungskunde. Sein Professor – mit dem schönen Namen Kleinpaul – untersagte dem jungen Autor sogar die weitere Mitarbeit am »Drachen«. Nach einem Jahr verließ Márai die Messestadt.

Die Wirkung des »Drachen« bei den Regierenden schätzte er allerdings sehr nüchtern ein: »Das Blättchen jagte den offiziellen Kreisen der Stadt einen solchen Schrecken ein wie Brausepulver im Nachtgeschirr einer gutbürgerlichen Familie.«

Hans Reimann war von relativ kleinem Wuchs. Etwas rundlich. In einer Gesellschaft von bedeutenden Schauspielern und Schriftstellern hat sich seinerzeit folgendes zugetragen:

Während des Essens meinte eine Frau zu dem bekannten Journalisten Egon Jakobsohn von der »B. Z. am Mittag«: »Sie haben sich sehr zu Ihrem Vorteil verändert, mein Lieber. Vor allem sind Sie schlanker geworden, Sie wirken dadurch größer und auch irgendwie intelligenter. Ich werde jetzt Ihre Sachen mit viel mehr Vergnügen lesen!«

Jacobsohn staunte und schwieg.

»Und Sie sächseln auch nicht mehr so, mein lieber Reimann!«

Hans Reimann war mit Hans Natonek befreundet. Der war ein begnadeter Feuilletonist und leitete dieses Ressort bei der »Neuen Leipziger Zeitung«, die übrigens von Ullstein gegründet worden war. Natonek, der getaufte Sohn eines Prager Rabbiners, war ein ganz besonderer Typ. Reimann schrieb, er sehe aus »wie ein bleicher Mongole«. Natonek war ein Ass auf dem Gebiet der Publizistik. Seine Texte spiegelten das kulturelle Leben der Messestadt in den zwanziger Jahren wider. Er erhielt 1931 für sein Schaffen den Goethe-Preis der Stadt Leipzig. Zwei Jahre später wurden seine Bücher von den Nazis verboten. Über Prag und Paris floh Natonek in die USA. Thomas Mann hatte sich für ihn eingesetzt.

Im Jahr 1919, in schwierigen materiellen Zeiten also, kam das Ehepaar Gertrud und Hans Natonek zu Reimanns zu Besuch. Thea und Hans wohnten damals übrigens in Connewitz, in der Scheffelstraße 30. Reimann besaß in jenen mageren Tagen etwas ganz Seltenes: englische Zigaretten. Er bot Natonek eine an. Der war begeistert, eine richtige Qualitätszigarette zu bekommen, und hielt ihm einen Vortrag über Qualität und Schund. Als er geendet hatte, war auch die Zigarette verglüht. Reimann moserte, dass Natonek vor lauter Reden gar nicht den köstlichen Tabak genossen habe, und ärgerte sich, dass er ihm so einen wertvollen Glimmstängel offeriert hatte. Natonek meinte daraufhin in aphoristischer Art: »Meine Oma, die ist meine, und die kann ich huppen lassen, wie ich will.«

Reimann hat sich im Deutschland der zwanziger Jahre vor allem einen Namen als begnadeter literarischer Parodist gemacht. Eigentlich ist ja eine Parodie auf das Werk eines anderen ein Zeichen von Bekanntheit, eine gewisse Auszeichnung, und könnte für den Parodierten ein Anlass zu Freude und Stolz sein. Das ist aber nicht in jedem Falle so. Selbst sehr berühmte satirische Geister verstehen mitunter nicht so viel Spaß, wie man denken würde.

Hans Reimann, der gern als Humorist der sächsischen Volksseele angesehen wurde, kam mit seiner Parodie bei einem anderen großen Sachsen gar nicht gut an. Ich rede von Joachim Ringelnatz. Reimann hatte einen Text mit dem schönen Titel »Ansprache eines hundsgefährlich besoffenen Seemanns an den Portier des Niederwalddenkmals im Leipziger Rosental« geschrieben. (Es gibt natürlich im Rosental weder ein Niederwalddenkmal noch einen Portier dazu!) Ringelnatz, wie viele Humoristen, Komiker, Kabarettisten, besaß ein sensibles Gemüt und mochte deshalb den Text nicht besonders.

In dem Gedicht heißt es zum Beispiel:

»Jeder hat seinen eigenen Ringelklaps.
Man reiche mir einen achtkarätigen Ringelschnaps!
Wenn ich mal tot bin, setzt mir die Staatsanwaltschaft einen Katafalk
Aus Bouillonwürfeln. Und Muschelkalk.
Ich bin nämlich kein richtiger Seemann, ich tue bloß so ...
und ringsum schwimmen die Zwiebelfische und Korallenriffe.
Deutsches Mädchen – schiffe schiffe!«

Ringelnatz hatte sein »Turngedicht« mit dem Vers »Deutsches Mädchen – grätsche, grätsche!« enden lassen, deshalb hatten die Kenner bei Reimanns Vorträgen natürlich ihre helle Freude an dieser Parodie.

Die Wiege des literarischen Expressionismus ist Leipzig.

Und diese Wiege schaukelten Ernst Rowohlt und Kurt Wolff.

1912 zerstritten sich die beiden und Wolff kaufte Rowohlt für 15 000 Mark die Autorenrechte für Schriftsteller wie Max Brod, Georg Heym, Arnold Zweig oder Franz Kafka ab.

1913 gründete Wolff den nach ihm benannten Verlag und schuf mit »Der jüngste Tag« eine legendäre Buchreihe. In einem Antiquariatskatalog fand ich zum Beispiel »Das Urteil« von Franz Kafka aus dem Jahre 1919, 28 Seiten für ... 1000 Euro! Oder vom selben Autor aus demselben Verlag im selben Jahr »In der Strafkolonie«, 68 Seiten für 2400 Euro.

Nun durchforsten Sie lieber mal den Bücherschrank vom Großvater, damit Kostbarkeiten wie diese nicht in die »Rabuhsche« kommen!

So können sich die Zeiten ändern. Damals wurden von dem letztgenannten Band gerade mal 1000 Stück gedruckt. Wenn Ihr Großvater nur die Hälfte der Auflage aufgekauft hätte, das ergebe ... also ... mein lieber Mann! Ein stattliches Sümmchen!

Der schleppende Absatz der Erstauflagen wundert mich nicht, hatte doch selbst der große Franz Werfel, Prager wie Kafka, die Qualität dieses Schriftstellers nicht sofort erkannt. Als Max Brod bei Willy Haas in Prag einige frühe Skizzen seines Freundes Kafka vorlas, meinte Werfel ziemlich aufgebracht: »Das geht nie über Bodenbach hinaus!«

Bodenbach war damals der Grenzort zwischen Böhmen und Deutschland. Und Werfel wollte damit sagen, dass sich das Interesse für solche Texte sehr in Grenzen hält.

Er irrte gewaltig.

Brod glaubte schon damals an seinen Freund und sollte Recht behalten. Der Prager Kreis zerfiel. Willy Haas schreibt in seinen Erinnerungen: »Franz Werfel – vielleicht in der größten Zeit seiner Entwicklung als lyrischer Dichter – ging als Lektor zu dem jungen Kurt Wolff Verlag nach Leipzig. Dort waren auch Walter Hasenclever und Kurt Pinthus als Lektoren beschäftigt. Es war die große Mode, bei Kurt Wolff Lektor zu sein. Ich beschloß, mein juristisches Studium an den Nagel zu hängen und dasselbe zu tun – Werfel und Hasenclever hatten mir dort eine Volontariatsstellung verschafft.«

Haas, Hasenclever und Werfel lebten nahe beieinander. In der Haydnstraße. Logisch, dass Schriftsteller gern im Musikviertel wohnten. Sie hatten eben ein Gefühl dafür, wo es schön ist! Das großzügig angelegte Viertel, imposante Villen mit altem Baumbestand, das Gewandhaus, die Universitätsbibliothek, der nahe Park und das ebenfalls nahe Zentrum verlockten geradezu, sich hier einzumieten.

Eines Tages drückte sich schüchtern die Tochter der Wirtin in das Zimmer von Werfel:

»Se sinn ä Dichdr, Härr Wärfl?«

»Ja.«

Versonnenes Dastehen. Dann: »Ich arbeede bei Vahdr uff'n Gondor, aber ich habe änne Dande in Hamburch, die schwärmd ooch für Baime, Biechr un alles Leschere ...«

Eines Morgens kündigt das Stubenmädchen der Vermieterin Willy Haas einen Besuch an; »... Führen Sie ihn herauf!«

»Ich glaube, ich kann das nicht!«

»Warum denn nicht?«

»Ach – er ist so schmutzig! Und so komisch angezogen!«

Es ist ein Prager, den die Freunde seinerzeit in einem Kaffeehaus vor einem eifersüchtigen Ehemann beschützt hatten und der Haas und Werfel dafür ewig dankbar ist.

Sie schätzen den »Weißenstein Karl« sehr, kriegen ihn aber auch schlecht wieder los. So hatten sie ihm eine Arbeit in Hellerau verschafft, doch nun steht er zu früher Morgenstunde völlig mittellos vor Willy Haas: »... in einem ausgefransten Cuteway, der fast bis zum Boden reichte, einem alten, grünen Jägerhut mit Gamsbart, mit gestreiften Salonhosen, ganz entsetzlich verdreckt und verwahrlost.

›Weißenstein, wie kommen Sie her!‹ rief ich.

›Ich bin zu Fuß aus Hellerau gewandert. Ich habe eine solche Sehnsucht nach euch gehabt!‹«

Der Mann war tatsächlich drei Tage und drei Nächte unterwegs gewesen. Die Freunde überlegten nun, was sie machen könnten.

Haas schreibt weiter: »Werfel, Hasenclever und ich beschlossen, ihn einstweilen als ›Sekretär‹ anzunehmen, gegen Verpflegung, Quartier und ein kleines Taschengeld ... Weißensteins Hauptaufgabe als Sekretär (er beherrschte kaum die deutsche Rechtschreibung) bestand darin, daß er uns morgens, nach langen Nacht-Diskussionen in der Bar, rechtzeitig, das heißt, etwa um neun Uhr, zu wecken hatte. Er entledigte sich dieser Aufgabe in der kunstvollsten Art. Darin war seine Phantasie unerschöpflich.

Er erschien etwa um neun Uhr an meiner Bettseite, weckte mich und sagte:

›Herr Haas, stehen Sie schnell auf! Der Herr Werfel ist schon auf und hat ein Gedicht geschrieben! Der Herr Hasenclever ist schon auf und hat einen ganzen Akt eines neuen Dramas geschrieben! Stehen Sie auf, stehen Sie auf, stehen Sie sofort auf!‹

Natürlich fuhr ich aus dem Bett, wie von einer Tarantel gestochen, wusch und rasierte mich, um nicht im Hintertreffen zu bleiben. Der Sekretär Weißenstein hatte sich inzwischen zu Werfel begeben, der natürlich auch noch fest schlief.

›Herr Werfel, stehen Sie auf! Der Herr Haas ist schon auf und hat einen Essay geschrieben! Der Herr Hasenclever ist schon auf und hat schon einen ganzen Akt geschrieben!‹«

Und dann passiert dasselbe natürlich auch bei Herrn Hasenclever.

Es hat seinen Grund, warum die Freunde nur vom Weißenstein Karl reden: »Er war seelisch so gedrückt, so innerlich versklavt von seiner Kindheit her, dieser arme

Proletarierjunge aus Mähren, daß er sich immer so vorstellte und unterschrieb, wie es in den Schulen und Kasernen Vorschrift war:

›Weißenstein, Karl‹

niemals in der richtigen Aufeinanderfolge: ›Karl Weißenstein‹.

Abends in der Bar, wenn er auf unsere Rechnung ein Getränk wählen sollte – er hatte ›freie Station‹ bei uns und ein bißchen Taschengeld – da wand er sich in Demutsqualen: ›Ich kann doch hier nichts trinken, ich bin doch nur Euer Sekretär ...‹

›Sie müssen, Weißenstein! Hier kann man nicht sitzen, ohne was zu trinken!‹

Aus lauter Bescheidenheit schloß er die Augen und tippte blind auf eine Stelle der Getränkekarte: ›Das!‹

Es war zufällig immer dasselbe, was er traf: Französischen Sekt! Das teuerste, was überhaupt auf der Karte stand.«

Die finanzielle Situation der drei war aber nicht so rosig, dass sie sich auf Dauer einen »Sekretär« leisten konnten. So verschafften sie ihm eine Arbeit in Berlin.

Sie erklärten, wie es um ihre Finanzen stand, und stellten die Arbeit in den rosigsten Farben dar.

»Weißenstein hörte mit saurer Mine zu. Wortlos packte er seine Siebensachen, und wir verfrachteten ihn in den Zug nach Berlin.

Doch nach sechs Wochen stand er wieder in meinem Zimmer in Leipzig.

›Ich kann nicht ohne euch leben!‹ sagte er mit Tränen in den Augen. ›Ich hatte solche Sehnsucht nach euch!‹ Und er blieb bei uns.

Erst während des Ersten Weltkrieges, da auch er, wie wir alle, zum Militär eingezogen wurde, entschwand er unseren Augen für immer. Werfel wusste von seinem Tode zu berichten: er starb, als er einer Abteilung gefangener Russen, über die er dicht hinter der Front die Aufsicht hatte, das Leben zu retten versuchte. Er war, glaube ich, die einzige wirklich heldenhafte Gestalt in unserem kleinen Kreise.«

In einem Brief an seinen Freund Walter Hasenclever erinnert Willy Haas an die schönen Leipziger Tage: »Niemals vorher oder nachher hat das Reichsgerichtsgebäude einem besseren Zwecke gedient. Werfel stellte sich, auf dem Heimwege nach einer jener endlosen allnächtlichen Bummeltouren, bei denen wir durch schwärmerisches Philosophieren oder was wir dafür hielten – acht, zehn, zwölf Stunden lang – unseren Kopf förmlich ausgelaugt hatten, in der schönsten Morgenröte auf die riesige Freitreppe des Reichsgerichts und schmetterte mit seiner Tenorstimme die Arien aus ›Troubadour‹, ›Rigoletto‹, ›Ernani‹, ›Maskenball‹ … Alle Straßen und Plätze ringsum waren ganz menschenleer. Jahrtausende verhängter Zuchthausstrafen schauten auf uns herab …«

Auf die Idee ist bis heute noch niemand gekommen, jene eindrucksvolle Fassade als Kulisse für Konzerte zu nutzen. Die Gesangeinlagen von Franz Werfel in der Morgenröte liegen nun fast hundert Jahre zurück!

Drei deutsche Schriftsteller, die mit Leipzig verbunden waren, hatten Juristen als Väter.

Ob eine solche Herkunft besonders zum Schreiben prädestiniert?

Vielleicht weil die Erzählungen des Vaters über die Winkelzüge so mancher Zeitgenossen anregen, sich mit den Schicksalen von Menschen schreibend zu beschäftigen – es ist nicht unmöglich!

Rudolf G. Binding werden heute nicht nur in der Messestadt, sondern in ganz Deutschland nicht mehr allzu viele

Leser kennen. Zu DDR-Zeiten wurde er als »bürgerlich-reaktionärer Erzähler, Lyriker und Essayist« einsortiert. Binding sprach auf alle Fälle das konservative, nationalbewusste Bürgertum an, hatte zwar Vorbehalte gegen den »nazistischen Radaupöpel«, aber identifizierte sich trotzdem mit dem Dritten Reich und erhielt von den Nazis etliche Auszeichnungen. Goebbels ernannte ihn sogar zum Präsidenten der Deutschen Dichterakademie.

Binding lernte im Hause von Gerhart Hauptmann eine »prachtvoll gewachsene, beinahe klassisch schöne Jüdin« (Erich Ebermayer) kennen. Diese Elisabeth Jungmann verliebte sich auf Anhieb in den viel älteren Mann. Und auch er entflammte auf der Stelle. Er verließ Weib und Kind und lebte fortan mitten im Dritten Reich als Schriftsteller und Präsident mit einer »Volljüdin« zusammen. Sie durfte natürlich bei offiziellen Anlässen nie dabeisein. Binding starb 1938, und ihr gelang zum Glück noch die Flucht nach London. Dort arbeitete sie als Sekretärin des großen Dirigenten Sir Thomas Beecham.

Nun zurück zu Bindings Leipziger Jahren: Sein Vater wirkte vierzig Jahre als Professor für Strafrecht an der Universität Leipzig und war nebenbei Hilfsrichter in einer Strafkammer des Leipziger Landgerichts. So blieb er immer informiert, was sich in der Gesellschaft zutrug. Zwei Jahre war er auch Rektor der Alma mater Lipsiensis.

Die Familie Binding wohnte in einem Mietshaus in der Emilienstraße im zweiten Stock.

Gern erzählte Rudolf G. Binding die folgende Geschichte aus seiner Jugendzeit: Nach dem Mittagessen, ehe sich der Pennäler Rudolf an die Schulaufgaben machte, pflegte er etwa ein Stündchen Klavier zu üben. Eines Tages dröhnte die Schelle an der Wohnungstür. Draußen stand das Dienstmädchen aus dem dritten Stock und sagte im heimatlichen Dialekt: »Ach, änschuldichn Se, dä Härrschafd läßd Sie biddn, middn Schbieln uffzuheern. De gnädche Frau is grangk un brauchd Ruhe.«

Sofort wurde das Klavierspielen eingestellt und Rudolf schlug die Schulbücher auf.

Nach einer guten Stunde ertönte die Schelle wieder und das Dienstmädchen von oben informierte: »Se gönn nu weiderschbieln, de gnädsche Frau is ähm geschdorm.«

Ich weiß nicht, ob es noch (außer einigen Bibliothekaren) jemand gibt, der den Leipziger Schriftsteller Paul Daehne kennt. Er lebte nicht weit von meiner Wohnung in der Südvorstadt, in der angenehmen Fockestraße. Fast jeder wiederum kennt Brecht und das Zitat aus seiner »Dreigroschenoper«: »Erst kommt das Fressen, dann kommt die Moral.«

Diese Oper hatte 1928 in Berlin Premiere.

Und nun staunen Sie, was Daehne bereits davor, zwar verschroben, aber inhaltlich vergleichbar formulierte:

»Erst wenn der Magen holde Lust genossen,
Wird uns der Reiz des Geistigen erschlossen.«

Von Brecht weiß man ja, dass er sich vielfach von bereits Geschriebenem anregen ließ, warum nicht auch von Daehnes Spruch?

Der bereits erwähnte Erich Ebermayer ist ebenfalls ein heute kaum noch bekannter Schriftsteller. Er hatte aber in Deutschland seinerzeit sowohl als Autor als auch als Dramatiker und Drehbuchschreiber große Erfolge.

Sein Vater war Oberlandesgerichtsrat in Bamberg und wurde 1901 an das Reichsgericht nach Leipzig berufen. In den zwanziger Jahren agierte er hier als Oberreichsanwalt bei legendären Prozessen. So zum Beispiel gegen die Anführer des Kapp-Putsches, gegen die Mörder des Außenministers Rathenau und des Abgeordneten Matthias Erzberger. Prozesse, die im ganzen Deutschen Reich großes Aufsehen erregten und zum Ruhm des Juristen beitrugen.

Erich Ebermayer wuchs also in wohlsituierten Verhältnissen im Waldstraßenviertel auf. Großbürgertum: eine Neun-Zimmer-Wohnung in der Leibnizstraße 27.

Nach dem Besuch der Thomasschule studierte er – das überrascht nicht – Jura.

Ebermayer entwickelte aber parallel zu seiner Arbeit als Rechtsanwalt immer mehr Interesse für Theater und Literatur und war sogar nebenher als Chefdramaturg am Leipziger Schauspielhaus tätig. Wie man das früher nebenher machen konnte …?

Besonders enge freundschaftliche Verbindungen hatte er zu Gerhart Hauptmann, Thomas und Klaus Mann, Gustaf Gründgens, Emil Jannings und Stefan Zweig. In dem Buch »Eh' ich's vergesse«, herausgegeben von Dirk Heißerer, der das Manuskript erst vor wenigen Jahren entdeckte, zeichnet der Schriftsteller seine Erinnerungen an diese bedeutenden Künstler auf.

Gerhart Hauptmann hat er zum ersten Mal im Auditorium maximum der Leipziger Universität erlebt. Eingerahmt von Lorbeerbäumen hielt der bedeutende Dramatiker eine Rede anlässlich der Buchmesse. Neben Ebermayer saß Willy Haas, der nach seiner Leipziger Zeit längst ein bekannter Berliner Journalist, Essayist und Schriftsteller geworden war und die heute (als Beilage der Tageszeitung »Die Welt«) noch erscheinende »Literarische Welt« ins Leben gerufen hatte. Er war als Kritiker gefürchtet. Ebermayer schrieb lakonisch: »Er hatte auch mich bereits verrissen. Wir vertrugen uns ausgezeichnet.

Jetzt dröhnte, seine Festrede abschließend, Gerhart Hauptmann: ›Immer sind Bücher die großen Schätzehüter des Menschengeschlechts.‹

Beifall, nicht überwältigend stark. Stimmen der Instrumente.

Willy Haas sagt schneidend scharf: ›Wie er auch die größte Banalität noch so sagen kann, daß es wie eine weise Erkenntnis klingt!‹

Einige in der näheren Umgebung lachen. Die Musik setzte ein.«

Wie wir sehen, gab es eben zu jeder Zeit schon Menschen, die mit ihren kritischen Bemerkungen nicht vor Autoritäten haltmachten.

Sozusagen Vorgänger von Reich-Ranicki.

Der bedeutende Verleger Samuel Fischer, der auch Gerhart Hauptmann zu seinen Autoren zählte, hatte an jenem Tag zu einem Essen ins Hotel Astoria eingeladen. Erich Ebermayer war die Ehre widerfahren, daran teilzunehmen.

»Begreiflich meine Spannung und Erregung, als ich die Halle des Astoria betrat und vom Empfangschef zu einem kleinen, reservierten Salon geleitet wurde. S. Fischer mit

Frau und Tochter empfingen mich. Der Oberbürgermeister, der Rektor der Universität und ein paar weitere ›Offizielle‹ standen herum. Ein Aperitif wurde gereicht. Das Gespräch tröpfelte mühsam. Alles wartete auf den Ehrengast. Ich, als der Jüngste, hielt mich im Hintergrund.« Die Spannung wächst und als Hauptmann mit seiner Frau kommt, wirkt das alles wie bei Hofe. »Ich hielt, zum ersten Mal, seine Hand, diese kühle, große schwere ›Kapitänshand‹, die ich aus Thomas Manns ›Zauberberg‹-Bosheiten gegen Hauptmann schon kannte. Sein Blick aus großen, sehr hellen wasserblauen Augen lag ruhig auf mir, ohne Interesse, er hatte wohl kaum den Namen verstanden. Interessierter musterte mich aus ihren kranken, fast blinden Augen Frau Margarete. Vielleicht, weil ich der einzige junge Mann in der Runde war.«

Die Frau des großen Schriftstellers erweist sich allerdings als ausgesprochen witzige und geistreiche Tischnachbarin. »Dabei saß sie immer auf dem Sprung, beim Dichtergatten helfend einzugreifen, immer hörte sie mit einem Ohr zu ihm hin über den Tisch. Ab und zu unterbrach er sich, weil ihm irgendein Name nicht einfiel oder eine Jahreszahl oder der Titel eines seiner Stücke. Dann rief er, fast wie ein Kind: ›Gretchen, kannst du mir nicht helfen –!‹

Und sie rief zurück: ›Gern, Gerhart – aber ich weiß nicht, wo du gerade bist …‹

Wie oft sollte ich diesen Dialog noch hören, in den zwei Jahrzehnten meiner Freundschaft mit Gerhart und Margarete Hauptmann!

Der leicht gequälte Lunch im Hotel Astoria endete mit dem resoluten Ruf Frau Margaretes: ›Gerhart – jetzt aber schnell ins Bett!‹«

Wer wie ein Kind fragt, wird auch wie ein Kind ins Bett gebracht – selbst wenn er Nobelpreisträger ist!

In seinen Erinnerungen erzählt Ebermayer auch von der Premiere eines Hauptmann-Stücks im November 1935 im Leipziger Alten Theater. Hauptmann hatte Ebermayer gebeten, dass er – der inzwischen in Berlin wohnte – mit zur Generalprobe des »Hamlet in Wittenberg« kommen sollte. Er wünschte sich von ihm etwas Betreuung. »Dies war tatsächlich nötig, denn es kümmerte sich kein Mensch, kein Intendant, kein Regisseur, keine Stadtväter um ihn.«

Vonwegen: früher war alles besser!

»Als wir zur Generalprobe pünktlich erschienen, war der Zuschauerraum abgeschlossen. Man ließ Hauptmann zwei Stunden vor der Tür warten, niemand entschuldigte sich, niemand begrüßte Deutschlands größten Dramatiker und Nobelpreisträger. In unfassbarer Geduld ließ der alte Herr alles über sich ergehen, während ich, empört über diese Behandlung, am liebsten alles kurz und klein geschlagen hätte.«

Nun hätte eine hervorragende Inszenierung, die vermutlich die Herzen der Zuschauer im Sturm erobert hätte, die Sache wieder wettmachen und die Dichterseele in der Vorfreude eines großen Erfolges entsprechend aufbauen können.

»Die Aufführung des Stückes war erschreckend lieblos, ja peinlich. Ein absolut unfähiger Regisseur, der von der Ufa kam und noch nie Theaterregie geführt hatte, eine zweitklassige Besetzung und ein Stück, das gewiß nicht zu Hauptmanns stärksten Arbeiten zählt … Schon bei dieser Generalprobe sah ich, daß nichts mehr zu retten war, und Gerhart Hauptmann mit seinem unfehlbaren Theaterinstinkt sah es natürlich erst recht.«

Wie wird wohl einem Mann wie ihm in solchen Momenten zumute gewesen sein?

Am nächsten Morgen schenkten sie sich die »Durchsprechprobe« und Ebermayer fuhr den großen Dramatiker zur Ablenkung hinaus zum Völkerschlachtdenkmal.

Ob das nun eine blendende Idee war ...? Der Anblick des trutzigen, dunklen Klotzes hellte die Stimmung Hauptmanns garantiert nicht gerade auf. Sie genossen wenigstens die milde Herbstsonne und spazierten durch die Grünanlagen. »Plötzlich läuteten vom nahen Südfriedhof die Glocken herüber. Hauptmann blieb stehen und sagte still, aber sehr bestimmt: ›Jetzt läuten sie meinen Hamlet zu Grabe.‹

Und so war es.«

Daran kann man wieder einmal die prophetischen Fähigkeiten großer Denker erkennen ...

Über Gerhart Hauptmann erzählte man sich in Leipzig auch folgende Geschichte aus dem Jahr 1912. Im November drängten sich nach dem Festkonzert im Gewandhaus die Verehrer und Verehrerinnen des Dichters. Der 50jährige hatte von der Universität Leipzig die Ehrendoktorwürde erhalten und viele Leipziger wollten von ihm ein Autogramm ergattern. Mit gelassener Ruhe, würdig, sich seiner Berühmtheit bewusst, schrieb Hauptmann mit dem Federhalter eins nach dem anderen. Plötzlich schaute er auf, weil eine Dame mittleren Alters ihm zwei Blätter hinhielt.

»Warum zwei?«, fragte Hauptmann erstaunt und ihre Antwort verblüffte ihn erst recht: »Für zwei Hauptmann bekomme ich einen Lehár!«

Aber ich will Ihnen noch von einem Desaster erzählen, das Ebermayer am 24. April 1927 im Stadttheater Leipzig erlebte. An diesem Tag war die Premiere der Komödie »Revue zu vieren«, die anschließend auf Tournee durch Deutschland ging. Geschrieben hatte das Stück Klaus Mann. Hauptdarsteller waren neben ihm seine damalige Verlobte Pamela Wedekind, weiterhin seine Schwester

Erika mit ihrem Mann Gustaf Gründgens, der auch Regie geführt hatte. »Dazu hatte jeder männliche Darsteller seinen Freund mitgebracht, der in einer kleinen Rolle mit von der Partie sein musste, denn man zog ja wochenlang durch die Lande und wollte nicht vereinsamen.«

Die musikalische Bearbeitung lag in den Händen von Klaus Pringsheim, dem Onkel von Klaus und Erika Mann. Thea Sternheim, auch eine Dichtertochter, hatte die Kostüme und das Bühnenbild zu verantworten.

Es war wohl etwas viel Verwandt- und Bekanntschaft. Die Inszenierung endete im Debakel.

»Es gab Gelächter am falschen Ort, Zurufe aus dem Publikum, Pfiffe noch während der Vorhang offen war. Zum Schluß einen richtigen, teilweise körperlichen Kampf zwischen Anhängern der jungen Gruppe, die von den Rängen ins Parkett geströmt waren, und denen, die das Ganze als groben Unfug bezeichneten.«

Während im Parkett geschrien, gejohlt und geprügelt wurde, verneigten sich die Akteure lächelnd.

»Ein boshafter, vermutlich ein ›richtiger‹ Schauspieler des Leipziger Theaters hatte am schwarzen Brett ein großes Schild angebracht: ›Hier können Familien Theater spielen.‹«

Erich Kästner, der 1919 zum Studium nach Leipzig gekommen war und danach als Redakteur für die »Neue Leipziger Zeitung« arbeitete, schrieb 1925 über eine gemeinsame Lesung von Erich Ebermayer und Klaus Mann in der Messestadt. Die beiden legten Wert darauf, als »Vertreter oder gar Exponenten der jüngsten Generation« gewertet zu werden. Wenn sie damit Recht hätten, so meint Kästner, »... dann darf man sich ungesäumt auf die andere Seite drehen und die übernächste zukünftige Jugend erwarten«. Und er schreibt weiter: »Das Alter des Taufscheins vermag nichts über das wahre Alter des Inhabers auszusagen. Und die innere berufende Stimme kann auf Selbstsuggestion beruhen. Untrüglich ist allein das Werk. Und betrachtet man dies, muß man urteilen: Jung daran ist die Oberfläche allein; der Kern ist Epigonentum. Jugendlich wirkt einzig das typisch Jugendliche: das Sexuale. Das Empfindsame, das Intellektfeindliche, das Elternfremde, alles Züge, die nur für's Jungsein überhaupt zeugen, nicht für das von heute«. Und er resümiert schließlich: »Manchmal empfand man: Sie sind wirklich jung, aber sie können wenig. Und manchmal: Sie können schon etwas, aber sie sind nicht jung.«

Und dann gab es – neben Ebermayer – noch einen berühmten deutschen Schriftsteller, dessen Vater als Reichsgerichtsrat nach Leipzig berufen wurde: Rudolf Ditzen.

Der Name sagt Ihnen nichts? Das muss Sie nicht verunsichern, denn davon wissen wirklich nur Leser des Buches »Damals bei uns daheim«. Den Schöpfer dieses Buches kennen Sie alle jedoch unter seinem Dichternamen – Hans Fallada. Er schreibt in dieser romanhaften Autobiografie von einem Besuch der Großmutter in Leipzig. Sie ist schon Mitte achtzig, natürlich stolz auf ihren Schwiegersohn und äußert den Wunsch, einmal solch eine Reichsgerichtssitzung zu erleben.

Der rät ihr ab, das sei eine langweilige Sache, aber sie lässt sich nicht beirren und will ihren Schwiegersohn unbedingt in der würdigen Robe bewundern. Deshalb nimmt er sie schließlich eines Tages mit zu einer Verhandlung. Der Gerichtsdiener bringt die alte Dame in den Saal.

»Grade ihr gegenüber, aber durch die ganze Länge des Saals getrennt, saßen an einem dunklen Tisch sieben alte Herren, und wirklich hatten sie weinrote Seidenroben an und trugen auf dem Kopf Samtbarette von einem dunkleren Rot. Alle waren sie schon weißbärtig und weißhaarig, fast alle trugen Brillen, und alle saßen eigentlich so da, als hätten sie seit Urzeiten schon dort gesessen und würden ewig so weitersitzen. Einige hatten den Kopf in eine Hand gestützt, andere spielten mit Bleistiften oder dem Pincenez. Einer kritzelte, einer hustete, und alle hatten viele Akten vor sich liegen, der aber den höchsten Aktenstoß hatte, brabbelte halblaut den andern was vor.«

Die Großmutter, einzige Zuhörerin bei jener Verhandlung, ist von der Atmosphäre in dem imposanten Saal mit Holztäfelung und Bleiglasfenstern stark beeindruckt.

»Daß Großmutter nichts von dem, was gesprochen wurde, verstand, störte sie gar nicht. Sie war allgemach in die tauben Jahre gekommen, daran hatte sie sich schon gewöhnt. Ihre Augen waren noch gut, dem Herrn sei Dank, und sie gaben ihr hier genug zu sehen.«

Einer der Herren sagte nun etwas in Richtung Großmutter und sie überlegte, was das wohl zu bedeuten habe. »Vielleicht hatte der Schwiegersohn den Herren ihre Anwesenheit verraten, und sie war von ihnen begrüßt worden. Für alle Fälle machte Großmutter einen Knicks und setzte sich wieder.«

Der Vorsitzende des Senats, der den Ausschluss der Öffentlichkeit wegen Gefährdung der Sittlichkeit verlangt hatte, wandte sich ihr noch einmal zu und forderte sie auf, den Saal zu verlassen. »Denn eine ›Sache‹ war eben beendet, eine neue sollte darankommen, irgendein Vergehen gegen Paragraph 175 oder Paragraph 176 des Strafgesetzbuches. Die Öffentlichkeit war auszuschließen, Großmutter war die Öffentlichkeit, Großmutter sollte gehen. Aber Großmutter, die nichts von allem verstanden hatte, blieb. Sie war sehr zufrieden, daß sie doch ins Reichsgericht gegangen war, sie lächelte …«

Die Herren Richter saßen abwartend da. Dann erhob

sich der Senatsvorsitzende und »wiederholte mit fast drohender Stimme den Spruch von der auszuschließenden Öffentlichkeit. Meine Großmutter erhob sich gleichfalls, machte wiederum einen Knicks und blieb abwartend stehen, wie weit die Ovationen noch gehen sollten, denn auch der Richter stand noch immer. Der Vorsitzende, der annahm, die Alte werde jetzt abziehen, setzte sich wieder. A tempo setzte sich auch die Großmutter!«

Die Herren am Richtertisch begannen sich nun zu erregen und der Schwiegersohn flüsterte dem weißhaarigen Vorsitzenden etwas ins Ohr. Doch der »Vorsitzende, der auch nicht mehr gut hörte, besonders, wenn ihm ins Ohr geflüstert wurde, rief entrüstet: ›Sie haben ganz recht, Kollege. Sie könnte schon dreimal Großmutter sein und will sich hier an Unsittlichkeitsgeschichten ergötzen! Ich lasse die Alte rauswerfen, wenn sie nicht gleich geht!‹«

Da hielt Dietzens Vater »ihm einen Zettel vor die Augen: ›Meine Schwiegermutter! Stocktaub!‹

Sofort glätteten sich die Züge des Zürnenden, der Harthörige freute sich, eine Stocktaube gefunden zu haben. Sofort wurde nach dem Diener geklingelt und die Großmutter in aller Freundlichkeit aus dem Saal geführt. Da es nah an der Mittagszeit war, machte sich Großmutter keine weiteren Gedanken über diese Exmittierung. Sie kam sehr vergnügt zu Haus an und erzählte uns beim Mittagessen, wie interessant es im Reichsgericht gewesen sei und wie höflich sich die Herren zu ihr benommen hätten.«

Als der Schwiegersohn sie am Nachmittag aufklärte und sich über die Angelegenheit amüsiert zeigte, ist sie natürlich alles andere als erheitert. Er beruhigt sie, aber die alte Dame ist untröstlich, dass man von ihr denken könnte, sie wäre am unsittlichen Leben anderer interessiert. Die Schwiegermutter ist um den Nachtschlaf gebracht, und als sie am nächsten Tag durch Leipzig läuft, zuckt sie bei jedem weißhaarigen Mann zusammen. Schließlich könnte es sich ja um einen der Richter handeln …

Aus dem Reichsgericht wurde nach 1945 das Georgi-Dimitroff-Museum mit Sitz des Museums der bildenden Künste, denn dessen ursprüngliches Domizil stand als ausgebrannte Ruine am Augustusplatz, der noch im gleichen Jahr den Namen von Karl Marx erhielt.

Marx selbst ist bestimmt bei seinen zwei Leipzig-Besuchen (einmal hat er seinen Verleger besucht und einmal sein Patenkind – Karl Liebknecht) durch diesen Teil der Stadt spaziert und hätte nicht im Traum daran gedacht, dass der Platz – nicht deshalb, sondern aus ideologischen Gründen – 45 Jahre lang nach ihm benannt blieb …

Mit dem Jahr 1945 änderte sich auch in Leipzig so ziemlich alles. Der Verleger Karl Rauch (ihn kennt heute kaum noch jemand, im Stadtlexikon »Leipzig von A bis Z« ist nur Neo Rauch vermerkt, aber das ist eben das Schicksal von beizeiten »abgehauenen« Leipzigern …) hat über diese Zeit in dem Buch »Der Schatten des Vaters« geschrieben. Zunächst kamen also die Amerikaner zu ihm, alle trugen Pistolen im Halfter, der Fahrer hatte einen Karabiner. »›Meine Herren‹, redete ich sie an. ›Ich bin ein entmilitarisierter, entwaffneter, ein völlig friedliebender Deutscher. Nach den Vorschriften der Militärregierung dürfen in meiner Wohnung keine Waffen sein. Wie machen wir das?‹ – Sie stutzten, lachten, schnallten ab. Die Pistolen blieben im Wagen. Der Fahrer bewachte sie.«

Die Herren wollten nun von ihm seine im Verlag erschienenen »Hakenkreuzbücher« sehen und waren sehr erstaunt, dass es so etwas bei ihm nicht gab und dass er, bei allen »Schwierigkeiten mit den vielen Instanzen der kulturellen Bürokratie des Hitler-Staates« trotzdem »bis ins vorletzte Kriegsjahr hinein Antoine de Saint-Exupérys ›Wind, Sand und Sterne‹ und andere Erzeugnisse europäischen und freiheitlichen Geistes hatte drucken und verbreiten können.«

Nach einem ausführlichen Gespräch mit diesen Herren erhielt Rauch einen Fragebogen, der seine Lizenzierung als Verlag quasi vorbereiten sollte. Schon am nächsten Tag musste er ihn ins Krochhochhaus am Augustusplatz bringen. Dort trafen sich Leipziger Verleger, mit denen die Amerikaner jeweils einzeln verhandelten. Und Rauch erfuhr von ihnen erschreckende Fakten: »Sie offenbarten, daß die Sowjets ganz Sachsen und Thüringen besetzen würden. Es handele sich nur noch um Tage. ›Es vollzieht sich‹, sagte sehr nüchtern der eine, ›nach dem historischen Beispiel Polens eine Teilung Deutschlands.‹ Mir war's, als werde ich selber in zwei Stücke zerschnitten. Ich wehrte mich, das zu glauben. Sie luden zusammen mit führenden Verlagen wie Insel und F. A. Brockhaus auch mich ein, mit ihrer Hilfe nach Wiesbaden überzusiedeln. Der Bücherumschlagplatz Leipzig würde seine Bedeutung verlieren.«

Da hatte einer, wie sich in den nächsten Jahren zeigte, ganz gelassen die nackte Wahrheit ausgesprochen.

Rauch bekam 24 Stunden Bedenkzeit. Er entschied sich aber für Leipzig und blieb. Jedenfalls zunächst.

Ja, und dann kam, wie angekündigt, die Rote Armee nach Leipzig. Und nicht lange hin bekam der Leipziger Verleger in seinem Büro in der Carolinenstraße Besuch. Ein dicklicher kleiner Hauptmann mit seinem Dolmetscher. Rauch verstand in dem ganzen Sprachmischmasch nicht, was sie eigentlich von ihm wollten. »Schließlich ließ der Offizier den Dolmetscher beiseite und führte das Gespräch mit mir allein. Wir saßen uns an meinem Schreibtisch gegenüber. Der Besucher fragte, und es vollzog sich ein hackender Dialog.

›Wo Chef?‹

›Ich bin der Chef!‹

›Du Chef. Gutt. Was Betrieb?‹

›Buchverlag.‹

›Nicht versteh. Zeig Betrieb! Wo Maschin, wo Ingenieur?‹

›Ich habe keine Maschine, auch keinen Ingenieur. Ich verlege Bücher.‹

›Sag noch mal! Was Betrieb? Ruf Ingenieur!‹

›Ich sagte schon, dass ich keinen Ingenieur habe. Im Verlag gibt es das nicht. Ich verlege Bücher.‹

›Kein Ingenieur – komisch Betrieb! Sag genau, was du machen?‹«

Rauch kam langsam ins Schwitzen und versuchte nun

jenem Offizier, der sich nichts unter einem Verlag vorstellen konnte, die Arbeitsweise seines Betriebes zu erklären. Vom Schreiben eines Manuskriptes durch einen Autor, vom Vertragsabschluß, vom Lektorat in seinem Verlag, vom Bestellen des Papiers, dem Drucken bis zum Binden. Er erzählte vom Vertreter, der das Buch in den Buchhandlungen anbietet, bis es schließlich den Leser erreicht.

»Ob er mich verstand? Ich sah ihn an. Seine Züge wurden lebendig.

›Erzähl noch einmal langsam ganze Sache!‹«

Nun musste der Verleger noch einmal von vorn anfangen. Dann war es dem kleinen Mann in der Uniform klar: »Habe verstanden – genau. Dort Druckerei mit Maschin. Schwere Arbeit. Dort Fabrik, macht Papier. Sehr schwere Arbeit. Dort Buchbinder. Auch schwere Arbeit. Und dort tüchtig Mann, das schreibt und schreibt. Dort Buchhandel, wo verkauft. Habe verstanden. Ganz genau. Alle arbeiten. Schwere Arbeit. Und du sitzen da, hier an Tisch und tuen nichts und verdienen Geld. Habe verstanden. Genau. Du – Kapitalist, du leben von andere Arbeit! Du – großes Schwein.«

Zwei Stunden hatten die beiden miteinander geackert und dann dieses Ergebnis! Rauch bekam von dem Offizier einen Fragebogen, bei dem er auf den ersten Blick sah, dass es sich um ein Formblatt für Handwerksbetriebe handelte. Der Uniformierte sagte, dass er am nächsten Tag wiederkommen würde, aber Rauch hat ihn nie wiedergesehen.

Allerdings bekam er bald aus einem völlig anderen Grund zu Hause Besuch. Es erschienen bei ihm zwei Funktionäre der KPD »… und schüttelten mir die Hand. Die Partei schulde mir Dank, sagten sie, man wisse es zu schätzen, dass ich aufrichtig mich für die neue Ordnung und ein fortschrittliches Deutschland entschieden und diesen amerikanischen Gangstern ein klares Nein gesagt habe«.

Nun erschrak der Verleger Rauch, denn das war natürlich ein Missverständnis!

»Es handele sich, so sagte ich den beiden, bei meiner Entscheidung um gar kein weltanschauliches oder politisches Bekenntnis: ›Ich habe nichts gegen die Amerikaner und nichts gegen die Russen. Ich bin einfach deswegen geblieben, weil ich hier zu Hause bin.‹«

Rauch engagierte sich beim Leipziger Oberbürgermeister in einem Gremium, das die Wiederaufnahme der Verlagstätigkeit in der Stadt vorbereiten sollte.

»Konkrete Möglichkeiten für eine neue Produktion bestanden nicht. Wer über Papier verfügte, druckte illegal. Es gab die Möglichkeit, auf Papierbeschaffungsanträge und Gesuche um Druckerlaubnis den Stempel eines kleinen Ortskommandanten für zwei Flaschen Schnaps zu erlisten.«

Der Verleger benötigte dringend eine Wohnung und es gelang ihm, einige Räume im Landhaus Prödel bei Gaschwitz zu beziehen. Dies ermöglichte ihm der Vermögensverwalter vom Geheimrat Herfurth, der auf die Wiederzulassung seiner »Leipziger Neuesten Nachrichten« wartete, die im Mai eingestellt worden waren. Nachdem er aber merkte, woher der Wind künftig wehen würde, war er nach Bayern verzogen. Mit einer befreundeten Familie bewohnte Rauch also in jenen aufdämmernden proletarischen Zeiten ein vornehmes, schlossähnliches Anwesen.

Prödel fand man südlich von der Stadt, es existiert heute nicht mehr. Der Ort lag am Eingang der Harth, jenes bei den Leipzigern beliebten Waldstückes, das der Braunkohle geopfert wurde und seit einigen Jahren als Neue Harth wieder wächst. Mitunter wurde die Familie da draußen zu später Stunde von sowjetischen Soldaten herausgeklingelt, die Quartier forderten.

»Einmal kamen bereits am Nachmittag zwei junge

Ukrainer. Sie brauchten Raum für ihren Leutnant und achtzig Mann. Wir mussten ihnen sämtliche Betten zeigen. Sie zogen die Stiefel aus, legten sich abwechselnd in jedes Bett, das wir ihnen vorführten, und wiederholten das mehrere Male. Das dauerte seine gute Zeit, denn es gab mehr als ein Dutzend Schlafzimmer im Schloß. Es war ein seltsames Spiel, dessen Sinn wir nicht begriffen, bis der Ältere endlich ein bestimmtes Bett als das bequemste und beste im Haus bezeichnete. ›Dies Bett Leutnant!‹ erklärte er und fuhr fort: ›Leutnant sehr guter Mensch – braucht gutes, bestes Bett im Haus.‹«

Sie selber waren damit zufrieden, sich im Saal ein Strohlager herzurichten. Als Karl Rauch dann den Leutnant kennen lernte, zeigte sich, dass er ein sympathischer Mann von Ende zwanzig war.

»Ich lud ihn ein, mit uns zu Abend zu essen. Er bedankte sich und lehnte ab. Er wisse genau, wie karg es um unsere Ernährung bestellt sei. Für sich allein bekomme er mehr als bei uns eine Familie. Ob er, ohne zu essen, sich zu uns an den Tisch setzen dürfe? Ich bejahte und bot ihm einen Schnaps an. Er schüttelte den Kopf und machte mir klar, wie wenig es ihm gefalle, daß bei uns Deutschen sich aus den Begriffen Russe und Schnaps eine automatische Ideenverknüpfung zu bilden pflege.«

Und so saß er dann mit einem Glas Wasser bei der Familie Rauch und träumte von zu Hause, wo er auch eine schöne Frau und eine gemütliche Wohnung habe. Als Rauch eines Tages nach Hause kommt, sind die Russen aus dem Haus abgezogen, haben alles Stroh aus dem Saal entfernt und diesen gereinigt. Der Leutnant lässt Rauch herzlich grüßen.

Seine Frau hatte festgestellt, dass er in seinem Zimmer ein Paar Reitstiefel vergessen hatte.

»Die Stiefel waren am nächsten Tag noch da. Auch am

übernächsten. Schuhwerk war damals kostbar. Ich probierte sie an. Sie paßten. Ich rechnete nicht damit, daß er sie noch holen werde, nahm sie in meinen Besitz – und brachte sie in meinen Schrank.

Als ich nach weiteren zwei Tagen nach Hause kam, erzählte mir Ursula, daß der Offizier zu Rad erschienen sei und nach den Stiefeln verlangt habe. Sie wisse nicht, wohin ich sie gebracht habe. Er habe sich in seinem Zimmer aufs Bett gelegt. Er warte auf mich …

Ich holte die Stiefel aus dem Schrank, klopfte an die Tür, trat ein und reichte ihm die Stiefel. Er erhob sich, sprang auf mich zu, umarmte mich: ›Gutes Mensch, danke, danke! Gutes Mensch, du hast Stiefel aufgehoben …‹ Der leidenschaftlich übersteigerte Dank dieses Mannes bewegte mich. Ich war erschüttert, und beschämt. Es drängte mich, ihm zu bekennen, daß ich keinen Dank verdiene, daß ich ihn längst vergessen hätte und die Stiefel annektieren wollte. Ehe ich mit meinem Geständnis zu Ende war, kniete er vor mir, küßte mir die Hand: ›Bruder, verzeih du, daß ich vergessen und so dich geführt in Versuchung!‹«

Und Rauch hatte noch eine andere besondere Begegnung mit einem sowjetischen Offizier. Am 5. Februar 1946 wurde die Leipziger Universität – wie er schreibt – »unter sowjetischem Protektorat« wieder eröffnet. Alle Reden und Ansprachen wurden auch ins Russische übersetzt. Der Festakt zog sich dadurch besonders in die Länge.

Rauch saß neben dem Verleger Hans Wunderlich und beobachtete den neuen Rektor, Professor Hans Gadamer, der ihm »einen gequälten Eindruck« machte. Am selben Tag kam ein Mann zu Rauch in den Verlag, der ihn aufforderte, zu einer Vernehmung mit ins Polizeipräsidium zu kommen. Dort, in der Wächterstraße, erfuhr er, daß er auf

Befehl der Russen verhaftet wäre. Nach fünf endlosen Tagen kam es endlich zur Vernehmung. Ein sowjetischer Hauptmann und ein Dolmetscher nahmen mit ihm an einem runden Tisch Platz.

»Es sei ihnen gemeldet worden, daß ich eine Broschüre verfaßt und darin nationalsozialistische Ideen vertreten habe. Ob das stimmt?

Jetzt wusste ich, worum es ging. Im ersten Jahre der Herrschaft Hitlers hatte ich eine Broschüre erscheinen lassen, die nach dem Vorbild des Antonius geschrieben war: ... und Brutus ist ein ehrenwerter Mann! ›Sklavensprache‹ nannten wir das damals, und es war die einzige Möglichkeit, die noch bestand, auszudrücken, was man dachte ... Wer oberflächlich oder gar boshaft las, konnte Teile darin trotzdem als ›nazistisch‹ bezeichnen. So und noch etwas ausführlicher schilderte ich nun den Zusammenhang. Der Dolmetscher hörte aufmerksam zu und übersetzte Zug um Zug. Der Hauptmann nickte und fragte mich überraschend selber in deutscher Sprache, was ich während der folgenden Zeit publizistisch getan hätte. Ich deutete einiges von meinem geheimen und offenen Kampf gegen das Dritte Reich an, ich erwähnte meine Freundschaft mit Ernst Wiechert, den Abdruck seiner ›Rede an die deutsche Jugend‹, meine Verbindung zu Selma Lagerlöf, das Eintreten für Ernst Barlach, das Pressegerichtsverfahren, die vielen Vernehmungen, die Verbote und Beschlagnahmen französischer Übersetzungen und der in meinem Verlag erschienenen Bücher von Puschkin, Tschechow, Leskow und Gontscharow. Die beiden Männer wechselten einige russische Sätze, dann wandte sich der Hauptmann wieder zu mir und erklärte: ›Ihre Broschüre war ungeschickt, vielleicht ein Irrtum, ein Fehler. Aber Sie haben das offen eingestanden. Sie haben nachher Widerstand geleistet. Die Nazis haben Sie vor Gericht gestellt.

Wir haben alles genau untersucht und uns erkundigt. Ihre Aussage stimmt. Ich halte Sie für einen guten Demokraten. Ihre Verhaftung ist aufgehoben. Das Ganze war ein Irrtum. Sie können nach Hause gehen. Sie sind frei.‹«

Karl Rauch war zwar ungeheuer erleichtert, wollte aber trotzdem von dem Hauptmann gern wissen, wer ihn denn angezeigt habe, wie es dazu gekommen sei.

»Denunziert. Ein guter Freund von Ihnen. Sie müssen selber nachdenken, wer. Auch Verleger. Hier in Leipzig …«

Und dann bekam er vom Hauptmann noch ein paar Abschiedsworte mit auf den Weg, die er kaum fassen konnte: »Ist gut, leben Sie wohl! Sie sind Demokrat. Es ist nicht nötig, Kommunist zu werden. Genügt guter Demokrat. Deutschland braucht das.«

Leider zeigte sich die Entwicklung im Osten bald von einer ganz anderen Seite, denn es reichte oft überhaupt nicht mehr, ein guter Demokrat zu sein. Und ich wage zu behaupten, dass das der sowjetische Hauptmann vermutlich auch noch am eigenen Leibe erfahren hat …

Ein Leipziger Schriftsteller, der in den fünfziger Jahren besonders schmerzhaft die Folgen des praktizierten Stalinismus im Land zu spüren bekommen hat, ist Erich Loest. Er hoffte, dass es nach dem 17. Juni 1953 und 1956 nach der Geheimrede Chruschtschows auf dem Parteitag der KPdSU zu Veränderungen der Politik im Lande kommen würde, und setzte sich in Gesprächen für einen Kurswechsel ein. Allein die Partei war nicht bereit, ihre Haltung zu korrigieren. Loest wurde der Prozess gemacht und er musste sieben lange Jahre ins berüchtigte Gefängnis von Bautzen. Gestohlene Lebenszeit – weil er eine Meinung, eine Überzeugung hatte. Das bestrafte jene Partei, die immer Recht haben wollte, gnadenlos. Seine Biografie nennt Loest »Durch die Erde ein Riß«.

Ich dachte natürlich zunächst, es ginge darin symbolisch um Ost und West, aber der Titel geht auf ein Gedicht des DDR-Kulturministers Johannes R. Becher zurück; der zum Tod Stalins schrieb:

»Es irrt auf den Feldern ein Bangen,
die Ähren klagen im Wind.
Wohin ist er von uns gegangen?
Himmel, wolkenverhangen,
Fenster, wie tränenblind.

Und wieder ein Schrei, ein schriller,
Und Sonnenfinsternis,
Er war unsrer Träume Erfüller,
Und wieder Stille, noch stiller
Und durch die Erde ein Riß.«*

1956 war ein besonders schwieriges, aber auch hoffnungsvolles Jahr im Ostblock. Zum einen die Rede Chruschtschows, zum anderen der Volksaufstand in Ungarn, der mit Panzern blutig niedergeworfen wurde. Zur Herbstmesse brachte die Leipziger »Pfeffermühle« ein neues Programm mit dem beziehungsreichen Titel »Rührt euch!« heraus.

Loest war mit den Kabarettisten befreundet, schrieb auch manchmal für die Truppe. Eines Morgens bekam er einen Anruf von Conrad Reinhold, dem Chef der »Mühle«. Reinhold berichtete aufgeregt, dass am Vorabend mitten in der Vorstellung die Bühne von Besuchern gestürmt worden sei und dass man ihnen vorgeworfen habe, ihr Programm sei konterrevolutionär. Man habe sie sogar körperlich bedroht. Loest fuhr sofort zu den Akteuren der

* Zitiert nach: Erich Loest, Durch die Erde ein Riß. Ein Lebenslauf, Linden-Verlag, Leipzig 1990, S. 190

Brettlbühne. Die vermuteten natürlich mit Recht eine geplante Aktion der Partei. Sehr verdächtig war, dass der Stadtrat für Kultur auch plötzlich dagewesen sei, er habe sich sogar die Argumente der Aufrührer zu eigen gemacht. Loest hörte aufmerksam zu und instruierte die Kabarettisten, wie mit diesem Vorfall umzugehen sei: »Dieses Programm ist von der Stadtverwaltung genehmigt, unter anderem von ebendiesem Stadtrat. Eines ist sonnenklar: Wenn euer Programm angegriffen wird, dann geschieht es nicht von der SED. Was gestern geschah, ist der Angriff der Konterrevolution in Leipzig, und dieser Stadtrat, politisch blind, hat sich vor ihren Karren spannen lassen.«

Die Truppe fand diese Logik genial, entspannte Heiterkeit griff um sich.

Es kam schließlich zu einer Diskussion mit dem Stadtrat im Rathaus, keiner von den Demonstranten ließ sich, wie an jenem Abend im Kabarett angekündigt, blicken. Der Stadtrat versicherte immer wieder, dass es doch Werktätige waren, die ihn angerufen hätten, er solle in die »Pfeffermühle« kommen.

»Er musste zugeben, dass er keinen der Demonstranten kannte, diese Werktätigen waren wie von Zauberhand aufgetaucht und wieder vom Erdboden verschwunden … Auf jedes verzweifelte Argument des Stadtrates und seiner Trabanten wiederholte der Dramaturg stoisch: ›Und es waren doch Konterrevolutionäre, warum sonst sind sie jetzt nicht hier?‹

Die Strategie ging auf. Es wurde für alle Beteiligten der Brettlbühne ein Erfolg. Den ›Pfeffermüllern‹ wurde das Vertrauen ausgesprochen …«

Wer die ominösen Krakeeler waren, blieb im Dunkel. »… am wahrscheinlichsten schien die Version, Kader der Parteischule hätten sich plangemäß empört.«

1961 besuchte Walter Ulbricht die Deutsche Bücherei.

Wenn ein Mann wie Ulbricht kam, war natürlich höchste Sicherheitsstufe angesagt.

Der Deutsche Platz war abgesperrt. Krankenwagen standen parat, der Staatssicherheitsdienst hatte genau alle Wege festgelegt, jede Treppe wurde gut ausgeleuchtet.

Ein größeres Problem gab es im Foyer der Deutschen Bücherei. Hat der Besucher die Stufen im Vorraum absolviert, befindet sich an der linken Wand ein Mosaik mit dem deutschen Adler und der Kaiserkrone. Darunter dieser bekannte Text von Friedrich Schiller: »Wir wollen sein ein einzig Volk von Brüdern, in keiner Not uns trennen und Gefahr. Wir wollen frei sein, wie die Väter waren.«

Und das im Jahr des Mauerbaus!

Die Losung »Deutsche an einen Tisch!« war schon lange Makulatur. Von Brüdern und Schwestern wurde noch in Westdeutschland geredet. Wir waren längst getrennt. Die DDR war nach Ulbricht »der einzig rechtmäßige Staat in Deutschland«. Und der Volksmund machte sich den Spaß, teilte das Adjektiv »rechtmäßig« und betonte das Wort »mäßig«.

Auf der anderen Seite des Foyers wird es nicht besser. Dort steht unter dem österreichischen Doppeladler mit Zepter, Schwert und Kugelkreuz aus Schillers »Wilhelm Tell«: »Ans Vaterland, ans teure, schließ dich an, das halte fest mit deinem ganzen Herzen. Hier sind die starken Wurzeln deiner Kraft.«

Mit dem Zitat aus dem Rütlischwur wird auch die Schweiz mit einbezogen; dies alles steht für die Sammlung des gesamten deutschsprachigen Schrifttums.

Die Darstellungen konnte man ja nun nicht einfach auf das DDR-Vaterland münzen. Abgrenzung war angesagt. Es musste etwas im Vorfeld des Besuches geschehen! Und so zogen die Verantwortlichen, ehe Ulbricht sein Missfallen in sächsischem Singsang von sich geben konnte, eine Rabitzwand vor den beiden Provokationen hoch.

Ein Glücksfall!

Es hätten ja auch bornierte Verantwortliche auf die Idee kommen können, alles abzuhacken. Dieses Stück Deutsche Bücherei blieb hinter der Wand bis 1989 verborgen.

Erst dann konnte man sich wieder ans teure Vaterland anschließen!

Oder beitreten.

Dabei steht die größere Provokation für DDR-Verhältnisse in metallenen Lettern an der Fassade der Bibliothek – der Spruch stammte von der Grundsteinlegung 1914. Dort hatte der sächsische Minister Graf Vitzthum von Eckstädt gesagt:

»Freie Statt
Für freies Wort
Freier Forschung
Sichrer Port
Reiner Wahrheit
Schutz und Hort«

Und das in einem Land, in dem viele Bücher verboten waren, nicht erscheinen durften und man für bestimmte Bände aus der Deutschen Bücherei zum Lesen einen »Giftschein« benötigte … Ein Land, in dem die »reine Wahrheit« besonders ungeliebt war…

Als Ulbricht in jenem Jahr in einer Runde mit ausgewählten Mitarbeitern in der Deutschen Bücherei saß, fragte er: »Na, Genossen, was gibt's denn für Probleme?«

»Es gibt keine Probleme.«

Das glaubte selbst Ulbricht nicht. Schließlich rückte man damit heraus, dass es Schwierigkeiten mit dem Zoll gab. »Die nehmen Bücherpäckchen aus der BRD weg.« Schließlich wäre doch aber die Deutsche Bücherei das

Gesamtarchiv des deutschsprachigen Schrifttums. (Und war damit das letzte gesamtdeutsche Unternehmen auf dem Gebiet der DDR.)

Der Genosse Zollrat wurde geholt. Es gab ein klärendes Gespräch.

Ulbricht, so war geplant, sollte sich natürlich nach seinem Besuch im Gästebuch der einzigartigen Bibliothek eintragen. Nun hatten wachsame Genossen glücklicherweise noch rechtzeitig festgestellt, wer sich in diesem Buch alles verewigt hatte: der König von Sachsen, Mutschmann, Goebbels!

Das ging natürlich nicht mit dem Genossen Ulbricht zusammen!

Ein neues Gästebuch musste her!

Ulbricht schrieb dort hinein, dass die DB wichtig ist »... für die Pflege der deutschen Literatur und für die Erstürmung der Höhen der Kultur durch unsere Werktätigen«.

Damals wurden ja unentwegt diese Höhen erstürmt. Allerdings kamen auch einige dabei ins Straucheln. Und manche stellten fest, dass sie in die falsche Richtung gestürmt waren. Dort gab es zwar eine schöne Aussicht, aber anschließend kam es zu organisierten Abstürzen!

Der Text der Eintragung von Walter Ulbricht endete mit: »Viel Dank liebe Freunde.«

Wirklich nur »Viel«.

Ein Jahr später war das 50jährige Jubiläum der Deutschen Bücherei und nun sollte natürlich auch die wegweisende Eintragung des Staatsratsvorsitzenden in einer Publikation nicht fehlen. Allerdings war der grammatikalische Lapsus oder Faselfehler peinlich für den obersten Genossen der allseits gebildeten Nation!

Was tun? – um mit dem Titel einer Schrift von Lenin zu fragen.

Irgendjemand sprach dann ganz gelassen die Lösung aus: »Da schreiben wir einfach noch ›en‹ dran.«

Stille.

Der Gruppe, die diesen Satz vernommen hatte, stockte für einen Moment der Atem. Dann näherte man sich der Idee an. Eigentlich die einzige vernünftige Lösung. Und von Walter Ulbricht würde ja kein Protest wegen Urkundenfälschung kommen, da er von den zwei fehlenden Buchstaben keine Ahnung hatte.

Ein begabter Mitarbeiter hat es dann im Stil von Walter Ulbricht vollbracht; einer Publikation stand nichts mehr im Wege! Und die Verantwortlichen der DB dachten im Sinne von Ulbricht an jenen Schreiber: Vielen Dank, lieber Freund!

Über dem Eingang der Deutschen Bücherei, die inzwischen Deutsche Nationalbibliothek heißt, sieht der Betrachter von links drei Plastiken: die Köpfe von Bismarck, Gutenberg und Goethe.

Der Reichsgründer Bismarck galt nach der geschichtlichen Lesart der DDR lange Jahre als der übelste deutsche Politiker. So wurde in den sechziger Jahren gegen dessen Darstellung am Portal Stimmung gemacht. Es gab (vermutlich bestellte) Leserbriefe an die »Leipziger Volkszeitung«, worin es hieß: Bismarck, der die Arbeiterklasse geknechtet habe, die Sozialistengesetze erfand, dieser Mann an der Deutschen Bücherei, eine Schande für die Stadt!

Paul Fröhlich, von Beruf Koch, dann Feldwebel bei der Deutschen Wehrmacht und inzwischen zum Chef der SED-Bezirksleitung aufgestiegen, hat die DB nie betreten und begründete das damit, dass er nicht unter einem Bismarck-Kopf durchgehen würde.

Der Chef der DB, Prof. Helmut Rötzsch, ließ ihm ausrichten: »Wir haben auch zwei Seiteneingänge!«

Der Bismarckkopf an der Deutschen Bücherei war in der DDR vermutlich das einzige ständig sichtbare Denkmal des Reichsgründers.

Dr. Heinrich Uhlendahl, Direktor der Einrichtung seit 1924, starb im Dezember 1954 und wurde am Silvestertag bei klirrender Kälte auf dem Südfriedhof beerdigt. Ein Vertreter des Hoch- und Fachschul-Ministeriums sollte im Auftrag von Wilhelm Pieck einen Kranz niederlegen. Dieser Herr Müller rutschte aus und wäre beinahe ins Grab hineingefallen. Propst Spülbeck kommentierte die Situation trocken und leise: »Es ist noch nicht soweit, mein Sohn.«

Eines Tages stand am Tresen der Deutschen Bücherei, also an jener Stelle, wo die Bücher ausgegeben wurden, ein aufgeregtes Ehepaar. Die Frau war hochschwanger, der Mann vor allem hypernervös. Er verlangte, dass seiner Frau sofort geholfen werde. »Sofort! Es ist soweit!«

Die Bibliothekarin, die erst gestutzt, aber die Situation schnell erfasst hatte, stellte dann die richtigen Weichen.

Sie hatte mitbekommen, dass die beiden in ihrer großen Aufregung die Deutsche Bücherei mit der nahegelegenen Frauenklinik verwechselt hatten!

Der Leipziger Literaturforscher Rolf Recknagel beschäftigte sich u.a. intensiv mit der Ergründung des geheimnisvollen Lebens von B. Traven. Im Hauptberuf war er Dozent an der Fachschule für Bibliothekare, hielt aber da und dort zur Aufbesserung seiner Finanzen gern Vorträge zu diesem Thema. Eines Tages spricht ihn auf dem Markt ein Mann an. Recknagel kann sich nicht erinnern, wo sie sich schon einmal begegnet sind. Der Mann, seiner Kleidung nach gut situiert, senkt die Stimme: »Herr Recknagel, Sie wissen natürlich nicht, wo wir uns begegnet sind … Kästnerstraße … Strafvollzugsanstalt …«

Recknagel hatte zur kulturellen Erbauung der Insassen auch dort gesprochen. Der Mann fuhr fort: »Ich habe damals Ihre ersten beiden Vorträge mit großem Interesse gehört. Sehr spannend! Als Sie zum dritten Mal dort erschienen, war ich wieder im zivilen Leben. Ich wollte natürlich Ihren Vortrag nicht versäumen, aber …« – und hier hob sich seine Stimme vor Empörung – »man hat mich nicht wieder hineingelassen!«

1986 erschien im VEB Edition Peters mein erstes Buch »Liederliches Leipzig«. Ein feuilletonistischer Stadtrundgang in der Doppelbedeutung von liederlich – wie Leipzig sich im Verfall präsentierte, liederlichem Leben an sich und echten Leipziger Liedern, die Brigitte Richter zu einem großen Teil beigesteuert hatte. Zeichnungen und Collagen stammten von dem Cartoonisten Ulrich Forchner. Der Titel hatte für damalige Papier-Verhältnisse eine Wahnsinns-Auflage: 25000. Es gab zahlreiche Veranstaltungen.

Forchner benahm sich allerdings in den Augen der

Funktionäre besonders liederlich und blieb bei einer Reise zwei Jahre später im Westen! Wie der damalige Verlagsleiter Norbert Molkenbur in seiner 2001 erschienenen Verlagsgeschichte schrieb, wäre das ein Grund für die komplette Makulierung des restlichen Bestandes gewesen. Man einigte sich zum Glück auf einen Kompromiss: Forchners Name dürfe nicht mehr in der Werbung erwähnt werden, dann könne der Verlag weiter verkaufen. Bei Lesungen wies ich natürlich auf die Illustrationen meines Freundes Uli hin.

Aber es gab bei meinem Buch noch ein Problem. Ich beschrieb, was vorher auf dem Gelände des Hauptgebäudes der neuen Universität gestanden hatte, also das »Augusteum« und »die angrenzende Universitätskirche«. Leider war »die Kirche mit dem letzten Teil des Kreuzganges und Gewölben aus der Klosterzeit« dem Neubau »zum Opfer« gefallen.

Über »zum Opfer« war schon mein Lektor gestolpert. Ich hatte aber darauf bestanden und er hatte die Formulierung schließlich akzeptiert. Zum ersten Mal seit der Sprengung im Jahre 1968 tauchten in der DDR der eliminierte Begriff »Universitätskirche« und Fotos davon in einem Buch auf.

Die Unikirche war, wie Molkenbur 2001 schrieb: »Das Tabu-Thema im offiziellen Leipzig. Am 25. September 1987 fand in der SED-Bezirksleitung eine der üblichen politischen Anleitungen führender Kulturmitarbeiter statt. Diesmal sprach der Chef der Bezirksverwaltung Leipzig des MfS, Generalmajor Manfred Hummitzsch. Natürlich bekam ich ›Unklarheiten in den Texten des „Liederlichen Leipzig"‹ vorgehalten. Der Verlag möge sich aber zurückhalten, ebenso wie wir, das MfS, mit dem Autor werden sich Kulturminister-Stellvertreter Höpcke und Parteisekretär Roland Wötzel ›klärend auseinandersetzen.‹«

Da ich bis heute von den beiden nicht auf dieses Thema angesprochen wurde, nehme ich aber an, nun kommt auch nichts mehr …

Im Büro der Israelitischen Religionsgemeinde hörte ich von Eugen Gollomb, dem damaligen Vorsitzenden der kleinen Gemeinschaft, zum ersten Mal den Namen Simson Jakob Kreutner. Er erwähnte ihn in einem Gespräch, als ich 1985 für einen Beitrag über die Geschichte der Juden in Leipzig recherchierte, und borgte mir schließlich das Buch, das Kreutner über das jüdische Leben der Vorkriegszeit geschrieben hatte. Es war in Jerusalem erschienen und ein Versuch, es auch im DDR-Leipzig herauszubringen, war gescheitert. Unter anderem schon deshalb, weil das Vorwort der ehemalige Innenminister Israels geschrieben hatte. Da zählte nicht einmal, dass Dr. Josef Burg aus Dresden stammte und in Leipzig an der Israelitischen Schule, der sogenannten Carlebach-Schule tätig gewesen war.

Das Buch hieß »Mein Leipzig« und zeigte auf dem Umschlag ein Foto vom Hauptbahnhof. Von vorn war es in Deutsch, von hinten in Hebräisch zu lesen.

Gollomb gab mir auf meine Bitte die Anschrift von Kreutner und so kam ich mit dem Autor in Kontakt. 1988, anlässlich des 50. Jahrestages des Novemberpogroms, bemühte ich mich bei staatlichen Stellen um einen öffentlichen Vortrag von Simson Jakob Kreutner. Der fand dann auch im Krochhochhaus innerhalb der ersten Ausstellung zum Thema »Juden in Leipzig« statt. Das Interesse war groß, die Veranstaltung überfüllt.

Kreutner kam durch meine Vermittlung nach 53 Jahren zum ersten Mal in seine Vaterstadt und war der erste Israeli, der im DDR-Leipzig in der Öffentlichkeit sprach. In seinem Vortrag erzählte er auch, dass vor allem jüdische Kaufleute den Ruhm der Messestadt in alle Welt getragen hatten.

Der größte Schriftsteller Israels, der Nobelpreisträger Samuel Josef Agnon, der während des Ersten Weltkriegs eine Zeit in Leipzig gelebt hatte, schrieb in einem seiner Bücher: »In unserer Stadt pflegte man über jede gute Ware ›Leipziger Ware‹ zu sagen. Wenn der Mond in seiner ganzen Schönheit zu sehen war, sagte man in unserer Stadt: ›Ein Leipziger Mond.‹«

So sahen es jüdische Kaufleute, die vor allem aus dem Osten Europas in unsere Stadt kamen und die Qualität der hier angebotenen Waren rühmten. Und ältere Jahrgänge hielten hartnäckig daran fest, denn zur Verblüffung der Zuhörer konnte Kreutner mit dem Text eines aktuellen Plakates dienen, dass er kurz vorher in Jerusalem an einem Geschäft entdeckt hatte: »Wozu die Mühen, wozu den Aufwand an Zeit, um nach Leipzig zu reisen, um dort einzukaufen? Sie finden alles, was Sie wünschen, bei uns im Laden: Damen- und Herren-Bekleidung, Schuhe und Galanteriewaren.«

Da haben die DDR-Bürger aus Leipzig vielleicht herzlich und anhaltend gelacht!

Zu DDR-Zeiten gab es gegenüber dem »Burgkeller« in der Grimmaischen Straße ein bibliophiles Antiquariat. Die alten Bücher wurden von einer jungen und vor allem hübschen Frau betreut. Sie war immer heiter und ich machte gern einen Schwatz mit ihr. An einem Dezembertag verschönten wir unser Gespräch mit einem Glas Rotwein, das wir im schmalen angrenzenden Raum neben der Tür im Regal deponierten. (Vonwegen, die DDR war ein staubtrockenes Land!) Der Laden war leer und so konnten wir ungestört scherzen und den Wein genießen. Da unterbrach Wolfgang U. Schütte, Autor und Herausgeber, unsere angeregte Unterhaltung. Wir verheimlichten ihm nicht unseren Schoppen, aber Frau Pietzsch wies bedauernd darauf hin, dass sie leider kein drittes Glas im Laden habe.

Schütte strahlte uns an: »Kein Problem! Ich habe ein Glas mit!« Sprach's und zog aus seiner Kollegmappe ein Rotweinglas heraus. Er kam just von einer Weihnachtsfeier, bei der jeder sein Glas hatte mitbringen müssen. In der DDR war man eben niemals vor Überraschungen sicher!

Schütte und ich waren einmal im LKG, Leipziger Kommissions- und Großbuchhandel, eingeladen, um Texte aus dem »Kleinen Drachen« zu lesen und über dies und jenes zu plaudern. Nach der Veranstaltung dankte der Werbeleiter des Betriebes, Norbert Hientzsch, für die amüsante Stunde und meinte: »Wir haben noch versucht, euch anzurufen, aber euch leider nicht mehr erreicht. Wir wollten nur sagen, wenn ihr unterwegs Blumen seht, bringt sie mit, damit wir sie euch überreichen können. Wir haben keine gekriegt!«

Leipzig, die legendäre Buchstadt, nannte die Branche wegen der vielen Verlage, Buchhandlungen und Druckereien vor dem Zweiten Weltkrieg voller Achtung nur den »Leipziger Platz«. Womöglich war auch das ein Grund, dass hier im Mai 1933 keine Bücher verbrannt wurden! Vielleicht trauten sich das die Nazis in dieser Stadt nicht, in der Tausende vom und durch das Buch lebten.

Jahrzehnte später kam es hier allerdings zu einem unglaublichen Ereignis: Nach der Wiedervereinigung, und das ist nach über zwanzig Jahren weitestgehend vergessen, aber immer noch zu beklagen, fand eine Büchervernichtung besonderer Art am »Leipziger Platz« statt.

Im LKG wurde die Buchproduktion aller DDR-Verlage gelagert und von dort nach den entsprechenden Bestellungen (und nach deren oftmaliger Kürzung!) in die Buchhandlungen des Landes verschickt. Der Leipziger Kommissions- und Großbuchhandel war das Bücherzentrum der DDR.

Viele DDR-Verlage, die Jahr für Jahr um ihr Papierkontingent gekämpft hatten, die stolz auf ihre Neuerscheinungen waren, ließen nun 1991 aus Angst vor Absatzproblemen die Lager räumen und fast ihr gesamtes Sortiment entsorgen. Und das in der Buchstadt Leipzig!

Die Bücher landeten in Papiermühlen. Nun gut, das gab es immer mal in der Geschichte, wenn ein Buch über Jahre wie Blei in den Regalen gelegen hatte.

Sie wurden aber auch in Kraftwerken verheizt. Das war dann sozusagen eine reale Bücherverbrennung.

Schließlich wurden Bücher in eine Braunkohlengrube bei Borna gekippt.

1991 sah Pfarrer Martin Weskott ein Foto von solch einer Bücher-Müllhalde. Er fuhr in den Osten und fand dort nicht etwa weggeworfene Parteiliteratur oder die Werke der marxistisch-leninistischen Klassiker, die über Nacht keine Rolle mehr spielten, nein, dort lagen Bücher von Arnold Zweig neben denen von Heinrich Mann, Kunstbildbände neben Kochbüchern.

Und was glauben Sie, wie viele Exemplare der Pfarrer aus Katlenburg gerettet hat?

8000? 80000? Nein, über 800000 Ost-Bücher holte er mit Verbündeten zurück in die Regale!

Nach dem Gottesdienst öffnet er seitdem jeden Sonntag für Bücherfreunde die schwere Eichentür des Magazingebäudes, das zum noch bestehenden Rest der 900jährigen Katlenburg gehört. Ich habe in den alten Mauern die riesigen Bücherstapel gesehen, die allen physikalischen Gesetzen zum Trotz nicht einstürzen. Regalbretter bogen sich unter der Last zu kunstvollen Bücherbögen. Ich traf auf mir bekannte Autoren aus der DDR, so zum Beispiel auf

Josef Gülden, einen katholischen Geistlichen aus Leipzig. Ich stieß auf ein Buch von Dr. Wolfgang Schlieder, einem der Papierexperten Deutschlands, der im Buch- und Schriftmuseum der Deutschen Bücherei tätig war, oder einen Gedichtband von Brigitte Struczyk, mit der ich in Zwickau befreundet war, als sie am dortigen Theater Praktikum machte. Und manchen der Titel habe ich noch selbst in den Sechzigern in der Volksbuchhandlung Gutenberg verkauft, wie zum Beispiel den historischen Roman von Karl Zuchardt »Stirb, du Narr!«.

Weskott hatte auch mich einmal, wie insgesamt 150 DDR-Autoren nach der Friedlichen Revolution, zu einer Lesung in seinen Ort eingeladen. Dort berichtete mir ein Wissenschaftler des nahegelegenen Max-Planck-Institutes, dass ihm ein Fachbuch aus der DDR geholfen habe, bei einem bestimmten Projekt viel Geld zu sparen. Da unser Land bekanntermaßen wegen des chronischen Devisenmangels improvisieren musste, hatte er darin eine Lösung für sein Problem gefunden.

Die Kunde vom Bücherberg von Katlenburg machte natürlich die Runde. Seit Jahren kommen Leser vor allem auch von außerhalb, kaufen bzw. spenden für ein Buch eine kleine Summe. Mehr als 120 000 Euro hat Weskott auf diese Weise schon für die Aktion »Brot für die Welt« gesammelt.

Und diese traurige Geschichte, die das Leben schrieb, hat eine besonders reizvolle Pointe: Wer hätte sich zu Zeiten der Existenz beider deutscher Staaten vorstellen können, dass einst ein westdeutscher Pfarrer das Bundesverdienstkreuz erhalten würde, weil er DDR-Bücher gerettet hat!

Im Februar 2008 hatte das Leipziger »Haus des Buches« den Schweizer Schriftsteller Franz Hohler eingeladen. Ich plauderte mit ihm über sein Leben und Werk. Ich mag seine tiefgründigen, poetischen und satirisch-philosophischen Geschichten. Eine heißt »Die Schöpfung«. Darin erzählt Hohler, wie Gott, als sozusagen noch nichts auf der Welt existierte, plötzlich eine Kiste voller Erbsen von einem unbekannten Absender erhält. Er lässt sie einfach stehen und irgendwann schießen die reifen Erbsen ins Weltall hinaus und es entwickeln sich Planeten und schließlich auch Leben. Und Gott, meint Hohler, wundert sich bis heute, wer ihm wohl diese Gemüsekiste geschickt hat …

Franz Hohler erzählte dazu dem Publikum: »Dieser Text ist aus Trotz entstanden, weil ich Stephen Hawking nicht verstanden habe.«

Nun machte sich der Schweizer einen Spaß und schickte Hawking seine Geschichte. Eine Antwort bekam Hohler leider nicht, aber kurioserweise veröffentlichte der Physiker einige Zeit darauf die These, das sich ausdehnende All sei einst aus einer erbsengroßen Kugel entstanden.

Daraus schließt Hohler: »Poesie ist durchaus eine Form der Erkenntnis.«

Vor und hinter den Kulissen

Lust und Last der Schauspielerei

Der Stadtkommandant Victor Anton Franz von Prendel, kaiserlich-russischer Obrist, erließ 1813 nach der Völkerschlacht folgende Theaterverordnung für Leipzig: »Ich ersuche Jedermann ohne Ausnahme nach Stand und Gebühr sich im Theater Alles Lärmens und Pochens zu enthalten, das gesellschaftliche Vergnügen nicht zu stören, beym Applaudieren sich nicht zu übernehmen, auch dürfen keine kleinen Kinder in diese Gesellschaft gebracht werden.«

Heutzutage ist alles anders.

Da kommt bekanntlich der Lärm vor allem von der Bühne.

Für den Schutz von Kindern gibt es sogar Gesetze.

Und gegen das Übernehmen beim Applaudieren hat kein Mensch mehr was – das ist sogar ausdrücklich gewünscht!

In den Jahren 1833 bis 1845 wirkte der Opernkomponist Albert Lortzing auch als Schauspieler am Stadttheater zu Leipzig. Er war beim Publikum durch seine heitere Art sehr beliebt. An einem Abend sollte »Der reisende Student oder Das Donnerwetter in der Mühle« von Louis Schneider aufgeführt werden, ein sogenanntes Vaudeville, ein burleskes Singspiel. Das Stück kennt heute natürlich kein Mensch mehr und was ein Vaudeville ist, erfuhr ich aus dem Fremdwörterbuch.

Der Theatervorstand in Person von Dr. Demuth hatte

verfügt, dass Lortzing aus dem Lied »Ungeheure Heiterkeit ist meines Lebens Regel« jenen Vers weglassen sollte, der daran erinnerte, dass auch der Rector magnificus der Universität einst ein flotter Student gewesen war.

Lortzing fand an der Strophe überhaupt nichts Anrüchiges und sang sie trotzdem. Herr Demuth ließ die Strafe auf dem Fuß folgen: 20 Taler oder drei Tage Arrest.

Lortzing entschied sich für die Zelle.

Als er danach wieder auf der Bühne stand, empfing ihn das Publikum mit starkem solidarischem Beifall. Lortzing sagte darauf: »Ich weiß nicht, bei diesem liebevollen Empfange überfällt mich eine ›ungeheure Heiterkeit‹. Aber mehr zu sagen verbieten mir ›Demut‹ und ›Bescheidenheit‹.«

Tosender Beifall!

Alle Blicke richteten sich auf Dr. Demuth, der daraufhin fluchtartig seine Loge verließ.

Es gibt noch einen weiteren Beleg dafür, dass Lortzing ein Meister des schnellen Wortspiels war: In einem Stück verulkte er einmal außerhalb des zensierten Textes einige prominente Leute der Stadt. Das Publikum quittierte die Anspielungen und Scherze mit großem Jubel.

Im Parkett befand sich an diesem Abend auch der Polizeipräsident Schade, der – das gehört scheinbar bei Polizeipräsidenten meist zum Berufsbild – nicht gar zu viel Spaß verstand. Er ließ Lortzing in der Pause verwarnen. Der wiederum ließ das Publikum anschließend wissen, dass es so nicht weitergehe: »Einer ist dagegen. Schade.«

Im 19. Jahrhundert wurde während der Messe nahe der Matthäikirche der Topfmarkt abgehalten. Gegenüber dem Topfmarkt, auf dem Fleischerplatz, waren ebenfalls Schaubuden aufgestellt. Ein besonderer Anziehungspunkt war hier in den siebziger Jahren das »Theatre de Witwe Magnus«.

Was so »bommfordionös« klang, war natürlich auch sächsischen Ursprungs. Die Witwe Magnus stammte aus Dresden. Nachdem ihr der Leipziger Rat keine Spielgenehmigung mehr erteilt hatte, betrieb sie auf der dortigen Vogelwiese ihr Kunstinstitut. Dem bekannten Reiseschriftsteller Friedrich Gerstäcker, der mitunter seinen Freund Ernst Keil, den Herausgeber der »Gartenlaube«, in Leipzig besuchte, haben die seltsam humorvollen Aufführungen der Witwe Magnus so gefallen, dass er für dieses Theater sogar das romantische Stück »Der geschundene Raubritter« schrieb.

Es wurde das Haupt- und Zugstück der Bühne.

Albin Kutschbach hat als junger Bursche im Theater der Witwe Magnus Aufführungen erlebt und in seinem Buch »Jugenderinnerungen eines alten Leipzigers« darüber geschrieben: »Man kaufte sich für das Theater eine Eintrittskarte für den letzten Platz und wartete ungeduldig auf den Schluß der Vorstellung und das Heraustreten der Besucher. Zumeist fanden die Vorstellungen durch irgendwelche Gewalttätigkeiten ein vorzeitiges Ende, so dass sie niemals länger als 20 bis 25 Minuten währten, was natürlich für die Theaterbesitzerin des häufigeren Kartenverkaufs wegen von Vorteil war und auch die Geduld der neu Eintritt Heischenden nicht auf eine allzu harte Probe stellte. Kaum hatte der letzte Besucher das Theater verlassen, als unter den Neuankömmlingen ein fürchterlicher Kampf entbrannte. Jeder wollte als der erste die Treppen hinauf zum ›Dopp‹ stürmen, um dort sofort die Brüstungen zu überklettern und auf dem ersten Rang Platz zu nehmen. Die später kommenden Besucher dieses Ranges, welchen sonst allein das Recht zustand, ›mitspielen‹ zu dürfen, mochten dann sehen, wo sie blieben. So herrschte denn das grausamste Faustrecht, alles stürmte und polterte, Püffe austeilend und Flüche ausstoßend, mit Ungestüm ins Theater und im Handumdrehen war dasselbe gefüllt.

Sofort begann dann auch die Vorstellung. Wurde nicht ›Der geschundene Raubritter‹ gegeben, so ging eines der anderen schauerlichen Raubritter- und Gespensterstücke in Szene, wie ›Der Mord um Mitternacht‹, ›Der Blutritt nach Sevilla‹, ›Die Heirat auf dem Kirchhof‹ oder wie sie sonst hießen. Ohne Mord und Totschlag und Gespenster ging es aber bei keiner Vorstellung ab und die Zuschauer halfen hierbei redlich mit.«

Kutschbach beschreibt, wie die Zuschauer sogar aus dem Theaterraum über die Köpfe der tiefer sitzenden Musiker hinweg auf die Bühne sprangen.

»Den Akteurs wurde da, ehe sie den todbringenden Degenstoß ausführen oder ihren Geist aufgeben konnten, zumeist erst ein Schluck Bier oder ein Stück Wurst von mitleidigen Seelen zur Stärkung gereicht. Manch köstlicher Dialog entspann sich dabei, wie: ›Stoß noch nich mit deinem Säbel Hadruban, trink hier erscht ämal, dann geht's besser!‹

›Das is Lagerbier, gib mer bayrisch!‹

›Ich habe kee anderes, Lagerbier stärkt ooch!‹

(Stimme aus dem Publikum:) ›Hadruban, halt' dich nich uff, murkse das Luder erscht ab.‹«

Manche Aufführung nahm durch die Mitwirkung des Publikums eine ganz andere Wendung, als der Verfasser einst vorgesehen hatte. So änderten die Zuschauer rigoros die Stücke und nicht – wie heutzutage – ehrgeizige und originalitätssüchtige Regisseure.

Von solchen Aufführungen wie im Theater der Witwe Magnus kann man im Leipziger Centraltheater vorerst nur träumen ... aber die Geschichte mag den Regisseuren auch zur Warnung dienen: Wenn das hiesige Publikum einmal richtig losgelassen ist – dann bleibt gar nichts mehr von der Inszenierung übrig!

Bevor der Naturalismus Einzug hielt, spielten auch auf Leipziger Bühnen die Akteure mit viel Pathos. Es wurde erzählt, dass am Abend der Direktor eines Theaters im Gang auf einen Bühnenarbeiter trifft und ihn fragt, ob die Vorstellung schon begonnen hat. Der öffnet die Tür zur Bühne, horcht in den Kulissengang und verkündet überzeugend: »Nee, Herr Direktor, se schbrechen noch nadierlich!«

Man glaubt ja heute in Leipzig, dass erst seit der Intendanz von Sebastian Hartmann die Theaterleitung besonders im Fokus kulturbeflissener Menschen steht.

Mitnichten!

Auch hier gilt der Bibelsatz: Es gibt nichts Neues unter der Sonne!

Oscar Blumenthal verfasste 1877 einen Text, den er »Ein Tag in Theatropolis« überschrieb.

Damit ist tatsächlich unser gutes altes Leipzig gemeint – damals offensichtlich eine Hochburg der Bühnenkunst. Schon auf dem Bahnhof klang ihm ein Ausruf in den Ohren: »Die neueste Theaterbroschüre! Dreißig Pfennige!«

Blumenthal schreibt: »In Jüterbogk werden die unvermeidlichen Würstchen, in Wittenberg die berühmten Apfelkuchen und in Leipzig werden täglich frischgebackene Theaterbroschüren feilgeboten. Wer hinkommt, muß es sich gefallen lassen, den ganzen Tag über von Bühnengesprächen umschwirrt zu werden, wie von einem unvermeidlichen Mückenschwarm.«

Als er seinen Verleger nach städtischen Neuigkeiten fragte, gab es nicht viel zu berichten, außer dass »… wieder eine Theaterbroschüre erschienen ist«, nahm Blumenthal dem Mann das Wort aus dem Mund. Der konnte nur noch zustimmen.

»Und als ich zu Mittag in der behaglichen Kaltschmidt'schen Weinstube saß, wovon sprachen die befreundeten

Tischgenossen? Natürlich von der Förster'schen Direktion. Als Zubrod zur Suppe wurde die Schauspielregie fricassirt und als Beilage … die Opernleitung in Stücke zerhackt. Die Kellner versicherten mir, dass dies das tägliche Menu ist!«

Blumenthal erzählt, wie an Berliner Stammtischen Kriegssituationen erörtert, Schlachten bei Bierseidel und Eisbein geschlagen werden. »In Leipzig giebt es kein Kriegstheater, sondern nur den Theaterkrieg.«

Der Autor wollte sich bei einer Tasse »Blümchen« und einer Gose entspannen und wurde mit dem Theaterleben genervt. Am Abend macht er sich dann auf, um »den so viel besprochenen Kriegsschauplatz selbst zu besuchen. Es wurde Lindau's ›Erfolg‹ gegeben, der dort sehr gefallen hat. Begreiflich, denn das Stück ist ja schon deswegen wie geschaffen für Leipzig, weil eben von nichts anderem darin die Rede ist, als – vom Theater!«

Im Hotel wieder angekommen, wünscht er sich, weil er vor dem Einschlafen immer liest, etwas Lektüre. »Der Kellner kam und brachte … die neueste Theaterbroschüre.« Frisch am Abend erschienen. Von einem Ernst Heiter. Das war, dies wusste Blumenthal, ein Pseudonym des Theaterkritikers Wilhelm Buchholz, der einst eine scharfe Klinge führte und von Dr. Förster als Dramaturg engagiert worden war. Und nun galt, dass jenes Lied gesungen wird, »wes Brot ich ess' …«

Als Oskar Blumenthal wieder in Berlin angekommen ist, will er die Korrespondenz sichten. Er fragt seine Frau, ob denn viel Post eingetroffen sei. Sie gibt ihm einen Umschlag, darin befinden sich – Sie ahnen es – zwei neue Leipziger Theaterbroschüren …

Ein seinerzeit bekannter Dichter der Messestadt war zweifellos Rudolf von Gottschall.

1877 hatte ihn der Kaiser in den Adelsstand erhoben. Somit war ihm die gleiche Ehre zuteil geworden wie Goethe, Schiller und Herder. Der Universitätsprofessor Georg Witkowski hat ihn noch gesehen und so beschrieben: »… mit gekrümmtem Rücken, missmutigem Antlitz und tief in die Schultern gesenktem Kopf schritt er einher. Stets an seiner Seite die Gattin. In ihrer Erscheinung kündete nichts mehr von jener holden Zeit, da der Dichter das schlesische Freifräulein vom väterlichen Schlosse entführt hatte.«

Man erzählte sich unter Künstlern an Kaffeehaus- und Kneipentischen, dass die Dame zu Hause ein strenges Regiment führte. Sie würde gar die Nachmittagsruhe des Schlummernden rigoros unterbrechen: »Rudolf, steh auf, du musst dichten!«

Vielleicht hat sie es zu verantworten, dass Gottschall bis ins hohe Alter nahezu jährlich ein neues Drama auf die Bühne brachte, worüber die Theaterleiter längst nicht mehr erfreut waren. »Sie konnten unentwegt die immer schwächeren Kinder der Muse Gottschalls aus der Taufe heben, nicht aus dem Gefühl literarischer Verantwortung, auch nicht aus Pietät für den greisen Erzeuger, sondern wahrscheinlich um der Selbsterhaltung willen.«

Wie das? So werden Sie jetzt vielleicht fragen. Ganz einfach: Gottschall war seit Jahrzehnten der Alleinherrscher im Reiche der Theaterkritik. Zwei einflussreiche Blätter unterstanden ihm ohne Mitbewerber. Dort schrieb er über jedes neue Stück, jede Inszenierung eines Klassikers, über jedes Gastspiel jeweils zweimal ellenlange Episteln. Es stand natürlich in beiden Ausgaben immer das Gleiche mit lediglich verschiedenem Wortlaut.

»Bis in das neue Jahrhundert hinein behauptete Gottschall seine unumschränkte Macht als Kritiker, begünstigt durch die Theaterleitung Max Stägemanns, der sich unter Gottschalls Diktatur beugte.«

Und was kann man da machen?

Die meiste Macht hatten (und haben) natürlich die Zuschauer. »Sie gingen einfach nicht ins Stadttheater, wenn ein Werk des Gefürchteten auf dem Zettel stand, und so erhielt er den Beinamen »Stägemanns Hausleerer«.

Als die berühmte italienische Schauspielerin Eleonora Duse in Leipzig gastierte, lernte sie auch die Künstlerin Heese kennen. Die Duse sprach nur gebrochen deutsch, die Heese dafür perfekt sächsisch. Die große Tragödin stellte sich vor: »Ich Duse heeße.« Darauf meinte die Leipziger Künstlerin: »Ich duse Heese heeßen.«

Dem Publizisten und Theaterkritiker Moritz Gottlieb Saphir stellte man nach einer Theatervorstellung verschiedene Mitglieder des Ensembles vor, darunter auch den Souffleur. Zu dessen Erstaunen sagt Saphir zu ihm: »Ah, ich habe schon viel von Ihnen gehört!« Während der Mann sich etwas geschmeichelt fühlt, sagt ihm der Kritiker: »Ja, heute Abend! Sie haben viel zu laut souffliert!«

In den zwanziger Jahren des vorigen Jahrhunderts leitete Fritz Viehweg das Leipziger Schauspielhaus. Es stand übrigens in der Sophienstraße, der heutigen Shakespearestraße, und wurde im Krieg zerstört.

Leipzigs zweite Schauspielbühne, das Alte Theater, leitete Dr. Anton Kronacher. Im Gegensatz zu Viehweg war Kronacher kein Sachse. Als Hans Reimann eines Tages Viehweg auf der Straße traf, fragte er ihn: »Wie vertragt ihr euch eigentlich miteinander?«

»Tadellos. Wir sinn ee Herz un eene Seele.«

»Schnappt ihr euch nicht gegenseitig Stücke weg?«

»Nee, da sinn mir viel zu vornehm, alle beede. Wir sinn in jehdr Beziehung sollidarisch un gollegjahl.«

»Das ist ja schön.«

»Ja, awwr mir wiehln unndorärrdsch!«

Viehweg war nicht nur ein hervorragender Regisseur, der mit einem untrüglichen Instinkt die Schauspieler zum Ziel führte, sondern auch ein Künstler, der die Geselligkeit mit Kollegen pflegte. So geriet er oft zum Mittelpunkt des Stammtisches im Schauspielhaus-Restaurant. Er liebte überhaupt gemütliche altdeutsche Kneipen.

Als er Gertrude Langfelder geheiratet hatte, führte er einen Freund stolz durch die neue gemeinsame Wohnung. Der lobte die geschmackvolle Einrichtung. Viehweg hörte sich alles an und schloss endlich mit leichter Wehmut die Besichtigung ab: »Nu ja, sie is ganz schön, aber ’ne Kneipe isses ähm nich.«

Emilie Winterberg gehörte viele Jahre zum Ensemble des Leipziger Schauspielhauses. Sie war insofern etwas schwierig, als sie eine unerklärliche Angst vor großen Rollen hatte, auf der anderen Seite aber auch nicht nur kleine spielen wollte. Eines Tages erhielt sie die Rolle der Zimmervermieterin in Wedekinds »Musik«. Die war ihr nun wieder zu klein, weshalb sie schnurstracks zum Direktor flitzte, um sich zu beschweren: »Die Rolle is mir zu kleen. Een Eemer Wasser uff de Biehne bring und keene drei Worte zu saachn. Nee, die Rolle spiel’ch nich!«

Viehweg meinte zu ihr: »Nu ja, Emilie, da wer’n mer ähm deine Rolle verlängern missen, da bringsde ähm zwee Eemer Wasser!«

Besonders beliebt im Schauspielhaus war Bernhard Wildenhain. Egal, ob er in Komödien oder Tragödien spielte. Er starb in der Messestadt im Jahre 1957, mit 84 Jahren.

Wildenhain spielte in der damaligen Sophienstraße mit

dem großen Albert Bassermann in Sudermanns Schauspiel »Stein unter Steinen«. Bassermann hatte übrigens eine Leipzigerin zur Frau, die vor ihrer Heirat Else Schiff hieß. Weil sie Jüdin war, verließ er als fast Siebzigjähriger Deutschland und ging über Wien mit ihr nach Amerika, kehrte 1945 nach Deutschland zurück.

In jenem Stück von Sudermann spielte Bassermann den Biegler, eine tragische Gestalt, einen kleinen Dieb, der durch bestimmte Lebensumstände letztlich ins Gefängnis kommt. In dem Stück will er Zigarren, die er in der Kantine gekauft hat, an drei Arbeitskameraden verschenken. Die drei dürfen sie aber nicht annehmen, weil sie ja von einem Zuchthäusler stammen. Nun fand die Aufführung während des Ersten Weltkriegs statt, die Requisiten-Zigarren, ein schreckliches Kraut, hätte keiner rauchen wollen. Bei einer der letzten Proben verehrte Bassermann seinem Kollegen Wildenhain eine echte Importe, »… weil Sie doch auf der Bühne meine Zigarren immer ablehnen müssen«.

Zur abendlichen Aufführung bot er gleichfalls solch hervorragende Stücke mit bunter Bauchbinde an. Mit sehnsüchtigen Augen lehnte der erste Schauspieler laut Text ab: »Nee.«

Der nächste entgegnete: »Du kannst deine Zigarren für dich behalten.«

Nun hätte Wildenhain in seiner Rolle sagen müssen: »Laß man, et is nich, det ick stolz bin … aber ick kann mir nich ausschließen, ick muß machen wie die anderen.«

Als Bassermann auf Wildenhain zukam, extemporierte der blitzschnell: »Na weeßte, Biegler, det eene mal nehme ick se noch, aber komm mir nie wieder mit sone Sachen!«

Und während die beiden Kollegen verdutzte Gesichter machten, verschwanden alle drei Glimmstängel in Wildenhains Rocktasche.

Bernhard Wildenhain war seinerzeit viel beschäftigt. In seinem Memoirenband »Schauspieler sein …« schreibt er, dass pro Jahr 20 bis 25 Stücke herausgebracht wurden und er in nahezu allen Inszenierungen auf der Bühne stand. Hinzu kamen noch die Weihnachtsmärchen, wovon es jedes Jahr fast hundert Aufführungen gab, und die Sommerschwänke.

Da wäre heute längst die Gewerkschaft eingeschritten!

Unter solchen Verhältnissen des unentwegten Rollenlernens bekam die Souffleuse eine besondere Bedeutung. Wildenhain schwärmte von Anna Petzold, bezeichnete sie als Perle oder gar als »den Kainz der Souffleusen«. Petzold sprach, leicht angesächselt, jedes Wort aus ihrem Kasten, ohne dass das Publikum etwas merkte. Allerdings hatte sie auch ihren Stolz: »Schlechten Schauspielern souffliere ich nicht. Die müssen wenigstens ihre Rollen lernen.«

In einem französischen Schauspiel hatte ein Diener seiner Herrschaft mehrere Edelleute anzumelden. Diese hatten ziemlich verzwickte Namen, und deshalb war die Stelle nicht einfach.

Der Diener hatte zu sagen: »Der Herr Herzog von Rochefoucauld, der Marquis von Riparfond, der Herr Baron von Chavailles und die Herren Fourquevaux und Coque-Héron.«

Als jener Darsteller, der bislang diese Meldung überbracht hatte, einmal krank geworden war, suchte man einen Ersatz. Schließlich meldete sich der Chorsänger August Neimann (wirklich mit »ei« – keine sächsische Aussprache von Neumann!). Es wurde kurz geprobt und schließlich klappte es so einigermaßen.

Am Abend tritt Neimann auf, er sieht in die grinsenden Gesichter der Darsteller, die gespannt sind, ob er die Stelle gut über die Rampe bringt. Er wird bleich, ein schwarzes Loch tut sich textmäßig vor ihm auf, aber er rettet sich

»fischeland« über die Runden und sagt in edelstem Sächsisch: »Die Herrn von heide morschn sinn wieder da!«

Herbert Günther wurde von Dr. Anton Kronacher, dem Direktor des Alten Theaters, für die Spielzeit 1928/29 engagiert. Günther machte sich bald auch einen Namen als Schriftsteller und Publizist. 1929 erschien sein erfolgreiches Buch »Hier schreibt Berlin« mit Stil- und Stichproben der in die Hauptstadt vernarrten Schreiberprominenz. Günther schrieb sogar die erste bedeutende Biographie über Ringelnatz, den er besonders gut gekannt hatte.

Dieser Herbert Günther also hatte im Alten Theater kurz vor Weihnachten 1928 seine erste Leipziger Premiere und spielte in Brechts »Dreigroschenoper«. Brecht und Weill erschienen und waren mit der Inszenierung zufrieden. Lina Carstens schmetterte ihre Songs. Günther gehörte zu den Banditen von Mackie Messer.

Beim Fallen des Schlussvorhangs hörte er eines Tages, wie eine üppige Schlachtermeisters-Gattin in der Bühnenloge enttäuscht ihrem Mann zurief: »Nu, heere mal, Oddoh, was hast'n mir da versprochen, da warn doch gar geene Schweinerein drinne!«

Bei der ersten Aufführung der Komödie »Die Kreuzelschreiber« von Ludwig Anzengruber kam – wie üblich – am Schluss auch der Schauspieler (und in diesem Fall Regisseur) Carl Huth auf die Bühne. Günther hörte, wie ein Mann in der ersten Reihe daraufhin seine Nachbarin informierte: »Dähr Gleene da, im grauen Anzuhch, das is dorr Anzengruber!«

Zu diesem Zeitpunkt war der Dramatiker schon vierzig Jahre tot.

Und genauso lange spielte schon Carl Huth in Leipzig Theater.

Herbert Günther ist ja der Auffassung, dass die berühmte »Gemiedlichgeid« der Leipziger lediglich Phlegma sei. Darüber wäre mit ihm zu streiten. Sein diese Behauptung illustrierendes Beispiel spricht allerdings dafür: Ein einheimischer Kollege kommt in die Garderobe und berichtet: »Am Briehl brennd's.«

Der Brühl war ja nur eine Minute vom Alten Theater entfernt.

»Was?!« ruft alles, »Feuer?! Groß?!«

Darauf der Leipziger Kollege seelenruhig: »Nu ja ... ganns hibsch.«

Georg Witkowski, der bekannte Literaturwissenschaftler, der übrigens mit seiner Sachkenntnis vor dem Reichsgericht die bedrängten Literaten Frank Wedekind und Arthur Schnitzler verteidigte, führte in der Messestadt ein offenes Haus. Es verkehrten auch viele Schauspieler bei ihm. So zum Beispiel der mit Humor gesegnete Karl William Büller, den heute natürlich niemand mehr kennt und in dessen Fall sich die legendäre Einsicht »Dem Mimen flicht die Nachwelt keine Kränze« einmal mehr bewahrheitet hat.

Büller war ein Gegner von langen Reden.

Bei der Taufe eines seiner Kinder spielten die Gäste mit und es kam zu einer besonders absurd abgekürzten Ansprache.

Der Hausherr erhob sich und sagte nichts weiter als »Meine lieben Gäste« und setzte sich wieder hin.

Darauf nahm ein Gast das Wort und ergänzte »Die Eltern«.

Schließlich beendete die Ansprache ein weiterer Gast am Tisch, der ein knappes Hoch auf das Neugeborene formulierte: »Es!«

Christa Gottschalk begann 1946 ihr Schauspielstudium in Leipzig an der Hochschule für Musik, die damals schon

Mendelssohn-Akademie hieß und auch den mimischen Nachwuchs ausbildete. Sie war damit beispielsweise Kommilitonin von Masur und hat »Kurtchen«, wie sie mir sagte, in der Kongresshalle als studentischen Swingmusiker erlebt.

Ein Problem, das sie in jenen Jahren ständig beschäftigte, war, etwas zu essen zu bekommen.

Vor der Aufnahmeprüfung fand sie in der Katharinenstraße ein Lokal, in dem ohne Marken lediglich Radieschensalat im Angebot war. Damit »stärkte« sie sich und wurde nach ihrem Vorspiel angenommen.

(Ihr Kollege Manfred Zetzsche erzählte mir, dass er in Auerbachs Keller seinerzeit Brennesselsuppe ohne Marken erhalten habe.)

Christa Gottschalk bekam die niedrigste Lebensmittelkartenstufe. Sie meinte, dass sie vor allem ihren Quartiereltern zu verdanken hatte, dass sie nicht verhungert ist. Die gaben ihr beispielsweise immer mal einen Schlag Roggenmehlsuppe.

Von einer Küche in der Deutschen Bücherei holte die Schauspielstudentin gern mit einem Kommilitonen den Metallkübel für das Mittagessen.

Was gab es zu essen?

Erfrorene Kartoffeln. Magerquark. Kohlrübensuppe.

Transportiert wurde der Kübel mit der Straßenbahn und dann ging es zu Fuß bis zur Grassistraße.

Und warum machte sie das gern?

Weil, wer den Kübel schleppte, einen Schlag mehr bekam.

Einmal mussten die Studenten bis zum nächsten Tag eine Rolle lernen. Das war als Training für schnelle Übernahmen am künftigen Theater gedacht.

Christa saß im Schaukelstuhl. Lernte und schaukelte. Vor und zurück. Und war hungrig.

Sie besaß ein Stück Brot und Margarine. Sie hat sich eine Scheibe abgeschnitten und gelernt. Dann noch eine und dabei gelernt, immer wieder den Text repetiert und plötzlich stellte sie fest, dass sie zwar ihren Text gelernt, aber dabei das Brot für die ganze Dekade aufgegessen hatte!

Und nun war für die nächsten zehn Tage noch schmalere Kost angesagt.

Hilfe konnten nur noch die nicht gebrauchten Zigarettenmarken bringen. Sie rauchte nicht und verkaufte sie. Das brachte 80 Mark.

Und für das Geld konnte sie dann auf dem Schwarzmarkt am Hauptbahnhof gerade ein Brot kaufen ...

Der Winter 1946/47 war besonders hart.

Aus zwei dünnen Mänteln wurde ein dünner fabriziert. Christa Gottschalk hat immer gefroren. Auf dem Weg zur Hochschule und an der Haltestelle. Dann kam die überfüllte Straßenbahn. Sie hing draußen an der Bahn und fror wieder. Sie besaß keine Winterschuhe, trug Igelitschuhe. (Da wundert sich der Computer, was das wohl gewesen sein soll, und unterstreicht den Begriff gleich rot!)

Ihre Sommerschuhe hat sie sich selbst gebastelt. Aus einer alten Strohtasche ihrer Mutter. Daraus schnitt sie sich Strohsohlen und hat Flicken drübergesetzt. Das war natürlich kein Schuhwerk für die Ewigkeit... Ihre tägliche Entscheidung war: 20 Pfennig für die Straßenbahn opfern oder durch den Park gehen und dabei die »Schuhe« ablaufen.

Auf den Proben hat sie sich mit ihren Igelitschuhen geschämt.

Manfred Uhlig, der etwas später an ihrer Schule das Studium aufnahm, hat aus dieser Zeit noch einen Zweizeiler im Kopf behalten:

»Grotewohl spricht: »Igelit
hilft bei unserm Aufbau mit!«

Echte Hilfe kam dann von ihrer Mitstudentin Eva Maurer. Sie hat ihr ein Paar Haferlschuhe geborgt. Die waren zwar eine Nummer zu groß, aber sie hat sich damit wie im Himmel gefühlt.

Christa Gottschalk musste einmal als Studentin im Schauspielhaus einspringen. Sie hatte damals lange blonde Haare und trug in jener Rolle ein lachsfarbenes, eng anliegendes Kleid. Sie war schrecklich aufgeregt, ob sie tatsächlich in 24 Stunden den Text »draufhaben« würde. Ihre Kommilitonin Eva Maurer hörte sie ab und half ihr noch während der öffentlichen Hauptprobe mit dem Textbuch in der Hand. Die Premiere war ein großer Erfolg.

Martina Otto war damals die große alte Dame am Schauspiel. Eine jener Schauspielerinnen, die noch mit drrramatischem R sprachen. Sie erteilte nach der Premiere Christa Gottschalk auf ihre Art den Ritterschlag, indem sie in der Runde frrragte: »Werrr ist denn dieserrr Mandelblütenzweig?«

Als Schauspieldirektor Prof. Albert Fischel (der übrigens aus München kam und stolz darauf war, Thomas Mann in »Unordnung und frühes Leid« als Vorbild für den Schauspieler Herzl gedient zu haben) wieder nach dem Westen gegangen war, leitete Karl Kayser eine Zeitlang die Schauspielschule. Eines Tages wurde der Student Manfred Uhlig von ihm bestellt. »Wie haben Sie sich das gedacht?

»Was?«

»Im Elstertal. Mit dem Fasching.«

»Naja, da bin ich Prinz Karneval.«

»Und was habe ich da gelesen?«

»Was haben Sie denn gelesen?«

»Sie wissen nicht, was da draußen auf einem Riesentransparent steht?«

»Nein.«

»Manfred Uhlig, bekannt vom Kabarett der Komiker, Berlin!«

(Als das Kabarett in den zwanziger Jahren berühmt war, wurde Manfred Uhlig gerade geboren.)

Das hatte der Chef des Hauses aus Werbegründen gemacht. Uhlig hatte nicht die geringste Ahnung davon gehabt. Der Chef ging zu Kayser und klärte ihn auf.

Keiner ahnte, dass Manfred Uhlig, einer der drei Dialektiker im »Kessel Buntes«, Jahrzehnte später einer der bekanntesten Komiker der DDR sein würde …

Manfred Uhlig war (und ist!) ein begeisterter Freund des Fußballs.

Mit Herz und Seele Leipziger Chemie-Fan.

Mehr muss in diesem Zusammenhang nicht gesagt werden!

1953 wurde in der DDR die Toto-Sportwette eingeführt. Beim ersten Mal gab es für 12 Richtige 13000 Mark. Sensationell! Für die damaligen Verhältnisse eine unglaubliche Summe!

Uhlig, inzwischen Schauspieler am Elbe-Elster-Theater Wittenberg, verknüpfte also in der folgenden Woche seine gute Kenntnis vom Fußball in der DDR mit einem Wettschein, um die Chance auf eine Finanzspritze angesichts seiner spärlichen Gage zu nutzen.

Am Sonntag ist er auf einem Abstecher, kann aber in der Stunde der Fußballergebnisse am Radio sein. Von Ansage zu Ansage steigt seine Spannung ins Unermessliche, denn es zeigt sich: jedes Ergebnis deckt sich mit seinem Tipp!

Am Schluss wird ihm heiß und kalt, denn er hat tatsächlich 12 Richtige!!!

Der Jubel mit den Kollegen ist groß!

»Onkel Hermann«, der Wirt der Theaterkantine, wird angerufen, der Raum geordert, denn man komme zur Feier! Da sie mit einer Operette unterwegs waren, bedeutete das: Ensemble und Orchester. Ein großes Fest der Freude findet in der Theaterkneipe statt.

Gespannt wartet Uhlig nun auf die Quote. Wie viel tausend werden es dieses Mal sein?

Was wird es für diesen goldenen Tipp geben?

Dann folgte eine eiskalte Dusche: Aufgrund der hohen Zahl richtiger Vorhersagen gab es – selbst für einen Zwölfer! – die stolze Summe von 13,50 Mark.

Absturz ins Bodenlose.

Uhlig musste über Monate bei »Onkel Hermann« knapp 400 Mark für die Feier abstottern …

Und hat nie wieder in seinem Leben einen Wettschein ausgefüllt!

Edwin Dorner, Hans-Robert Wille und Manfred Zetzsche haben 1953 ihrem Kollegen Joachim (»Tomy«) Tomaschewsky einen ganz besonderen Streich gespielt. Dass die Geschichte nicht verlorenging, ist Edwin (»Eddy«) Dorner zu verdanken, der die Fakten zum Glück notiert, und Manfred Zetzsche, der den Text über Jahrzehnte aufgehoben hat.

Die vier saßen nach einer Aufzeichnung in der Kantine des Funkhauses Leipzig zusammen und erfreuten sich an einem »Budweiser«, das wegen der Frühjahrsmesse in jenen Tagen zum Ausschank kam. In diese feuchtfröhliche Stimmung hinein meinte »Tomy«, er müsse jetzt leider gehen, er habe noch etwas Dringendes vor. Der ganze Verein protestierte, aber Tomaschewsky ließ sich nicht beirren, die Sache wäre wichtig. Seine Kollegen zweifelten das an und er musste Farbe bekennen.

Es stellte sich heraus, dass Tomaschewsky einen Schäferhund mit Namen Troll besaß und auch Mitglied im Leipziger Schäferhund-Klub geworden war. Dieser Verein feierte vierzehn Tage später sein 50jähriges Bestehen. Deshalb hatte man ihn als Schauspieler gebeten, einen entsprechenden Beitrag zum Festprogramm beizusteuern. Seit geraumer Zeit suche er nun ein Schäferhund-Gedicht. Zu seinem Leidwesen musste er feststellen, dass es zwar in der Jagdliteratur viele Gedichte über Dackel gebe, aber einen Text über einen Schäferhund habe er noch nicht gefunden. In seiner Verzweiflung war ihm die Idee gekommen, sich an die Deutsche Bücherei zu wenden. Eine Bibliothekarin hatte ihm versprochen, sie würde nach einem Buch suchen, in dem er vielleicht einen Text finden könnte. Dieses Buch würde sie heute an der Ausgabe hinterlegen. Deswegen müsse er nun dringend in die Deutsche Bücherei. Keiner konnte den Zechkumpan abhalten und »Tomy« verschwand.

Der Kollege war noch gar nicht richtig zur Tür hinaus, da meinte einer, wenn es kein Gedicht über einen Schäferhund gebe, ... dann ... ja, dann müsse man eben eins schreiben!

In bierseliger Stimmung flogen nur so die Ideen und Sätze über den Tisch.

Das Gemeinschaftswerk hatte bald fünf Strophen und die Akteure entschieden, den Hund sterben zu lassen, damit sich die Sache nicht gar so in die Länge zog.

Wichtig war vor allem, dass der Text seriös wirkte. Deshalb wurde die Idee verworfen, nach jeder Strophe ein »Wauwau« einzufügen. Das hätte das hehre Anliegen von vornherein diskriminiert. Auch ein Titel war schnell gefunden: Treue.

Das passte gut zur Beziehung zwischen Mensch und Tier.

Dann musste die Frage des Urhebers geklärt werden.

Welcher Dichter könnte solch ein Werk verfasst haben? Es dürfte auch nicht so leicht nachprüfbar sein, ein Gegenwartsautor kam deshalb nicht in Frage. Manfred (»Manni«) Zetzsche schlug schließlich Victor von Scheffel als Autor vor, und um es noch authentischer zu machen, vermerkte man darunter »Erschienen bei Cotta, 1869 in Heilbronn«.

Es musste schon deshalb so echt wie möglich aussehen, weil die Kollegen vom Leipziger Schauspiel generell vor jeglichen Streichen auf der Hut und schwer hereinzulegen waren. Einer der drei Schauspieler las in der Kantine noch einmal den Text vor und das heitere Trio war sehr zufrieden mit der Schöpfung:

»Um dich stets bei Tag und Nacht,
Immer treu steht er auf Wacht.
Tier und Mensch – ein stolzer Bund
Du und Dein Freund, der Schäferhund.

Der Mensch atzt ihn, gibt Trank und Wohnung.
Sein treuer Blick ist ihm Belohnung.
Er dankt es Dir aus Seelengrund.
Er, der deutsche Schäferhund.

Hoch das Gebäud' und breit die Brust,
So steht er da voll Kampfeslust.
Hehre Züchtung tut er kund,
Er, der deutsche Schäferhund.

Sei stolz, o Mensch, auf seine Treue,
die ewig sich bewährt aufs Neue.
Und schlägt ihm einst die Todesstund',
Er bleibt Dir treu, Dein Schäferhund.

Der Tod entband ihn seiner Pflicht –
Das Auge brach, die Treue nicht.
Er schweigt – und liegt im kühlen Grund –
Ein Freund starb Dir – Dein Schäferhund.«

Nun musste schnell gehandelt werden. Dorner wohnte nebenan in der Springerstraße und hat das frisch geschöpfte Werk abgetippt. Dann stieg er in seinen F 8 und fuhr in Richtung Deutsche Bücherei. Da »Tomy« mit der Straßenbahn unterwegs war, wusste Dorner, dass er eher vor Ort sein würde.

An der Ausgabe fragte Dorner, ob für Tomaschewsky ein Buch hinterlegt worden sei. Das wurde ihm bestätigt. Dorner zückte sein Blatt mit »Victor von Scheffels Werk« und meinte zu der Bibliothekarin: »Legen Sie es bitte zu dem Übrigen.«

Die »Treue« wurde zwischen den Seiten des Buches deponiert.

Dorner fuhr zurück in die Kantine und die beiden anderen schworen, niemandem ein Sterbenswörtchen zu verraten.

Etwa acht Tage vor der Feier des Schäferhund-Clubs fragte Dorner völlig harmlos: »Na, Tomy, hast du denn eigentlich in der Deutschen Bücherei etwas gefunden?«

Tomaschewsky antwortete arglos und freudestrahlend: »Ja, stell dir vor, ein wunderschönes Gedicht von Victor von Scheffel. Ich habe es dem Zuchtwart gleich am Telefon vorgelesen und er war sehr beeindruckt, es wäre ihm vor Ergriffenheit richtig ein Schauer über den Rücken gelaufen!«

Dorner berichtete den beiden anderen, wie erfolgreich ihre Dichtung angekommen sei, und sie beschlossen, unbedingt einen Zeugen zu dieser Festivität zu entsenden, damit »Tomy« dann nicht sagen konnte, er habe den Text gar nicht vorgetragen, weil er den Scherz längst durchschaute. Wille und Zetzsche hatten an dem besagten Tag Vorstellung und so ging Dorner mit einem Bekannten in den Festsaal des Leipziger Schlachthofes, wo die Feier stattfand.

Nach der Rezitation, so war mit den anderen ausgemacht, sollte Dorner zu Tomaschewski gehen und ihm sagen: »Tomy, ich gratuliere dir, wir sind aufgeführt!«

Die Festivität stellte sich als eine feierliche Angelegenheit heraus. Alle Gäste erschienen in Gesellschaftskleidung, es wurden Grußtelegramme aus aller Welt vorgelesen.

Schließlich trat Joachim Tomaschewsky ans Mikrofon.

Er schöpfte natürlich als Schauspieler alle seine Mittel aus und so war sein Vortrag entsprechend eindrucksvoll. Nach der letzten Strophe

»Der Tod entband ihn seiner Pflicht –
Das Auge brach, die Treue nicht.
Er schweigt – und liegt im kühlen Grund –
Ein Freund starb Dir – Dein Schäferhund.«

gab es eine nahezu tränenschwangere Stille im Saal und dann hörte man donnernden, nicht enden wollenden Applaus!

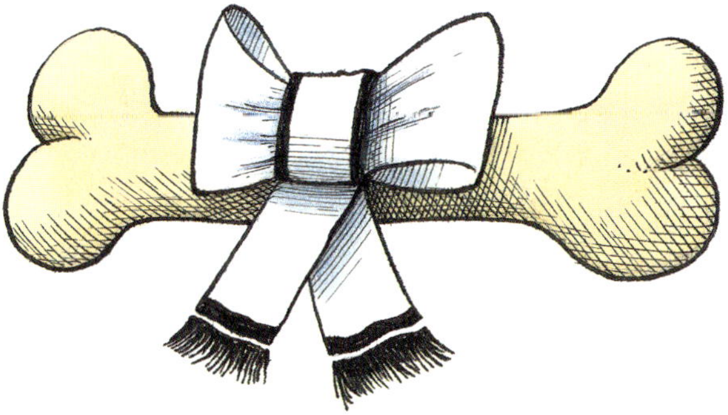

Nach einer angemessenen Pause ging Dorner zu Tomaschewsky, aber er brachte es nicht übers Herz, ihm den mit seinen Kollegen verabredeten Satz zu sagen.

»Tomy« war nach dem großen Erfolg natürlich aufgekratzt und bat die beiden an seinen Tisch. Ein Schwarm von Schäferhundfreunden gratulierte ihm zu diesem beeindruckenden Vortrag. Dorner blieb aber nicht mehr lange, da ihn seine beiden Mitstreiter nach der Vorstellung schon mit großer Spannung erwarteten. Dort verkündete Dorner jubelnd: »Kinder, wir sind aufgeführt!«

Es wurde bis in den Morgen hinein gefeiert.

Dann, zwei Tage später, ging Dorner in die Garderobe von Tomaschewsky. Der saß gerade vorm Spiegel und Dorner sagte nur lächelnd: »Na ... Tomy ... Schäferhundgedicht von Victor von Scheffel ...?!«

Tomaschewsky sah Dorner an und wusste sofort Bescheid. Er wurde blass und beschwor seinen Kollegen: »Das darf im Schäferhundclub n i e bekannt werden! Die bringen mich um! Der Text wird in der nächsten Klubzeitung veröffentlicht!«

Rolf K. war ein liebenswerter Kollege im Schauspielhaus. Er hatte allerdings ein Problem: den Alkohol. Tagsüber bei den Proben lief alles meist noch sehr gut, aber abends kam seine kritische Zeit und »Rolli« wurde allmählich betrunken.

Auf der Bühne schwankte er zwar nicht, hielt sich erstaunlich aufrecht. Allein wenn er die linke Hand in die Hüfte stemmte und seine schönen blauen Augen unverwandt in die Ferne richtete, konnte man ahnen, dass er seinen Eichstrich erreicht hatte.

Rolf K. wurde deshalb auch nicht mehr mit großen Rollen betraut. Unglücklicherweise lagen aber seine kleinen Rollen oft am Ende des Stückes. Verhängnisvoll für ihn … So auch in »Robespierre« von Romain Rolland. Letztes Bild. Die Revolutionäre sind im Hinterzimmer des Konvents gefangengesetzt. Robespierre, von Martin Flörchinger gespielt, sitzt mit verbundenem Kopf an einem langen Tisch – nach der Historie hat ihn ein Streifschuss verletzt. Seine Mitkämpfer stehen in großer Sorge um ihn herum.

Aufruhr hinter der Szene. Glocken läuten Sturm. Man hört vereinzelte Schüsse.

In diese Situation muss Rolf K. hereingestürzt kommen und aufgeregt herunterrattern: »Alles in Aufruhr!!! Sturm auf den Konvent!!! Von achtundzwanzig Sektionen sind vierundzwanzig angetreten …!«

Rolf K. hat wieder sehr lange auf seinen Auftritt warten müssen … die Flügeltür fliegt auf.

Er stürzt einigermaßen geordnet herein, dann steht er am Tisch, stützt den linken Arm in die Hüfte und seine glasigen blauen Augen peilen ein imaginäres Ziel an. Diese Haltung sollte den Kollegen suggerieren: Ich bewahre erst einmal Haltung.

Die hilfreichen Kollegen um ihn herum versuchen ihm flüsternd Text zu liefern. Schließlich kauderwelscht er irgendwelche nahezu unverständlichen Sätze vor sich hin. Allein die »achtundzwanzig Sektionen« sind in seinem Zustand eine unüberwindliche Artikulationshürde und er verstummt schließlich ganz. Die Kollegen setzen mit ihrem Text ein. Der Vorhang fällt.

Als die Schauspieler nach dem Verbeugen ihre Garderoben ansteuern, meint Martin Flörchinger im Gang zu Rolf K.: »Rolli, ich wusste gar nicht, dass du so fließend holländisch sprichst!«

Der Schriftsteller Ferdinand May soll einmal auf die Frage, was er denn als sein bestes Werk ansehen würde, geantwortet haben: »Meine Tochter!«

Dazu hatte er auch allen Grund – schließlich handelt es sich dabei um Gisela May.

Ferdinand May arbeitete eine Zeitlang als Dramaturg am Leipziger Theater. Er hatte die Idee, alle Kulturbeauftragten der Leipziger volkseigenen Betriebe zur Generalprobe von Shakespeares »Maß für Maß« einzuladen.

In dem heiteren Stück gibt es eine burleske Szene im Gefängnis. Der Henker schafft es nicht, den betrunkenen Gefangenen Bernhardino vom Leben zum Tod zu befördern, weil es ihm nicht gelingt, den schwankenden Typen auf dem Block zu positionieren.

Der als Mönch verkleidete Herzog spricht am Ende der Szene auf Bernhardino ein, er solle bußfertig sein.

Das Bühnenbild war so gestaltet, dass Bernhardino eine Leiter zu seiner Zelle hochsteigen musste. Auf halber Höhe drehte er sich um und lallte: »Ihr kriegt mich nicht zum Sterben, am allerwenigsten mit einem Paternoster!«

Er sprach's und verschwand.

Am Ende der Generalprobe forderte Ferdinand May die eingeladenen Gäste auf, ihre Meinung zu dem Stück und zur Inszenierung zu äußern.

Darauf meldete sich einer der Kulturbeauftragten: »Alles sehr scheen. Hadd mir guhd gefallen. Awwr off eens muß ich euch offmergsam machen: Damals hadds noch keene Paternoster gegähm!«

»Wilhelm Tell« im Schauspielhaus.

Der alte Mime Curt Paulus hatte die Siebzig bereits überschritten. Er spielte nur noch die »Wurzen«. So nennt man im Schauspielerjargon kleine Auftritte mit höchstens zwei, drei Sätzen. Der besagte Curt Paulus erfuhr nun noch eine Sternstunde seines Schauspielerlebens. Er durfte wegen Erkrankung eines Darstellers in der Nachmittagsvorstellung den alten Attinghausen geben.

Blenden wir uns in die Szene ein: Attinghausen sitzt in einem Armsessel und ist dem Sterben nahe. In der 2. Szene des 4. Aufzugs endet sein Text mit dem bekannten »Seid einig – einig – einig –«. (Schiller hatte damals noch als Regieanweisung vermerkt: Er fällt in das Kissen zurück – seine Hände halten entseelt noch die anderen gefasst …) Die Szene geht aber danach über einige Seiten weiter, während der Darsteller des alten Attinghausen als »Toter« in seinem Sessel ausharren muss.

Als endlich das Bühnenlicht erlischt, steht Curt Paulus auf, geht im Halbdunkel an der Rampe vorbei und die erste Reihe hört, wie er mit glücklicher Stimme zur Souffleuse Ruth Krenz sagt: »Na, Krenzchen, was sagst du nun? Ooohne Fehler!!!«

Die Souffleuse Ruth Krenz spielt in einigen Anekdoten eine Rolle.

In »Neuland unterm Pflug« spielte Günter Grabbert den Dawydow. In einer Vorstellung fing er einen Satz an und dann fehlte ihm ein Wort. Totalausfall. Pause.

Ruth Krenz rief »Ochse« hinauf. Er reagierte aber nicht etwa empört, sondern freute sich über genau jenes Wort, das ihm fehlte.

Erich G., der manchmal gegenüber den Kollegen auch etwas unwirsch reagieren konnte, also nicht durchgängig beliebt war, hing immer mal mit seinem Text. Da hat ihm eines Tages die unsichtbare Helferin, während sie sich die Fingernägel feilte, aus ihrem Kasten eine deutliche Mahnung statt des fehlenden Textes souffliert: »Ich würd's mal mit Lernen versuchen!«

Christa Gottschalk spielte sich mit vielen großen Rollen in die Herzen des Publikums.

Ihre Garderobiere Nanny wachte wie ein Zerberus darüber, dass sie vor ihren Auftritten die nötige Ruhe hatte. Schauspieler, die neu ans Theater kamen, wurden von ihr folgendermaßen über die Garderobe Nummer 19 instruiert, die sich Christa Gottschalk mit anderen teilte: »Also, ihr müsst hier ganz still und leise vorbeigehen. Hier sitzen die großen nervösen Rollen!«

In »Hamlet« hatte Christa Gottschalk in einer Szene als Königin aufzutreten und zu deklamieren: »Ein Unglück tritt dem andern auf die Fersen. Ophelia ist ertrunken!«

Sie ließ sich jedoch in der Gasse von einer Requisiteurin ablenken, die von ihrem Kind erzählte, und die ebenfalls begeisterte Mutter verpasste – zum ersten und einzigen Mal in ihrem Schauspielerleben – den Auftritt.

Totale Stille auf der Bühne.

Die Kollegen dort warteten noch eine Weile und schieden dann voller Zorn von den Brettern, die die Welt bedeuten. Gottschalk wusste überhaupt nicht, was sie tun sollte. Lähmung. Am nächsten Tag rief sie den Generalintendanten Kayser an und entschuldigte sich für ihr Versäumnis. Kayser sagte zu ihr: »Ja, aber wie erfährt denn nun das Publikum, dass Ophelia ertrunken ist?«

Die Schauspielerin hatte sich inzwischen wieder gefasst, war so schlagfertig wie noch nie und sagte zu ihm: »Ach, sowas spricht sich schon rum!«

Der Schauspieler Kurt Kachlicki war ein toller Typ. Ich sah ihn zum ersten Mal 1962 auf Hiddensee. Wir saßen in einer gemütlichen Kneipe in Neuendorf. Es war ein sonniger Tag. Das Fenster stand offen. Plötzlich radelte ein blonder Bursche ans Fenster, stieg nicht ab, sondern bestellte vom Sattel aus bei der ihm bekannten Serviererin sein Bier.

Das fand ich damals, als 18jähriger, unheimlich lässig.

Die junge Frau reichte ihm das Glas durchs Fenster, er

bezahlte, ein kurzer Schwatz folgte, dann trank Kachlicki das Bier in einem Zug aus und radelte weiter.

Als ich 1965 nach Leipzig kam, traf ich ihn dann immer mal in einer Lokalität und wir kamen auch ins Gespräch. Ich entsinne mich an ihn in einer beeindruckenden Rolle in dem Stück »Der Hund des Generals« von Heinar Kipphardt in den Kammerspielen.

Bei Film und Fernsehen wurde er öfter als Nazi-Offizier besetzt. Unvergesslich ist sein Leutnant Wehnert in »Die Abenteuer des Werner Holt«.

Kachlicki war kein Kostverächter und deshalb erzählte man sich so manche Anekdote über ihn. Probe im Schauspielhaus. »Sturm« von Shakespeare. Der allgewaltige Professor Kayser, der einem Theaterkombinat vorsteht und auch noch Mitglied des Zentralkomitees der SED ist, führt Regie. Kachlicki hat schon ganz schön einen geladen, geht zum Proben der Applausordnung schwankend auf die Bühne. Kayser merkt natürlich, dass sein Akteur schwer angeschlagen ist, und sagt: »Kachlicki, schäme dich!«

Darauf entgegnet ihm der Mime: »Wieso ich? Ich hab doch die Inszenierung nicht gemacht!«

Manfred Zetzsche meinte über Kachlicki: »Er war ein Gaukler«; und sein Kollege Hans-Jürgen Silbermann nannte ihn »einen begnadeten Schauspieler«. Friedhelm Eberle fühlte sich Kachlicki sehr verwandt, was dessen Lebensauffassung betraf, quasi auch dessen Leichtigkeit des Seins. Er spricht noch liebevoll von »Kurtl«, schränkt aber ein, dass es dann mit ihm unter Alkohol problematisch wurde und sich das auf die Vorstellungen auswirkte. Eberle erinnert sich an einen Abend im Kellertheater: »Wenn er etwas mehr getrunken hatte als normal, dann musste ich vielfach seinen Part mit übernehmen.«

Aber ich will Ihnen noch Geschichten mit Professor Karl Kayser erzählen. Ihn hatte quasi Walter Ulbricht zum Professor gemacht. Kayser hatte, bezogen auf die Zeit vor 1945, wie Zetzsche meinte, »nichts vorzuweisen, keinen Widerstand in der Nazizeit. Er hatte keine antifaschistische Biografie.«

Kayser hatte die Kunstgewerbe- und Schauspielschule Leipzig besucht, war im Krieg Feldwebel in der Luftwaffe gewesen. Nun wollte er dem System beweisen, was er für ein guter Genosse sein konnte.

Vermutlich war es ganz einfach: Schauspieler, die er mochte, die hatten es gut bei ihm. Die anderen hatten Probleme, entsprechende Förderung und Rollen zu bekommen.

Friedhelm Eberle sieht ihn anders als Hans-Jürgen Silbermann (»... ein mäßiger Schauspieler und kein guter Regisseur«). Eberle meinte: »Ich kann über Kayser nichts Böses sagen. Ich konnte mir ihm gegenüber viel erlauben und habe mir auch viel erlaubt, aber man musste standfest sein. Er liebte die bedingungslose Auseinandersetzung. Wenn man da mithalten konnte, kam man sehr gut durch.

Ich habe mit ihm ›Hamlet‹ gemacht, wo die Türen flogen, weil ich mit dem Totenkopf nicht spielen wollte, wie es ihm vorschwebte. Die Probe wurde vorzeitig beendet. Er konnte einen schon ganz schön knechten. Zum Beispiel auch im ›Faust‹ in der Szene, die in Auerbachs Keller spielt. Da hat Faust nur zwei Sätze zu sagen. Und die hat er mich 150 000 Mal sagen lassen! Ich hatte Riesenmonologe und hier ging es um zwei Sätze! Aber später habe ich begriffen, er wollte verhindern, dass ich sage, hier habe ich nicht viel zu tun und mache mir einen ruhigen Vormittag. Das konnte er auf den Tod nicht ausstehen!

Als Mephisto Faust einschläfert, hörte ich, wie er mit dem Assistenten flüsterte, ungefähr: ›Und hier lassen wir ein paar Tänzerinnen auftreten, die kriegen dann solche Schweineköpfe auf …‹ Da dachte ich, um Gottes willen, das wird ja furchtbar, und ich fragte ganz harmlos: ›Was träumt denn Faust hier eigentlich‹? … Natürlich war diese Frage von mir provokatorisch gestellt. Da habe ich von ihm einen dreiseitigen Brief bekommen. Wenn ein Darsteller den Faust spielen will und solch eine dumme Frage stellt, dann müsse er sich überlegen, ob er mich nicht umbesetzt, weil er sich nicht vorstellen kann, dass meine Potenz für die Rolle, also Faust 1 und 2, ausreichen würde. Dann kam ich zur Probe und fragte: ›Na, und?‹ … ›Na, wir probieren weiter.‹ Mit dem Erfolg, dass in der Einschlafszene zum Glück nichts passierte. Und das war ja meine Absicht gewesen, nicht dass dort sozusagen die Konzert- und Gastspieldirektion noch ein Programm abzog.«

Friedhelm Eberle erinnert sich auch noch an einen Kollegen, mit dem er sich damals besonders gut verstand: »Ich hatte einen Kollegen, den Kayser aus Halle holte: Heinz Gothe. In Halle hatte er große Rollen gespielt und hier in Leipzig wurde er von Kayser geknechtet. Gothe hatte ein unglaubliches Talent, Verse und Sprüche zu schmieden – bis hin zu anrüchigen Wirtinnen-Versen.« Deshalb schrieb er auch über sich selbst:

»Und Kollege Gothe zeigt,
wie man eine Zote geigt.«

Eberle meinte: »Gothe brachte mir manchmal jeden Abend einen neuen Vers mit.«

»Wer Stimmgewalt bei Kayser heuchelt,
todsicher bald sich heiser keuchelt.«

Und wegen dieser Verse, die Kayser von Zubringern zur Kenntnis gebracht wurden, war der »Chef« – wie er von den

Schauspielern genannt wurde – dem Gothe nicht gewogen, bekam er nur kleinste Aufgaben und konnte sein Können überhaupt nicht mehr zeigen.

Als im Schauspielhaus der »Wilhelm Tell« geprobt wurde, dichtete Heinz Gothe:

»Was macht Tell
kulturell
hier bei uns so aktuell?
Leut' aus Schleiz
und aus Greiz
haben Sehnsucht nach der Schweiz.«

Während Kayser im Schauspielhaus Shakespeares »König Lear« probte, inszenierte Herz in der Oper gerade den »Ring des Nibelungen«. Gothes kurzer Kommentar dazu:

»Der Lear geht in die Kunstwelt ein,
als Ring, der nie gelungen.«

Als Shakespeares »Sturm« inszeniert wurde, ging es in Gothes Versen um besondere Effekte mit der Hydraulik:

»Herrlich ist der Tick Tick Tick
Mit der Hydraulik lik lik.
Wie sie hebt, wie sie senkt,
wie sie ab von Shakespeare lenkt.«

Der Leipziger Kayser war zwar von 1946 bis 1950 als Schauspieler tätig gewesen, sprach aber trotzdem noch Dialekt. Da entstand ein Problem, als ins Haus eine Kollegin Gohde kam:

»Seit die Kollegin Gohde
Sich tummelt hier im Haus,
spricht er den Namen Gothe
verblüffend richtig aus.

He Gothe! tönt's da wieder …
O Schreck! Was will der Freund?
Bleibt ruhig, morsche Glieder!
D i e Gohde war gemeint.

Das harte t hat Gothe,
das weiche d hat sie!
Die vorgeschrieb'ne Note,
die schafft mei Sachse nie!

Er tat mich Gode nennen,
das passte gut zu ihr,
jedoch – man möchte flennen:
er spricht nicht mehr mit mir …«

Hans-Jürgen Silbermann bekam ein Angebot für einen siebenteiligen Fernsehfilm – 100 Drehtage! Da lacht das Herz eines Vollblutschauspielers. Kayser lehnt das ab. Silbermann könne da nicht mitspielen, denn er bekomme eine durchgehende Rolle im »Wallenstein«. Die Rolle besteht allerdings mehr darin, dass er sie durchs t e h t – nämlich als Soldat neben einem Zelt …

Als er darauf verweist, dass es sich hier doch um Statisterie handeln würde, bekommt er von Kayser Text geliefert. Zweimal muss er »Heda, wer da?!« rufen.

Das will erst mal gelernt sein!

Als mein Sohn Sascha noch auf der Bühne des Schauspielhauses arbeitete, hörte er einen Streit zwischen zwei Bühnenarbeitern mit, der in dem Vorwurf gipfelte: »Du bist so geizig! Wenn du mal gestorben bist, da würdest du dich am liebsten nur halb eingraben lassen, damit du die Grabpflege noch selber machen kannst!«

2008 hatte mich der Sprachrettungsklub Bautzen zu einer Lesung eingeladen und mir die Ehrenmitgliedschaft angetragen. Ich nahm mit Freude an und hatte im Theater danach eine Begegnung mit einer Schauspielerin, die noch von Detlef Sierck am Alten Theater Leipzig ausgebildet worden war. Frau Zimmermann saß zwar mit 99 Jahren inzwischen im Rollstuhl, war aber geistig absolut fit. Mir imponierten auch ihre gepflegten manikürten Fingernägel. Wer in d e m Alter noch auf so etwas Wert legt, der zeigt Stil.

Nach dem verheerenden Bombenangriff auf Leipzig im Dezember 1943 war sie in meine Heimatstadt Zwickau gezogen. Dort hat sie mich als Sechsjährigen gesehen und glaubt sich auch noch daran zu erinnern! Schon deshalb, weil Frau Löffler, eine Kollegin vor ihr, bei uns im Haus wohnte und ich sie natürlich immer besonders artig grüßte.

Als ich 1950 in die Alfred-Leuschke-Schule kam, war Frau Zimmermann nicht mehr am Theater tätig, sondern arbeitete wegen ihrer Kinder stundenweise in der Essensausgabe im Keller des Gebäudes. Dort bekam ich also von ihr auch Brote geschmiert und die Grießsuppe in mein Aluminium-Essensgefäß geschöpft. Sie hatte meine Kindheitserinnerungen »Magermilch und lange Strümpfe« gelesen, sich an vieles erinnert und freute sich riesig, mit mir über jene Zeiten zu plaudern.

Die ehemalige Schauspielerin sagte mir, dass sie noch Schiller-Balladen und auch Texte aus ihrer Leipziger Schauspielzeit am Alten Theater über die Jahrzehnte im Kopf behalten habe.

Während ich staunte, dass da noch so viel gespeichert ist, zeigt sie auf ihren Hinterkopf und zieht das lakonische Fazit: »Das kommt einfach von hinten nach vorn und dann isses da!«

Peter Sodann erzählte mir aus seiner Studentenzeit, dass man in besseren Restaurants in Leipzig mitunter kein Bier ausgeschenkt bekam, es sei denn, man bestellte ein Herrengedeck – also Sekt mit Pils.

Diese Getränkekombination war natürlich für Studenten unerschwinglich. Ein befreundeter Kellner löste für Sodanns Truppe das Problem auf folgende Weise: Er brachte jedem ein frisch gezapftes Pils und stellte einfach eine leere Sektflasche auf den Tisch.

Zum 1961 verbotenen Studentenkabarett »Rat der Spötter«, dessen Chef Sodann war, gehörte auch der Medizinstudent Karl-Eugen Ruckhäberle. Wegen seines blendenden Aussehens von jungen Damen und Herren auch »Don Carlos« genannt.

Als er sich als Arzt für das Fachgebiet Gynäkologie entschied, nannten ihn seine Freunde fürderhin »Rockheberle«.

Zum 50jährigen Jubiläum der Leipziger »Pfeffermühle« hatten mich die Kollegen der Brettlbühne um eine Rede gebeten. Dem kam ich gern nach, da wir jungen »academixer« seinerzeit zu unseren großen Kollegen voller Respekt aufschauten. Wir lernten von ihnen, dass das Wort und seine Doppelbedeutung Dreh- und Angelpunkt eines Textes ist. Und dass jene Sätze wichtig sind, die im Kopf des Zuschauers zu Ende gedacht werden.

Manchmal hat die »Mühle« auch den doppelten Boden verlassen und die Dinge zu direkt formuliert. Dies wurde dann mit Verboten bestraft, zum Beispiel 1979.

Das Programm »Wir können uns gratulieren« war offiziell als Beitrag der »Pfeffermühle« zum 30. Jahrestag der DDR gedacht. Natürlich als kritischer Beitrag. Nach zehn Vorstellungen konnten sich die Pfeffermüller zur Absetzung des Programms gratulieren. Und abgesetzt wurden außerdem der Direktor der »Pfeffermühle«, der Stadtrat für Kultur und die Sekretärin für Kultur der SED-Stadtleitung.

Sie hatten es alle an der entsprechenden Wachsamkeit fehlen lassen.

Die folgende Geschichte ist ein Beleg dafür, dass man mit etwas Begabung auch aus nichts etwas machen kann.

Rolf Herricht, der in der DDR sehr beliebte Schauspieler und Humorist, drehte in Leipzig den Film »Geliebte weiße Maus«. Nachdem er – in seiner Rolle als Polizist – stundenlang bei den Dreharbeiten auf einer Kreuzung vor dem Hauptbahnhof den Verkehr hatte regeln müssen, war endlich alles im Kasten. Auf dem Fußweg sprach ihn ein älterer Herr an: »Herr Herricht, was drehen Sie denn hier?«

Herricht war einfach nur müde und abgespannt und murmelte mürrisch: »Einen Film.«

Am nächsten Tag stand auf der Lokalseite der »Leipziger Volkszeitung« der folgende Text.

»Unser Volkskorrespondent meldet: Gestern traf ich zufällig den beliebten Schauspieler Rolf Herricht bei Dreharbeiten vor dem Hauptbahnhof. In einem Interview antwortete er auf meine Frage, was er hier drehe, in seiner unvergleichlichen augenzwinkernden und humoristischen Art: ›Einen Film!‹«

Auf einem Empfang sagte uns »academixern« beim Bier ein Parteifunktionär, dass er schon zwei Parteistrafen wegen Kabarett bekommen habe. Er meinte: »Kunst im Sozialismus ist immer Akrobatik, aber Kabarett ... das ist Hochseilartistik.«

Jürgen Hart erzählte uns eines Tages, dass er am Morgen missvergnügt auf seinem Bett gesessen habe und seine Augen durch den Raum schweifen ließ. Er fand und fand nicht das Gesuchte, bis er sich schließlich dabei ertappte …, dass er nach seinem dritten Pantoffel fahndete!

Während der Lachmesse besuchte Jürgen Hart die Vorstellung eines Amateurkabaretts. Nach der Vorstellung bestürmten ihn die jungen Leute, wollten hören, was er zu ihrem Programm zu sagen hatte, und sich beraten lassen.

Jürgen holte tief Luft und meinte zu ihnen: »Jungs, ich kann euch zu dem Programm gar nichts sagen. Ich mache Kabarett.«

1996 fand im Gewandhaus zu Leipzig die Bambi-Verleihung statt. Die Promis wurden mit einem Leih-Mercedes vor das Konzerthaus gefahren. Wolfgang Stumph lehnte das ab und hatte für sich einen Trabi – der Fahrer mit Mütze und weißen Handschuhen – durchgesetzt. Damit irritierte er die gesamte »Protokollstrecke«. Die am Rande stehenden Polizisten versuchten ständig, die unpassende »Rennpappe« zwischen den noblen Schlitten herauszuwinken.

Aber »Stumpi« sagte sich: »Go, Trabi, go«, und schaffte es.

Nach einer Lesung im Haus des Buches zu Ehren des leider viel zu früh gestorbenen Zeichners Manfred Bofinger kam ich mit dem Schauspieler Axel Prahl ins Gespräch. Meine Freunde und ich dachten übrigens alle, dass er aus dem Osten stamme. Er wirkt – vielleicht durch seine kumpelhafte Art – wie »einer von uns«, ist es aber nicht.

So kann man einem Klischee aufsitzen.

Prahl ist jedenfalls im Osten sehr beliebt, die »Halbe Treppe« von Andreas Dresen hat da viel Anteil, aber vor allem auch seine vielen Fernsehrollen. Er ist halt ein Typ, setzte auch im gut temperierten Raum seine Strickmütze nicht ab.

Prahl erzählte, dass er durch Leipzig flaniert sei und sich dabei das Schaufenster eines Klamottenladens näher betrachtet habe. Daraufhin sei die Verkäuferin in die offene Tür getreten, habe ihn angelächelt und gesagt: »Ich kenn Sie doch …«

Er, wissend, was nun kommt: »Das kann schon sein …«

»Woher kenne ich Sie denn …?«

»Naja … wahrscheinlich aus dem Fernsehen …«

Die nimmt das als Spaß: »Quatsch, Fernsehen! Woher kenne ich Sie denn?«

Dem Schauspieler ist das nun auch wieder nicht recht, dass sie ihm das nicht abnimmt, und er erklärt etwas vehementer: »Doch! Sie kennen mich aus dem Fernsehen!«

»Nein, jetzt weiß ich es …«, vermutlich erinnert sie die Strickkappe an einen Mann: »Sie haben bei uns schon mal Fenster geputzt!«

Im Programm »Das wird nie was« mit meiner Kollegin Katrin Weber gibt es eine Szene, die im Kaffeehaus spielt.

Wir stellen ein Ehepaar dar, das sich nicht mehr viel zu sagen hat und immer mal vor sich hin schweigt. Parallel fassen wir nach den Tassen und trinken imaginär Kaffee. Als die Frau anschließend einen Anruf auf dem Handy bekommt und gerade »Ach, Sabine, du bist's!« sagen will, entweicht bei »Ach« ohne Ankündigung die beim »Trinken« geschluckte, angestaute Luft plötzlich als ein bierkutscherähnlicher lauter Ton!

Katrin ist total erschrocken und schockiert! Sie schaut mich entgeistert an.

Unser Publikum weiß natürlich, dass solche Töne auf der Brettlbühne nicht unserem Stil entsprechen.

Nach einer kurzen, fassungslosen Pause brechen Katrin und ich, unsere drei Musiker und das Publikum in schallendes Gelächter aus.

Katrin fasst sich als erste und meint, sich kurz umsehend und nun wieder völlig in der Rolle der Ehefrau: »In dem Lokal können wir uns ja nie wieder sehen lassen!«

Küf Kaufmann kam aus dem fernen Sankt Petersburg mit seiner Familie nach Leipzig.

Zu Sowjetzeiten hatte er in der damaligen Leningrader Music Hall als Regisseur gearbeitet.

Das erste, was er bei einem Bummel in Leipzig wiedererkannte, war das frühere Reichsgericht. Das hatte er in der Schule als Foto im Geschichtsbuch gesehen, als der Reichstagsbrandprozess behandelt wurde. Der Bau erinnerte ihn gleich an die Monumentalgebäude in Sankt Petersburg.

Da er in unserer Stadt niemanden kannte, ging er in den Zoo. Auf dem Heimweg kam er an einem Haus vorbei, an dem ein Schild mit einem Davidstern hing: die Israelitische Religionsgemeinde zu Leipzig. Er klingelte und lernte den Vorsitzenden Aron Adlerstein kennen. Der fragte ihn, was er von Beruf sei.

»Regisseur«.

»Einen Regisseur brauch ich nicht, ich brauch einen Gärtner für den Friedhof.«

Küf wurde trotzdem Mitglied in jener Gemeinde.

Und ist nun schon seit Jahren der Vorsitzende.

Musica, du holde Kunst

Von Komponisten, Dirigenten, Lehrern, Musikern und Freunden der Musik

Es ist nicht hochgestapelt, wenn man sagt, dass Leipzig in Deutschland (bei allem Respekt für Dresden oder München) die Musikstadt ist. Viele deutsche Komponisten von Rang wirkten eine Zeit in Leipzig. Von Bach bis Mendelssohn. Von Schumann bis Lortzing. Von Mahler bis Reger. Orchester, Chöre und Solisten aus aller Welt kommen bis zum heutigen Tag in die sächsische Stadt. So ist es völlig logisch, dass es viele Musikeranekdoten gibt.

Die Gewandhauskonzerte fanden zu allen Zeiten großen Anklang. Aber auch die Musik liebenden Leipziger, die normalerweise in die Konzerte strömen, hatten hin und wieder einen Durchhänger. Zum Beispiel 1785, als Mozart ein Konzert im Gewandhaus gab. (Im ersten, leider 1894 abgerissenen, da steht heute das Städtische Kaufhaus). Und dieser Abend war bedauerlicherweise so schwach besucht, »... dass kaum einige Thaler über die Kosten einkamen«.

Wenigstens waren Mozart keine Hotelkosten entstanden. Er wohnte beim Kantor Doles in der Thomasschule (leider abgerissen, da steht heute das Predigerhaus), der ihm freundlich Quartier angeboten hatte. Bei dem beschwerte er sich, wie das Orchester seine Kompositionen spielte: »Da glauben sie, durch die Schnelligkeit soll es feuerig werden! Ja, wenn das Feuer nicht in der Composition steckt, durch Abjagen wird's sicher nicht hinein gebracht.«

Der Konzertsaal, in dem Mozart dirigiert hatte, befand sich über den Tuchböden des Gewandhauses am Alten

Neumarkt. Er war 1781 mit 500 Plätzen eingeweiht worden. Und dieses Haus gab dem berühmten Orchester auch seinen Namen. Die angrenzende Gasse am heutigen Städtischen Kaufhaus heißt seit jener Zeit Gewandgäßchen. Der Zusammenhang ist den Leipzigern wenig bekannt. Da habe ich schon Taxifahrer in Verlegenheit gebracht, wenn ich dieses Ziel angab. Der Mann am Steuer fuhr dann erst mal aus der Südvorstadt los Richtung Innenstadt. Wenig später sah ich förmlich, wie es hinter seiner Stirn arbeitete und nach einer Weile kam dann die zögernde Frage: »Saachnse ma … das Gewandgäßchen … wo war das glei?«

Um Bescheid zu wissen, muss man sich schon etwas in der Geschichte Leipzigs auskennen, da sich dieses Gäßchen weder am heutigen noch an dem im Krieg zerstörten Gewandhaus im Musikviertel befindet.

In jenem ersten Konzerthaus dirigierte nun Felix Mendelssohn Bartholdy am 4. Oktober 1835 sein Antrittskonzert. Im August war er nach Leipzig gekommen, um seine Stellung als Musikdirektor des berühmten Orchesters anzutreten. Natürlich herrschte in den musikalischen Kreisen große Aufregung. Man wusste ja schließlich, dass Goethe den Zwölfjährigen bereits in einem Gedicht gepriesen hatte, dass er schon mit 19 Jahren die Ouvertüre zum »Sommernachtstraum« geschrieben hatte und vieles mehr.

Im »Leipziger Raritäten-Cabinet« von 1858 ist noch ein besonderer Grund genannt, der für ihn einnahm: »Zu all diesen Vortheilen kam noch ein Umstand, der sich in einer Handelsstadt besonderer Gunst erfreut: Mendelssohn war begütert, er war der Sohn eines reichen Berliner Bankiers. Das frappierte, das nahm noch ganz besonders bei vielen materiell Gesinnten für ihn ein. Man konnte sich gar nicht vorstellen, daß ein Genie, ein deutscher Tonsetzer über Geld gebiete …«

Die meisten Genies waren doch seinerzeit arme Schlucker. Hungerleider. Allein Mendelssohn war nicht nur wohlhabend, sondern auch noch schön und ein Mann von Welt. »Geistreiche muntere Rede floß über die feingeschnittenen Lippen und wenn seine zarte Hand die Tasten des Pianos berührte, wenn er sein schönes Auge erhob und das glänzendschwarze Lockenhaar die hohe Stirn umwogte, dann schlug ihm wohl so manches Frauenherz in der Gluth heißungebändigter Liebe entgegen.«

»Heißungebändigte« Liebe haben wir nicht mehr im Wortschatz, die ist uns abhanden gekommen. Jedenfalls mühten sich diverse erste Familien Leipzigs um ihn und er konnte sich vor Einladungen kaum retten. Mendelssohn musste sich oft Ausreden einfallen lassen, die in Briefen überliefert sind. »Bald schützt er ein Unwohlsein vor, bald heißt es, sein Arzt habe ihm heute Abend ein Dampfbad zu nehmen verordnet oder er habe Besuch aus England bekommen, der ihm leider das Vergnügen raube, heute in der Familie zu erscheinen, die er so hoch schätze u.s.w.«

Es wurde vielfach orakelt, welche Tochter der Leipziger Kaufmannswelt denn nun wohl die Auserwählte sein würde. Eine Katastrophe war dann die Information, dass er in ein Kurbad fahren würde, lauerten doch dort Gefahren in Form unbekannter schöner Frauen. So wurde tatsächlich versucht, über seinen Arzt den Aufenthaltsort herauszufinden, um dorthin zu fahren und ihm »zufällig« zu begegnen.

Als er am 2. Oktober 1836 die Gewandhauskonzerte mit der Ouvertüre zu »Leonore« eröffnete, drängte sich die Damenwelt wieder in seine Nähe. »In den Gewandhausconcerten einen Sitz in der Nähe des Pultes zu erhalten, wo er dirigirte, dafür kämpften manche Damen wie die Spartaner und Leonidas bei den Thermopylen.«

Nicht nur das Orchester musizierte, schon ein Wort aus seinem Munde war Musik für die Ohren der Damen; eifersüchtig wurde beobachtet, mit welcher Schönen er ein paar freundliche Sätze wechselte.

Und dann kam der Schock!

Die Auserwählte war gefunden! Jedoch nicht in Leipzig, sondern in Frankfurt am Main. Sie hieß Cécile Jeanrenaud und war die Tochter eines reformierten Predigers. Wie der Blitz aus heiterem Himmel traf das die hoffenden Töchter wohlhabender Familien in der Messestadt. Und nun wurde auch noch bekanntgegeben, dass das letzte Gewandhauskonzert des Jahres 1836 an einem Montag stattfinden würde.

Montags?! Ein Gewandhauskonzert?!

Das hatte es in hundert Jahren noch nie gegeben! Musiziert wurde immer (bis heute) am Donnerstag.

Die Direktion hatte dem Wunsch Mendelssohns entsprochen, denn – die Sehnsucht trieb ihn zu seiner Cécile nach Frankfurt!

Das letzte Stück an jenem Montag hatte das Concertdirectorium »fein und sinnig« ausgewählt. Das Finale aus »Fidelio«, das programmatisch für Mendelssohns Seelenzustand war und wo es im Schlusschor heißt: »Wer ein holdes Weib errungen, stimm' in unsern Jubel ein!«

Nun ließen sich schließlich auch die Konzertbesucher mitreißen, akzeptierten seine Wahl und ein Beifallssturm tobte durch das Haus!

Hochinteressant ist die Sicht Mendelssohns auf die Messe- und auf die Hauptstadt.

Seinem Freund Carl Klingemann schreibt er am 15. Juli 1841: »Noch ein curioses Missverständnis ist in Hinsicht des Vergleiches der beiden Städte Leipzig und Berlin. Du glaubst ... hier in Leipzig sei die Bequemlichkeit, das Hausvaterleben, die Abgeschlossenheit, dort das öffentliche

Wirken in und für Deutschland, die Tätigkeit für andere etc. Es ist wahrhaftig gerade umgekehrt.«

Diese Feststellung bleibt vom Autor aus der stolzen Bürgerstadt Leipzig unkommentiert.

Wir begeben uns nun einmal in die zweite Hälfte des 19. Jahrhunderts. In jener Zeit wirkte am Gewandhaus der Konzertdiener Griel. Er war ein pflichttreuer, allerdings etwas hanebüchener Typ. Ihm war das Öffnen der Tür nach dem Orchesterpodium anvertraut, wenn dies Künstler zum Solospiel betreten sollten. Eines Abends erschien dort völlig verunsichert die Flötenvirtuosin Karoline Przyrembel aus Warschau. Sie hielt ihr Instrument in der zitternden Hand und sagte: »Ich bin nicht möglich, ich sehr krank, kann nix spielen.«

Außer Griel war niemand vor Ort, der die ängstliche Polin hätte ermutigen oder beruhigen können. Der machte aber kurzen Prozess und schob die Künstlerin mit dem kategorischen Satz »Un geblasn werd!« auf das Podium.

In jener Zeit belauschte ein Konzertbesucher das Gespräch zweier Komponisten in der Pause:

»Componire nur erst ein Werk, das durchschlägt, das Furore macht, dann kannst du Schund bringen, wie du willst, es geht alles.«

»Da hast du Recht. Sieh! Schund wollte ich schon bringen, da ist mir gar nicht bange, aber nur am ersten Werke, welches einschlägt, das Furore macht – daran hapert's!«

Der Cellist Julius Klengel wurde schon 1876 als 17jähriger Mitglied des Leipziger Gewandhausorchesters. Von 1881 bis 1924 wirkte er dort als Solocellist und war in der ganzen Welt geschätzt. Kritiker nannten ihn den »Paganini der Cellisten«.

In einem Zeitungsartikel schreibt er über verschiedene Begegnungen, über seine künstlerische Entwicklung, wie viel er dem Gewandhauskapellmeister und Komponisten Carl Reinecke zu verdanken hatte. Der verhalf ihm auch zu seinem ersten »solistischen Auftritt« in jenem berühmten Konzertsaal.

»›Klengel, wollen Sie heute Abend Frau Clara Schumann die Noten umblättern?‹

›Selbstverständlich!‹

›Also schön! Sie spielt das Konzert ihres Mannes. Aber Sie wissen doch: bei jeder Seite aufstehen und mit der *linken* Hand *über* die Noten hinwegfassen!‹«

Der Abend des Konzertes kam heran.

»Als ich neben Frau Schumann auf dem Podium Platz genommen hatte, flüsterte sie mir zu: ›Ach, Herr Klengel, nicht wahr, Sie stehen nicht auf beim Umblättern, das stört mich. Fassen Sie mit der *rechten* Hand *unter* den Noten vorbei.‹«

Klengel geriet in arge Not, denn er musste sich natürlich nach Clara Schumann richten, und der ahnungslose Reinecke schickte ihm »ermahnende, dann wütende Blicke« und wollte »durch lautes Aufklopfen mit dem Taktstock auf meinen Fehler aufmerksam machen …«

Dabei hatte der brave Bursche doch alles richtig gemacht!

Der bedeutende Musiker berichtete auch über eine Begegnung mit Brahms. Eines Tage kam der Komponist zusam men mit d'Albert und meinte: »Klengel, Sie wissen, vom Cello verstehe ich nichts. Jetzt spielen Sie mir mal das Schwerste vor, was es für Cello gibt.«

Der Cellist zeigte sein ganzes Können, um die Herren ordentlich zu beeindrucken.

»Schön«, sagte Brahms, »nu spielense mir mal das!«

Und er legte dem Musiker den Cellopart seines Doppelkonzertes auf das Pult.

Vonwegen »von Cello verstehe ich nichts!«

Klengel musste Brahms sagen, dass er so etwas Schweres noch nicht einmal g e s e h e n hatte, geschweige denn je gespielt.

Der Gewandhausmusiker erinnert sich: »Brahms schätzte d'Albert bekanntlich sehr hoch ein als Interpreten seiner Klavierwerke. Aber die Geschwindigkeit, mit der dieser seine Frauen, die übrigens fast alle in unserem Hause zu Gast waren, zu wechseln pflegte, missbilligte er sehr. Als d'Albert wieder einmal geheiratet hatte und seine neue Gattin Brahms vorstellen wollte, winkte der ab mit den Worten: »Ach, lassense mal, die überspring' ich!«

Ein russischer Solist namens Wierzbilowic war nach dem Konzert des Gewandhausorchesters noch Gast im Hause Klengel. Es stellte sich heraus, dass er über alle Maßen abergläubisch war. Plötzlich schrak er zusammen, wurde ganz bleich und sagte zu seinem Gastgeber: »Wir sind dreizehn. Ich bin zuletzt zur Tür hereingekommen. Ich muß sterben!«

Klengel beruhigte ihn, dass er als Hausherr ihm an der Tür bestimmt den Vortritt gelassen habe und damit keine Gefahr für ihn bestünde. Der Russe brauchte einige Zeit, um sich endlich zu beruhigen.

Diese Geschichte erzählte der Cellist in einer Gesellschaft dem neben ihm sitzenden Musiker David Popper. »Er zählte heimlich und flüsterte mir zu: ›Entsetzlich, wir sind wieder dreizehn! Aber bei uns muß der sterben, der zuerst vom Tisch aufsteht!‹ Und er sagte zu seinem Nachbarn: ›Ach, junger Mann, würden Sie mir bitte meine Zigaretten aus der Manteltasche holen?!‹«

Als Lehrer am Konservatorium der Musik erteilte Klengel natürlich auch Privatunterricht. Die Herren Dozenten renommierten gern voreinander mit den erzielten Honoraren. Professor Julius Klengel seufzte einmal: »Oh, ich habe sogar Privatstunden zu fünfzig Mark! Bloß – es nimmt sie keiner.«

In einer Probenpause begegnete Klengel in der Toilette einem jungen Kollegen, der gerade im Gewandhausorchester angefangen hatte. Ehrerbietig grüßte der Jüngere den weltbekannten Musiker, der den Neuling salopp instruierte: »Merken Sie sich, junger Mann, dies hier ist der einzige Ort, wo sich ein junger Musiker etwas herausnehmen darf.«

Professor Julius Klengel machte sich auch als Komponist einen Namen. Die Arbeiten wurden nicht von Anfang an akzeptiert und so bezeichneten böse Zungen seine Stücke als »Leipziger Luft«. Als er sich am Tegernsee von einer Krankheit erholte, sprach ihn Professor Davisson, Violinlehrer und später Direktor am Konservatorium, auf sein Komponieren an. Er wusste, wie sehr Klengel das Lebensbedürfnis war. Deshalb forderte er ihn auf: »Schreib doch mal ein Doppelkonzert.«

Als sie sich im Herbst an der Hochschule trafen, meinte Klengel zu ihm: »Es is fertig.«

»Was ist fertig?«

»Nu, das Doppelkonzert, das du bei mir bestellt hast.«

Auf dem ersten Blatt stand: »Meinem lieben Freund Walther Davisson, wenn er's haben will und 's annimmt.«

Das technisch schwere Stück wurde im Gewandhaus uraufgeführt.

Beim ersten Hören meinte Furtwängler an einer Stelle: »Das ist aber eine feine Stimmungskiste, Herr Klengel.« Bei einer Probe in Köln applaudierte das Orchester spontan nach dem ersten Satz und Abendroth meinte: »Das ist aber wirklich ein famoses Stück.«

Daraufhin stand Klengel auf und meinte lakonisch: »Wer sagt Ihnen denn, dass arme Leute keine Kinder kriegen.«

Ohne gute Zigarre konnte man sich den Musiker gar nicht vorstellen. Deshalb dichtete eines Tages Max Reger:

»Nie hört' ich stimmen den Klengel
Ohne den glimmenden Stengel.«

Arthur Nikisch war ein außerordentlich beliebter Gewandhauskapellmeister. Eventuelle »dämonische Künstlerleidenschaften« sah man diesem begnadeten Musiker gern nach. Man nannte ihn nicht umsonst den »Magier des Taktstockes«.

In einem Kaffeehaus wurde Nikisch am Tisch damit konfrontiert, wie viel Nerven es einen normalen Musikinteressenten kosten würde, endlich einmal Karten für die immer ausverkauften Konzerte des Gewandhausorchesters zu bekommen. Nikisch meinte gelassen dazu: »D i e Sorge habe ich zum Glück nicht – mein Stehplatz ist mir sicher!«

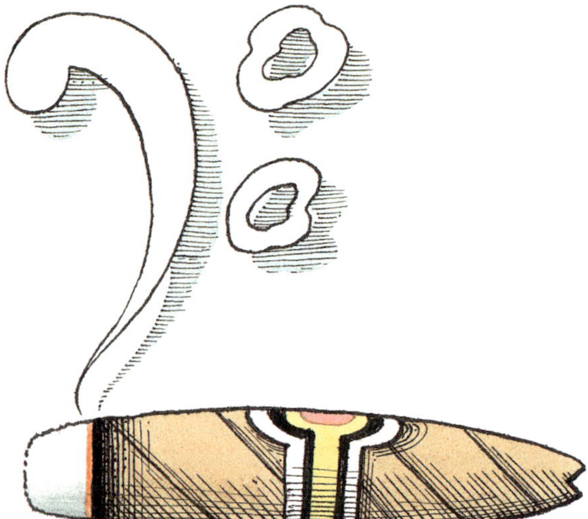

Georg Witkowski, der bedeutende Literaturwissenschaftler, der an der Leipziger Universität wirkte, war mit Arthur Nikisch befreundet und lernte durch ihn auch Gustav Mahler kennen. Während Nikisch »in edel schönen Linien den Stab führte, schwang Mahler ihn mit wilder Leidenschaft«. Diese Leidenschaft führte dazu, dass er im Gewandhaus mitunter die neben dem Dirigentenpult stehenden Glashüllen mit den brennenden Kerzen regelrecht zertrümmerte. Witkowski berichtete auch, dass sich dieses Temperament an jeglicher Tafel Bahn brach. Mahler wartete nicht ab, bis etwas herumgereicht wurde, sondern zog sich die Speisen einfach heran, um sich beizeiten zu bedienen. Der Kreis um Nikisch und Witkowski schuf deshalb für gieriges und vorzeitiges Zugreifen an der Tafel das Verb »mahlern«.

Das Gewandhaus konnte aber auch Ursprung ganz anderer Genüsse sein.

Bei einem Essen schwärmte eine Dame an der Tafel: »Also Ihre Schoggolahdnhimbeerschbeise – die is ja ee eenzches Gedichd! Wunderbar! Saachnse ma, wo hammse denn das Rezäbbd dadorzu her?«

»Das hawwe ich neilich von eener Dame geheerd, die hindor mir im Gewandhausgonnzärd saß!«

Ein Ehepaar im Gewandhauskonzert. Am Schluss spendet der Mann lebhaft Beifall.

Seine Frau hält sich mit Klatschen zurück und betrachtet ihren Mann missbilligend.

Die Musiker entscheiden sich ob der großen Resonanz für eine Zugabe.

Die Frau, die offensichtlich nach Hause will, zischt ihren Gatten an: »Siehsde, das hasde nu davon!«

Der Flötist Professor B. genoss im Gewandhausorchester großes Ansehen. Zweimal im Jahr durfte er ein Flötenkonzert in jenen heiligen musikalischen Hallen geben. Man erzählte sich, dass an jenem Tag seine Frau immer zu ihrem Fleischermeister ging und stolz erklärte: »Meester, gähmse mir mal ä halbes Fund Gehaggdes mähr, mein Mann bläst heide Ahmd wieder das Solo!«

Kurt Martens, Jurist und Schriftsteller, lebte Ende des 19. Jahrhunderts einige Jahre in Leipzig. Das Weihnachtsfest wurde zumeist im Haus des Großvaters am Markt gefeiert. Einmal kam es dort zu einer empfindlichen Störung der Harmonie. Der Großvater, Mitbegründer der Gewandhauskonzerte und großer Verehrer von Mozart, geriet mit seinen Töchtern wegen einer unter dem Weihnachtsbaum liegenden Meistersinger-Ouvertüre aneinander. Sein von ihm gering geschätzter Mitschüler Richard Wagner habe nie gelernt, einen Takt richtig zu setzen. So seine Meinung. Er sei nichts weiter als »ein Reklameheld« und »Spektakelmacher«. Der alte Herr steigerte sich immer mehr in seine Ablehnung, schleuderte sogar einen Stuhl zu Boden, wobei er ausrief: »Dieses elende Stück Holz, wenn es auseinanderkracht, macht reinere Musik als euer Wagner!«

Nach einem Konzert im Gewandhaus war Wilhelm Furtwängler noch zu einem Treffen bei Freunden geladen. Dort begegnete er einer Frau, die sich gern musikalisch betätigte und sogar bei ihm eine Zeitlang Unterricht genommen hatte.

»Na, was macht die Kunst?«, fragte er die Dame. »Spielen Sie immer noch fleißig Cello?«

»Nein«, antwortete die Dilettantin, »dafür habe ich keine Zeit mehr. Ich habe jetzt fünf Kinder.«

»Jaja, Kinder sind schon ein großer Segen ...«

Gewandhauskapellmeister Bruno Walter, ein deutscher Jude, wurde 1933 von den Nazis verjagt. Manfred von Killinger, Polizeipräsident von Leipzig, der am Komplott zur Ermordung von Walther Rathenau beteiligt gewesen war und deshalb bei der Naziführung höchstes Ansehen genoss, gab bekannt, dass er das Konzert im März 1933 verbieten würde, wenn es die Gewandhausdirektion nicht selbst tue. Dirigenten-Ersatz wurde für den Abend allerdings schnell gefunden: Richard Strauss war bereit, statt des Kollegen das Konzert zu leiten. Dieses Verhalten erhöhte logischerweise seine Beliebtheit bei den Nazis, Strauss' Opportunismus auf dem Gebiet der Politik führte auch dazu, dass er erster Präsident der Reichsmusikkammer wurde.

Hinter der Aktion gegen Bruno Walter stand der SS-Offizier und Blutordensträger Hans Hinkel, der bei den Nationalsozialisten im Reichsministerium für Volksaufklärung und Propaganda für die Entfernung jüdischer Deutscher aus dem Kulturbetrieb verantwortlich war. Er hatte auch auf den beliebten Schauspieler Joachim Gottschalk permanenten Druck ausgeübt, damit er sich von seiner jüdischen Frau trenne. Gottschalk schied mit seiner Familie aus dem Leben. Da Hinkel auch in den Raub polnischer Kulturgüter verwickelt war, wurde er 1947 nach Polen überstellt. Die Polen schoben ihn 1952 in die Bundesrepublik ab. Dort wurde er nie für seine Taten zur Verantwortung gezogen.

Gerhard Bosse, langjähriger 1. Konzertmeister des Gewandhausorchesters, spielte in den fünfziger Jahren bei einer Kulturveranstaltung mit einem Quartett in einem volkseigenen Betrieb. Der dortige Kulturfunktionär war nicht der hellste und kündigte an: »Un nu schbield uns de gleene Gabelle Bosse ä Ding von Schostewitsch.« Er krönte seine Conférence nach dem Musikgenuss mit dem Satz: »Un hoffn mir, dass sich de gleene Gabelle Bosse oo noch gwalleziern duhd, dasse sich bald ä bißchn vorgrößern gann!«

Nach dem Zweiten Weltkrieg spielte das Gewandhausorchester wegen der Zerstörung des alten Konzertgebäudes in der Kongreßhalle am Zoo. 1962 gastierte dort die tschechische Pianistin Mirka Pokorna mit Aram Chatschaturjans Klavierkonzert. Atemberaubend war an jenem Abend in der Kongreßhalle nicht nur das Spiel der Pianistin, sondern vor allem auch ihr Dekolleté, wie ihre kurvenreiche Figur überhaupt.

Am Tag danach begegneten sich zwei Leipziger, die sich als Konzertgänger kannten. Da meinte der eine gleich: »Sagen Sie, haben Sie denn gestern auch das tolle Klavierkonzert gesehen?!«

Als der Dirigent Boris Chalkin mit dem Gewandhausorchester probte, beschränkte sich sein Deutsch auf drei Wörter, die es allerdings für die Musiker in sich hatten: »Bitte noch einmal!«

Die Orchestersprache ist zwar weithin international, aber bei Gastdirigenten treten schon mal kleine Missverständnisse auf, zumal wenn der Künstler die Landessprache nur teilweise beherrscht.

Jean-Claude Casadesus folgte stets gern einer Einladung des Gewandhausorchesters, da er die Qualität der Musiker außerordentlich schätzte. Das wollte er zum Abschluss seiner Probentätigkeit auch unbedingt auf Deutsch zum Ausdruck bringen. So lobte er den Klangkörper: »Sie sind ein wunderliches Orchester!«

Die Musiker haben verstanden und sich trotzdem gefreut.

Und ein paar wunderliche Typen wird das Orchester ja doch haben …

Professor Arnold Matz war über viele Jahre Solobratscher des Gewandhausorchesters. Matz zählte zu den Erzmusikanten, die nicht nur mit dem Herzen, sondern mit vollem körperlichen Einsatz spielten. Bei ihm war eben Bewegung hinterm Instrument! Kenner setzten sich deshalb in der Kongreßhalle auf den Rang – da konnte man den Musiker am besten beobachten. Vor allem seine Beinarbeit, seine schwebenden Füße.

Matz besaß eine Vorkriegs-Harley. Das Motorrad war so schwer, dass man es nicht schieben konnte. Deshalb verfügte die Harley über einen Rückwärtsgang!

Im Gegensatz zu Musikerkollegen, die sich textile, kulinarische oder kulturelle Waren von West-Gastspielen mitbrachten (und sich das vor allem durch die Mitnahme von Zwieback und Dauerwurst ermöglichten ...), besorgte sich Matz Ersatzteile für seinen Motorrad-Oldtimer.

Wer zu ihm in den Unterricht kam, dem konnte es passieren, dass er ungläubig auf einen Mann starrte, der im kompletten Lederolanzug mit Brille vor den Studenten stand. Das wirkte wie eine Probe für eine Faschingsveranstaltung.

Als er einmal darauf angesprochen wurde, warum er im November über vereiste Straßen mit dem Fahrrad fuhr, meinte er lakonisch: »Na, bei dem Wetter kann doch keener loofn!«

Als unserer früherer Gewandhauskapellmeister und weltweit engagierter Dirigent Kurt Masur noch Student war, kurz nach dem Krieg, da musste er auch sehen, wie er zu etwas Essbarem kam. So spielte er – trotz Verbot – heimlich Tanzmusik. Zum Beispiel 1947 in Ochelmitz bei Jesewitz. Eigentlich sollte Masur den Bass zum Tanz zupfen, doch wegen Transportschwierigkeiten spielte er nur Cello. Das Honorar hatte es in sich: 25 Mark und eine Portion Pferdefleisch!

Zum Jahreswechsel 1978/79 fand – entsprechend der Tradition – eine Aufführung der 9. Sinfonie von Ludwig van Beethoven mit dem Gewandhausorchester statt, allerdings in einer Messehalle. Das Interesse bei den Leipzigern und Gästen von außerhalb war so groß gewesen, dass die Kongreßhalle am Zoo mit ihrer Kapazität nicht annähernd gereicht hätte. So entschloss man sich, erstmalig in der Messehalle 2 zu spielen. 4200 Musikfreunde fanden dort Platz.

Allerdings hatte sich ein überraschender Kälteeinbruch auch auf die Temperatur in dem Gebäude ausgewirkt. In der Pause vom ersten zum zweiten Satz hörte man eine Konzertbesucherin deutlich sagen: »Hier ist's kalt!«

Masur drehte sich um und meinte: »Ja, wenn Sie Beethoven nicht erwärmen kann!«

In den siebziger Jahren existierten Pläne, das Gewandhausorchester mit der neuen Universität zusammenzuführen. So kamen die Verantwortlichen tatsächlich auf die Idee, ein »Auditorium Maximum der Karl-Marx-Universität Leipzig mit Sitz und Heimstatt des Gewandhausorchesters« zu bauen.

Masur sprach gleich vom »Audimax-Orchester«, unter den Leipzigern kursierte schon der Spitzname »Gewandmax«. Schließlich setzte sich Masur bei Honecker mit einem Neubau durch, der damalige Kulturminister Hoffmann unterstützte ihn.

Zur Akustikprobe im neuen Konzertsaal lag noch überall Bauschutt, Türen fehlten, Staub bedeckte den kalten Raum im Frühjahr 1981. Ein besonderes Bild bot das Publikum: 1900 abkommandierte Soldaten der Nationalen Volksarmee mit Bauhelm saßen in den Reihen und erlebten ein unvergessliches Konzert. Alles funktionierte großartig: Die Akustik war prächtig!

Als Herbert von Karajan zum ersten Mal im Neuen Gewandhaus gastierte, waren natürlich viele interessiert, was der große Meister zur Akustik der noch jungen Konzerthalle sagen würde. Darauf war man ja besonders stolz. Als ein Gewandhäusler ihn diesbezüglich zu einer Aussage drängen wollte, meinte Karajan lakonisch: »Ich rede über den Pudding erst, wenn ich ihn gegessen habe.«

Der Pudding hat ihm geschmeckt.

Bei einem Aufenthalt in Leipzig besuchte Günter Grass auch ein Gewandhauskonzert.

Danach war der Schriftsteller Gast von Kurt Masur im hauseigenen Restaurant Stadtpfeiffer. Man plauderte über Kunst und Kultur, die Zeit verging wie im Fluge. Mitternacht war längst vorbei, als sich in der Runde sukzessiv Müdigkeit einstellte, die mit Kaffee bekämpft werden sollte. Es war aber längst Küchenschluss und so konnte das belebende Getränk nicht mehr serviert werden. Daraufhin verlangte Grass wenigstens eine Flasche Wodka. (Eher ein Stimmungsaufheller statt ein Müdigkeitsvertreiber ...!)

Das klare alkoholhaltige Wässerchen stand auch bald auf dem Tisch, obwohl fast allen – außer dem prominenten Literaten – allmählich die Augen zufielen. Der Autor meinte jedoch im Brustton der Überzeugung: »Na, war das nicht eine gute Idee von mir?!«

Die Begeisterung hielt sich in Grenzen.

Soviel zu unserem weltberühmten Gewandhaus. Nun komme ich zu Komponisten und Musikern, die in der Messestadt in besonderer Weise wirkten.

Im ersten Jahrgang des »Leipziger Raritäten-Cabinets« aus dem Jahre 1858 bin ich auf das Gedicht »Das ist's« gestoßen. Es dokumentiert, wie man plötzlich (und endlich) nach dem Grab von Bach suchte. Die Stadt ließ ihn bekanntlich an der Südmauer der Johanniskirche beisetzen. Erst 1885 entschloss sich der Rat, an jener Stelle eine Gedenktafel anzubringen, und erst 1900 wurde Bach in einem Sarkophag in der Gruft der Kirche beigesetzt. Die »Pfeffersäcke« und die Kunst – ein Problem für sich …

In dem Band fand ich nun folgende Verse:

»Wo's Grab sei von Sebastian Bach,
Fragt man im Tageblatte nach;
Hört an! Ich will es Euch verkünden:
Sein Grab – ich möchte es verbürgen,
Ist jedenfalls jetzt in der Kirchen=
Musik von uns're Zeit zu finden.«

Nach Jahrzehnten, in denen Bach bei weitem nicht seinem Range entsprechend gepflegt wurde, war er wieder anerkannt und verehrt. Und dazu hat vor allem Mendelssohn Bartholdy Großes beigetragen.

Die unglaublichste Geschichte im Zusammenhang mit dem Grab des größten Komponisten, der in Leipzig gewirkt hat, ist 1949 passiert. Zur Erinnerung: die Johanniskirche wurde im Krieg zerstört. Man entschied, den Turm als Denkmal zu erhalten, das Kirchenschiff aber abzureißen. In der Gruft lagen die Gebeine von Johann Sebastian Bach und Christian Fürchtegott Gellert.

Die Sprengung des Gebäudes erfolgte kurioserweise vor der Räumung der Gruft. Siegfried Stadler berichtet in einem Text, dass deshalb der »Maurermeister Adalbert Malecki zu einer dramatischen Bergungsaktion gezwungen war«. In einem Zinkbehältnis fuhr er die Gebeine Bachs auf einer Schubkarre durch die Stadt bis zur Thomaskirche, klopfte an die Tür des Superintendenten Schumann und berichtete lakonisch: »Guhdn Dach, ich bring dähn Bach.«

In der Nordsakristei haben Gemeindemitglieder zwei

Wochen lang Tag und Nacht die sterblichen Überreste des großen Komponisten bewacht, da sie Angst hatten, dass er von den Russen »entführt« würde.

Am 28. Juli 1950, an seinem 200. Todestag, wurde dann die neue Grabstätte im Chorraum der Thomaskirche eingeweiht. Daran nahm sogar der Präsident der DDR, Wilhelm Pieck, teil.

Der Leipziger Ulbricht – ob er wohl jemals seinen Fuß in die Thomaskirche gesetzt hat? – ließ sich nicht blicken.

Kritiker W. trat bei Prof. Dr. K. ins Zimmer und entschuldigte sich, dass er gar nicht besuchsmäßig gekleidet sei. Offensiv fragte er den Professor: »Legen Sie eigentlich Wert auf Etikette?«

Die knappe Antwort: »Nur bei Weinflaschen.«

Der Leipziger Kritiker Max Tausil hatte sich den Zorn eines Komponisten zugezogen, weil er dessen Machwerk streng ablehnte. Der gekränkte Tonsetzer schrieb in einer öffentlichen Entgegnung: »Ich habe diesen Kunstrichter stets für einen musikalischen Clown angesehen!«

Tausil antwortete stracks: »Ich halte jenen Komponisten für einen unmusikalischen Clown.«

Komponisten lieben sich bekanntlich untereinander nicht immer. Der Tonsetzer Volkmar Andrä meinte einmal spitz zu Max Reger, wenn er seine Musik höre, werde er nie reger, sondern eher im Gegenteil matter.

Reger erwiderte trocken: »Wenn ich deine höre, hör' ich immer andrä.«

Während einer Abendgesellschaft zeigte die Gastgeberin voller Stolz ihre Andenken, die sie von berühmten Musikern zusammengetragen hatte. So besaß sie zum Beispiel eine Locke von Liszt, einen Spazierstock von Johann Strauß und ähnliche Reliquien.

Max Reger schaute sich die Dinge aufmerksam an und meinte dann: »Ich besitze etwas ganz besonders Kostbares: ein Loch aus Mozarts Zauberflöte.«

Die meisten Orgelwerke Regers hat sein Freund Karl Straube aufgeführt, der als Organist und Thomaskantor in Leipzig wirkte. Nach einem Konzert mit einem anderen Organisten wurde nun Reger nach seiner Meinung gefragt. Er antwortete lakonisch: »Die Orgel hört' ich wohl – allein mir fehlt der Straube!«

Man erzählte sich in Leipzig, dass Charlotte Ramin, die Frau des Thomaskantors, bei den Entscheidungen ihres Mannes eine nicht unbeträchtliche Rolle spielte. Sie arrangierte manches aus dem Hintergrund.

Eine Tages hörte sich Günther Ramin eine junge Sängerin an und zeigte sich von ihrer Stimme äußerst begeistert. Seine Frau unterbrach seine Elogen und bat ihn wegen einer wichtigen Sache kurz ins Nachbarzimmer. Als Ramin zurückkam, teilte er mit großem Bedauern mit, dass leider gerade kein Bedarf an jungen Sängerinnen bestünde ...

In den siebziger Jahren beklagte sich die Leitung des Thomanerchores wegen der Qualität des Konzertanzuges beim stellvertretenden Minister für Kultur. Der sogenannte Connewitzer, den die Sänger seit den fünfziger Jahren trugen, war aus Zellwolle gefertigt und böse Stimmen behaupteten: Wenn er nass wird, treibt er aus!

Das Ministerium beauftragte also eine Kostümbildnerin von der Staatsoper, Skizzen für eine neue Auftrittskleidung zu fertigen, schließlich ließ man Modelle herstellen. »Dann steckt ihr den hübschesten Jungen in den Anzug, den ihr wollt.« Eine Kommission hat das gewünschte Modell schließlich verabschiedet und es wurde ein Betrieb in Neukirchen für die Herstellung des Stoffes »ausgeguckt«.

Thomaskantor Hans-Joachim Rotzsch fuhr also dorthin. Doch der Direktor ließ wissen, dass keine Kapazität vorhanden sei. Der Künstler ließ sich nicht gleich abwimmeln, zeigte sich stattdessen an den Produktionsabläufen interessiert. Und der Betriebsleiter stellte beim Rundgang mehr oder weniger erstaunt fest, dass Künstler ganz normale Menschen sein können. Man zeigte Sympathie füreinander. Wenig später erhielt der Thomaskantor Nachricht: Der Chef habe seine Belegschaft für eine Sonderschicht gewonnen. Die Thomaner erhielten ihren Anzugstoff; die Sänger bedankten sich dafür mit einem Sonderkonzert im Stadttheater Crimmitschau. Eine Leipziger Maßschneiderei fertigte schließlich die Anzüge und so bekam der Chor endlich eine flotte Auftrittskleidung.

Als Max Pommer noch nicht Professor und noch nicht Chef des Rundfunksinfonieorchesters war, saß er eines Tages mit Paul Dessau im »Kaffeebaum«. Der Kellner brachte ihm sein bestelltes Tiroler Schnitzel und sagte scherzend: »Ihr Tiroler Schnitzel, Herr Professor, da könnse anschließend gut jodeln!«

Dessau stutzte kurz und meinte dann: »Jodeln kann ich nicht, aber jüdeln!«

Als Fritz Geißler seine Oper »Der zerbrochene Krug« nach Kleist komponierte, war er mit Umbauten seines Komponierhäuschens in Machern beschäftigt.

Eines Abends kam Geißler direkt vom Bau zu einer Veranstaltung mit dem Musikwissenschaftler Gerd Schönfelder. Hinterher erzählte Geißler dem Freund, dass er heute seinen »Krug« zu Ende gebracht hätte und auch sein Haus nunmehr weit gediehen sei. Er habe sich gedacht, das wäre doch wahrlich ein Grund, um gemeinsam einen heben zu gehen.

Geißler war noch in seiner Baukleidung, hatte Manchesterhose und Rollkragenpullover an. Deshalb gingen sie in eine Kneipe, die aber leider schon 22 Uhr schloss. Der Bierdurst war da noch nicht vollends gestillt und so steuerten sie zur Fortsetzung des Abends das Interhotel Stadt Leipzig an.

Nun zeigte sich die kleinbürgerliche Sicht der Herrscher eines Interhotels: Mit Manchesterhose und Rollkragenpullover hatte Geißler in dem vornehmen sozialistischen Hause keine Chance, das Restaurant zu betreten. Das wurde nachdrücklich vom Restaurantchef bestätigt: »In dähm Offzuhch! Unmeechlich!«

Es kam aber doch noch zu einer Geste gastronomischer Gastfreundschaft. In einer dunklen Ecke des Foyers bekamen die beiden Herren schließlich ihr Bier serviert.

Der Chef äugte aber immer mal zu den beiden unsicheren Kantonisten und als Prof. Schönfelder sich im Restaurant Zigaretten holte, bekam er nochmals barsche Belehrungen über Sitte und Anstand zu hören.

Schönfelder gab nun dem Zerberus zu verstehen, dass er wohl nicht wisse, wen er vor sich habe. Seine Bemerkung zielte auf den bekannten Komponisten Fritz Geißler, der Gaststättenleiter bezog das aber auf den besser angezogenen Schönfelder und reagierte aufbrausend: »Mänschensgindr! So schwähr is das doch nu nich! Da mißdr ähmd ä bissl druff achdn, daß'ch eire Grafdfahrer anschdändsch anziehn!«

Nach der erfolgreichen Aufführung seiner 5. Sinfonie wurde Fritz Geißler mit Gerd Schönfelder zu einer Diskussion in einen Klub von Musikfreunden eingeladen. Gegenstand des Gespräches sollte der unmittelbare Schaffensprozess des Komponisten sein.

Geißler stand solch einem Gespräch skeptisch gegenüber. In der Art »Was soll denn da schon rauskommen?« Schönfelder beruhigte den Freund: »Lass dir keine grauen Haare wachsen. Das machen wir schon!«

Das Gespräch wurde eröffnet.

Und es kam auch gleich am Anfang so, wie Geißler es befürchtet hatte: »Herr Geißler, was denken Sie sich eigentlich dabei, wenn Sie komponieren?«

Geißlers Laune war sofort im Minusbereich und er antwortete: »Wenn Sie mich so fragen, dann muss ich Ihnen sagen, dass ich mir überhaupt nichts dabei denke.«

In einem öffentlichen Diskussionskonzert wurde ein experimentelles Werk des Leipziger Komponisten Friedrich Schenker aufgeführt.

Der hatte seine Patenbrigade aus Böhlen dazu eingeladen.

Moderne Musik ist nicht jedermanns Sache.

Die Klänge, die Schenker seiner Posaune entlockte, waren für die Mitglieder der Brigade sehr ungewohnt. Der Brigadier fragte deshalb den Komponisten, worum es ihm bei diesen extremen Tönen gehe. Schenker sagte: »Es macht mir Freude, mit dem Instrument Klänge zu erzeugen, die man einer Posaune bisher nicht zugetraut hat.«

Der Brigadier hörte sich diese Begründung an und fragte dann den Schöpfer dieser Musik: »Naja, das mag ja sein ... aber müssen Sie das unbedingt öffentlich machen?«

Auch die Oper war in Leipzig immer ein Hort großer Leistungen.

Eines Tages hörte sich Richard Wagner eine Probe seiner Werke an. Die Musiker baten ihn, das Orchester selbst zu dirigieren. Man entschied sich für den Kaisermarsch. Wagner dirigierte mit Begeisterung und gab prägnant den Einsatz für die dritte Trompete.

Aber leider: Nichts zu hören!

Wagner wunderte sich. Da stand der erste Trompeter auf und sagte mit einer leichten Verbeugung: »Enschuldchnse, Härr Waachner, aber mir sinn ihrer nur zwee'e.«

Über Wagner erzählte man sich auch die folgende Anekdote: Er wurde einmal gebeten, ein Gutachten über eine neue Orgel abzugeben, die ihm eine Firma zum Geschenk machen wollte. Ihre Qualität war allerdings unzureichend. Wagner zog sich aber geschickt aus der Affäre: »Einer geschenkten Orgel schaut man nicht in die Gorgel!«

Gustav Mahler wirkte eine Zeitlang als Kapellmeister in Leipzig. In Gedanken versunken betrat er eines Tages mit seinem brennenden Glimmstängel das Gebäude. Der Dienst habende Feuerwehrmann erwischte den Raucher und schrie ihn an: »Na, was fälld Ihn' denn ein?! Midd dor brennenden Zigarre gomm Sie hier ins Deahdor rein! Machen Sie soford die Zigarre aus! Soford!!!«

Der Herr Kapellmeister war von der – seiner Meinung nach – respektlosen Tirade empört, aber auch erschrocken und schrie seinerseits den Uniformierten an: »Wissen Sie denn überhaupt, wen Sie vor sich haben?! Ich bin Mahler!«

»Ach was, ob Sie dor Maler ohdr dor Laggierer sinn, das is mir völlig wurschd. Das gosded Sie fuffzch Marg!«

Der Trompeter Striegel hatte bemerkt, dass sich der Pauker Köhler in seiner »Freischütz«-Stimme bei dem Takt, bei dem in der Einleitung zum ersten Akt auf der Bühne der Schuss fällt, mit Bleistift ein Kreuz gemacht hatte. Köhler hatte sich an dieser Stelle immer wieder sehr erschrocken. Vor einer Probe nun hatte Striegel das Kreuz wegradiert und einige Takte später hingesetzt. Als der Schuss fiel, rief Köhler erschrocken aus: »Viel zu früh!«

Der bekannte Satz, dass dem Mimen die Nachwelt keine Kränze flicht, bewahrheitet sich immer wieder aufs Neue.

Kein Mensch in Leipzig kennt heute noch die seinerzeit außerordentlich beliebte Sängerin Rosa Sucher-Hasselbeck. Am Anfang des 20. Jahrhunderts wurde sie als einer der »glänzendsten Sterne« auf der Opernbühne gefeiert. Man schwärmte von ihrem wunderbaren dramatischen Sopran. Wortspiele waren in Umlauf.

So wurde der bekannte Satz »Der Mensch versuche die Götter nicht!« in »Der Mensch vergöttere die Sucher nicht!« umgewandelt.

In Bezug auf ihre körperliche Üppigkeit, die im Gegensatz zu Fräulein Wooge, ihrer sehr mageren Partnerin, stand, sagten die Kenner: »Was man bei der Wooge vergeblich sucht, wogt bei der Sucher!«

Günter Lohse, langjähriger Regisseur an der Leipziger Oper, erinnerte 1993 in einem Beitrag in der »Leipziger Volkszeitung«, der dem 300jährigen Opernjubiläum gewidmet war, an ein paar Begebenheiten.

Das neu erbaute Opernhaus wurde 1960 mit den »Meistersingern« in der Regie von Joachim Herz eröffnet. Einer der Assistenten war Dr. Kurt R. Pietschmann. Er hatte immer einen »Bauchladen« umgehängt – eine praktische Variante, um sich auf diesem Schreibebrett sofort Notizen machen zu können.

Während der Probe auf der Festwiese stürzte er mitsamt seiner Schreibunterlage vom Mittelpodium. Da und dort ein Aufschrei! Die Augenzeugen waren natürlich erschrocken.

Herz beugte sich zu ihm hinunter: »Ist Ihnen etwas passiert?«

»Nein, entschuldigen Sie bitte!«

Der dienstbare Geist wollte eben partout nicht stören. Auch nicht durch einen Unfall.

Den Vogel schoss Pietschmann aber ab, als er in den Orchesterprobenraum hereinplatzte, in dem gerade eine sehr angespannte Situation herrschte, und sich bei Herz mit diesem Satz aus der Affäre zog: »Wünsche wohl zu stören!«

Herz konnte in seiner Arbeitswut sehr hart sein. Zum Beispiel, als er Lohse selbst im Krankenbett nicht in Ruhe ließ und durch einen Regieassistenten mit Aufträgen heimsuchte. Ende 1964 lag Lohse nach einer vierten Bauchoperation in der Liebigstraße »fast in Agonie«. Da »erschien ein Regieassistent an meinem Bett und drückte mir den Klavierauszug von ›Katja Kabanowa‹ in die schneeweißen Hände«. Er wollte wissen, was »das und das in meiner nur schwer zu entziffernden Handschrift heiße. Mir tanzten die Buchstaben vor Augen, und ich bekam Schweißausbrüche.«

Lohse konnte seine schnell hingeworfenen Notizen teilweise selbst nicht mehr lesen. Irgendwann wurde ihm bei diesem Besuch alles zuviel und er bat den Kollegen, zu gehen. (»Ich wog noch 45 kg.«)

Der versicherte, es wäre Herrn Herz sehr wichtig, alles zu erfahren.

Da meinte Lohse, für ihn wäre vor allem wichtig, zu überleben …

Joachim Herz hatte in Moskau den »Fliegenden Holländer« inszeniert. Als er zurückkam, fiel dem Operndirektor während einer Probe auf, dass der weithin bekannte und beliebte Kurt Rösinger einen etwas niedergeschlagenen Eindruck machte. Deshalb fragte er den Sänger: »Was haben Sie denn heute?«

»Ach, nichts weiter. Aber ich hatte so gehofft, man würde Sie dortbehalten!«

Franz Konwitschny dirigierte in der Oper am Karl-Marx-Platz »Fidelio.« Als er nach der Pause wieder an sein Pult schritt, mussten Meister und Orchester feststellen, dass der gewohnte Applaus ausblieb. Im Musikerjargon hieß das, es sitzen wohl nur »Einarmige« im Parkett. Totenstille. »Mit mir nicht!«, sagte sich scheinbar Konwitschny und gab für das Orchester das Zeichen zum Aufstehen. Und siehe da – der Beifall setzte prompt ein!

Konwitschny hatte einmal bei einer Probe große Probleme mit einem Posaunisten. Es dauerte ewig, bis er ihn endlich soweit hatte, dass er mit dessen Spiel zufrieden war. Endlich fruchteten seine Hinweise und er sagte zu ihm: »Und morgen Abend bei der Aufführung bitte ich Sie, genauso zu blasen!«

»In Ordnung, Herr Professor, ich werde es dem Kollegen sagen, den ich heute vertreten habe.«

Konwitschny hat nicht wie so mancher Dirigent die Luft mit seinem Stab zerteilt, sondern arbeitete auf feine Weise mit den Fingern. Die Musiker nannten seinen Dirigierstil deshalb »krümeln.« Andere sprachen von »Sand rieseln lassen« oder »Salz streuen«.

Inzwischen ist sein Sohn Peter als Chefregisseur an die Oper gekommen. Er scheidet auf besondere Weise die Geister. In der »Leipziger Volkszeitung« las ich von ihm die folgenden Sätze: »Ich will niemand provozieren. Aber wenn die Gesellschaft so dumm ist, dass Intelligenz schon provoziert ...«

So schafft man sich Freunde.

Eine nachmittägliche Geburtstagsfeier im noblen Hotel Fürstenhof. Kammersänger Helmut Klotz, den Freunden der Leipziger Oper wohlbekannt, außerdem langjähriger Leiter des Leipziger Synagogalchores, setzte seine Tasse ab und meinte zu mir: »Der Kaffee ist ja dünner als Perlon.« In dem Moment näherte sich gerade eine Kellnerin unserem Tisch. Klotz sagte zu ihr: »Fräulein, haben Sie auch Bohnenkaffee?«

Die junge Dame war irritiert, es fiel ihr nichts weiter ein, als dem Kammersänger zu entgegnen: »Unsere Maschine ist so eingestellt!«

»Dann gucken Sie mal«, meinte Klotz, »ob sie nicht vielleicht auf Spülen eingestellt ist!«

Um gute Musik zu machen, braucht es logischerweise eine gute Ausbildung. Auch auf diesem Gebiet hat Leipzig eine große Tradition. Schließlich gründete Felix Mendelssohn Bartholdy hier 1843 das erste deutsche Conservatorium der Musik und deshalb trägt die heutige Musikhochschule seinen Namen. Mendelssohn holte den bedeutenden Pianisten und Klavierlehrer Ignaz Moscheles in die Messestadt. Auf die Frage einer seiner Schülerinnen, welche Etüden sie spielen solle, antwortete Moscheles: »Die meinigen!«

Darauf ging jene Schülerin in Klemms Musikalienleihanstalt und verlangte die Klavieretüden von Meinigen.

Als der norwegische Komponist Edvard Grieg nach Leipzig kam, um am hiesigen Konservatorium zu studieren, drückte man ihm ein Merkheft im besten Amtsdeutsch in die Hand. Dieses sollte ihn mit den Gepflogenheiten des Musikinstitutes vertraut machen. Grieg gelang es aber nicht, die verschachtelten Sätze zu verstehen. Er bat einen Landsmann, der schon länger in Leipzig war, ihm den Inhalt zu erläutern und in ein verständliches Deutsch zu übersetzen. Dieser meinte zu Grieg, dass es sich hier um ganz normales Deutsch handeln würde. Der Komponist meinte darauf: »Und ich dachte, hier handelt es sich um den berühmten sächsischen Dialekt!«

Prof. Dr. P. wirkte seinerzeit an der hiesigen Universität als Musikwissenschaftler. Er war augenleidend und trug häufig Brille und Klemmer übereinander. Als P. dem König Friedrich August vorgestellt wurde, erkundigte sich Majestät wohlwollend: »Gommd das von dor Musigg, von den vieln gleen Nohdn, dasse zwee Brillen draachn missen?«

Der Professor, auf eine solche Frage des Königs überhaupt nicht vorbereitet, blieb stumm und machte lediglich resignierend schüchterne Handbewegungen. Darauf bemerkte der König leise und mitleidsvoll zu seinen Begleitern: »Das arme Schwein heerd wo ooch nischd mähr?«

Moritz Seifert war Inspektor des Königlichen Konservatoriums. Man erzählte, dass der alte Herr in seinem Büro auf einem hohen Drehsessel thronte. Von seiner Zigarre stiegen Wölkchen empor, die das über ihm befindliche Schild umschwebten: Alles Rauchen im Hause ist verboten!

Die neu ins Konservatorium eintretenden Studenten pflegte er in seinem »Biroh« folgendermaßen zu begrüßen: »Soso, Sie wolln Musigg schdudiern. Ä scheenes Schdudium! Mir hamm hier schon verschiedene berihmde Ginsdlor ausgebilded!« Dann pflegte er den frisch Immatrikulierten den Stundenplan mit folgenden Worten zu überreichen: »Morchn frieh von acht bis neine hammse Glawwierschdunde. Gommse so gäschn zähne, vorher is geener da.«

Professor Oscar Paul war ein außerordentlich gelehrter Mann: Konservatoriumslehrer, Universitätsprofessor und Kritiker. Er hatte eine ganz spezielle Auffassung vom akademischen Viertel. Paul trat vierzig Minuten nach der vollen

Stunde durch die Tür. An diese Art von Pünktlichkeit hatten sich natürlich auch seine Schüler gewöhnt. Eines Tages trat er, irgendwie aus Versehen, mit dem Glockenschlag in den Raum und fand nicht einen einzigen Studenten vor. Er hielt sich selbstverständlich nicht lange auf und stellte zum Zeichen, dass er dagewesen war, seinen Stuhl auf den Flügeldeckel. Die Studenten verstanden das Zeichen und waren zur nächsten Stunde pünktlich zur Stelle. Allein – der Professor war längst wieder in seinen 40-Minuten-Takt verfallen. Als er – wie gewohnt – verspätet eintraf, fand er lediglich sechs Stühle auf dem Flügel vor …

Paul gilt auch als der Erfinder des Musiker-Sprichworts »Der Glückliche gibt keine Stunde«. Als er einmal auf der Straße einen guten Bekannten traf, meinte er zu ihm: »Lieber Freund, wenn du dort in dem Café zehn Minuten auf mich wartest – ich will nur da drüben rasch noch eine Privatstunde geben!«

Der legendäre Professor Salomon Jadassohn, Musiktheoretiker und Pianist, der seine Klavierausbildung noch bei Franz Liszt in Weimar vervollkommnet hatte, pflegte unbegabten Schülern jegliche Illusionen zu nehmen: »Sinnse froh, dass 's Schießbulver schon erfundn is. Sie häddn nichema das Zahnbulver erfindn gänn.«

Moritz Hauptmann unterrichtete einen Schüler in Komposition und hatte gerade dessen Arbeit zur Durchsicht vor sich. Der Student wartete gespannt auf das Urteil. Hauptmann liebte den Schnupftabak, hatte eine entsprechende Prise genommen und musste deshalb plötzlich kräftig niesen. Die schwarzen Tabakkrümel verteilten sich zwischen die Noten auf das Blatt. Hauptmann nahm sein Schnupftuch, wischte den Tabak weg und bemerkte selbstkritisch: »'s is doch eechendlich eene Schweinerei!«

Professor Walther Davisson war zunächst acht Jahre stellvertretender Direktor, ehe er dann von 1932 bis 1942 das Konservatorium leitete.

Nach einem Gewandhauskonzert äußerte sich dem Professor gegenüber ein älterer Herr ärgerlich über die Programmauswahl, die mit einem Stück von Purcell begann und mit »Daphnis und Cloe« von Ravel endete.

»Nee, heernse, for soviel Geld erschd den langweilichn Burcl un nu ähm noch dähn scheißlichn Rawell!«

Als Davisson 1918 nach Leipzig kam, waren die Straßenbahnen noch mit Buchstaben gekennzeichnet. Er erkundigte sich also bei einem Leipziger, ob er mit der B- oder P-Bahn nach Connewitz komme.

»Da missense de weiche B-Bahn nähm, nich de harde.«

Damit war Davisson genau informiert.

Ruth Kestner-Boche war über Jahrzehnte Professorin für Violine an der Musikhochschule. Sie ist nun schon über neunzig, geistig vollkommen fit und musiziert immer noch gern. Frau Kestner-Boche gehört zu jenem kleinen Kreis von Leipzigern, die seit ihrer Kindheit im gleichen Haus wohnen. Sie lebte schon in der Kurt-Eisner-Straße, als die noch Kronprinzstraße hieß. Nur zwei Häuser weiter hatte sich für eine Zeit ein Herr Uljanow einquartiert, der sich später Lenin nannte und garantiert mehrfach an ihrem Haus vorbeispaziert ist …

Unglaublich ist für mich, dass sie Augen- und Ohrenzeugin des legendären Konzertes unter Bruno Walter war, in dem Yehudi Menuhin als Solist auftrat. 1929!

Als Ende der neunziger Jahre ein Buch über »Das Leipziger Musikviertel« erschien, schickte der große Künstler aus London ein Grußwort: »Als ich dreizehn war, wurde mir die große Ehre zuteil, im ›Heiligtum‹, dem Leipziger Gewandhaus, unter Bruno Walter Geige zu spielen. Schon immer hatte der Heimat Bachs und Mendelssohns ein besonderer Platz in meinem Herzen gehört. Diese Stadt hat so unendlich viel für die schönen Künste getan, und es ist ermutigend, festzustellen, dass sie weder ihre Ehrfurcht vor der Geschichte noch deren Zwilling, die Verpflichtung der Zukunft gegenüber, verloren hat ...«

Besonders berührt hat mich, als mir Frau Professor Kestner-Boche erzählte, dass sie sich zum Kriegsende, am Tag des Einmarsches der Amerikaner, ins offene Fenster ihrer Wohnung gesetzt und ein Stück des zwölf Jahre verbotenen Mendelssohn gespielt hat ...

Botho Becker war eins der letzten Leipziger Originale und ein Fachmann mit Weltniveau. Er kannte jedes Notenblatt in seinem Reich, der legendären Musikalienhandlung F.A. Klemm. Selbst wenn man einen völlig abwegigen Wunsch hatte, sagen wir ...»O Täler weit, o Höhen« für Akkordeon und Posaune, überlegte der Mann kurz, kletterte dann die Leiter hoch, zog mit einem Griff das Gewünschte aus dem Stapel und sagte etwa: Das ist die Nummer Soundso aus dem und dem Verlag, kostet 40 Reichspfennig. Dann blinzelte er den Käufer im DDR-Leipzig an und meinte: »Über den Preis müssen wir natürlich reden:« Aber es blieb auch im neuen Reich nur bei einigen Pfennigen.

Konnte er nicht »dienen«, so hatte er garantiert eine Idee, wie er das »Material« beschaffen könnte. Er kannte sich über die jeweilige »Verlagssituation« immer genau aus.

Weltstars suchten seinen Laden auf: David Oistrach ließ sich von ihm beraten oder der Kinderfilmstar und spätere Dirigent Roberto Benzi. An einer Wand hingen Postkarten von dankbaren Musikern aus aller Welt

Herbert Blomstedt lernte Botho Becker 1970 kennen. Er hatte von der Leipziger Musikalienhändler-Legende gehört und wollte sehen, ob an dessen Ruf, den er in Fachkreisen genoss, wirklich etwas dran war. Als er sich der verfallenen Kolonnadenstraße näherte, konnte er sich zunächst kaum vorstellen, dass es darin wirklich ein so hoch gelobtes Unternehmen geben sollte. Schließlich fand er den Laden. Becker fragte Blomstedt nach seinen Wünschen. »Ich hatte keine besonderen Wünsche. Aber um ihn zu testen, rückte ich mit einer unmöglichen Bitte heraus: ›Haben Sie die Sonata a quattro für vier Posaunen von Albrechtsberger, erschienen bei Musica Rara in London?‹«

Becker dachte kurz nach, »sagte dann ›joo, haben wir‹, stieg auf eine Leiter, nahm ohne Zögern mit Zeigefinger und Daumen eine dünne Partitur heraus. ›Hier, mein Herr!‹ Ich war überwältigt. So einen Notenhandel hatte man in Stockholm nicht, nicht in Hamburg, London, New York. Ich blieb lange im Laden. Er sagte nicht viel, aber verriet mir doch, dass Wagner auf just dem Stuhl gesessen hatte, der in der Ecke stand! Tradition? Ja – und eine unvergessliche Aufführung von Wissen und Können, mit Stolz und Witz vorgetragen, sempre con amore. Becker starb 1972. Alle Nachfolger der Welt werden Mühe haben, ihn zu übertreffen.«

Selbst im Zeitalter der Computer, möchte ich hinzufügen. Er war ein Mann mit einem fotografischen Gedächtnis.

Botho Becker war ein älterer Herr mit schneeweiß-abstehendem Haarschopf, der sich noch vom Friseur rasieren ließ, gern Zigarre rauchte, die mitunter auch im kalten Zustand in seinem Mund hing. Er sprach ein gepflegtes »Gewandhaussächsisch« und musterte seine Kunden durch die Brille. Seine zwei wichtigsten Redewendungen waren Kennern vertraut: »So siehds aus!« und »Das Lähm is ä Gambf!«

In seinem Laden, einer echten Spitzweg-Idylle, ging es hinten ein paar Stufen hinauf, dort stand ein Flügel, auf dem schon d'Albert gespielt hatte.

Becker war ein wandelndes musikalisches Lexikon.

Seine Päckchen schaffte er mit dem Handwagen zur Post. Mitunter tauchte auch nach einem Konzert Hans-Joachim Rotzsch bei ihm auf und fuhr ihm seine Lieferungen mit dem Auto in die Paketpost Harkortstraße, die nachts noch geöffnet hatte! Unvorstellbar!

Heutzutage muss man in bestimmten Gegenden der Stadt sogar schon einen Briefkasten suchen!

Manchmal nahm er auch ein Taxi, um die Sachen zu nächtlicher Stunde auf den Weg zu bringen.

Wenn Botho Becker im Laden stand, mit seinem auf und ab wippenden Zeigefinger, der in Richtung der Regale wies, quasi aus der Entfernung Noten zählte, und wenn dabei der Arm langsam in die Höhe ging, dann hatte er – Inventur! Und im Kopf addierte er die Posten zu einer Summe, die er in Abständen seiner Mitarbeiterin zum Aufschreiben zurief.

Prof. Klaus Hertel wirkte fünfzig Jahre an der Leipziger Musikhochschule. Er erzählte mir, dass Becker einen Wunsch, den er nicht erfüllen konnte, sich jahrelang merkte und eines Tages hieß es dann: »Hertel, ich hab's!«

Der frühere Thomaskantor Prof. Rotzsch wurde einmal nach einem Konzert irgendwo von einem Musiker gefragt, ob er mit der Besorgung bestimmter seltener Musikalien helfen könne. Rotzsch meinte, wenn jemand die Noten besorgen könne, dann wäre es nur Botho Becker in der Leipziger Kolonnadenstraße. Bei seinem nächsten Besuch fragte Rotzsch also Becker nach jenen Noten.

Kurze Pause.

Becker sah ihm tief in die Augen.

Dann langte er – ohne hinzusehen – langsam unter den Ladentisch und legte das Gewünschte auf die Theke. Rotzsch war fassungslos. Wonach jener Musiker seit ewigen Zeiten gefahndet hatte, das fand Becker mit einem

Griff. Während er immer noch staunte, meinte Becker lakonisch: »Ich will's Ihn' nur sagen … ich hab's zufällig vor zwanzig Minuhdn angekooft!«

Becker war ein Original. Die werden in unserer Zeit schmerzlich vermisst. Wir haben heute zu viele Kopien.

Wenn von Musik die Rede ist, soll die sogenannte U-Musik nicht vergessen werden: zum Beispiel Jazz. Leipzig war nach dem Zweiten Weltkrieg eine Hochburg der Swing-Musik. Eine feste Bank dafür war das Rundfunktanzorchester von Kurt Henkels, das er im Auftrag eines sowjetischen Kulturoffiziers für das Leipziger Funkhaus zusammenstellte. Der später weltbekannte Klarinettist Rolf Kühn, der nach dem Krieg Tanzmusik im Römischen Haus am Peterssteinweg spielte, wurde dort von Kurt Henkels entdeckt und erhielt von ihm schon als 16jähriger das Angebot, in seinem Orchester zu spielen. Jeden Sonntag gab es zwei Stunden Live-Musik aus dem Haus des Mitteldeutschen Rundfunks in der Springerstraße.

Im Orchester von Kurt Henkels wurde übrigens auch ein bis heute gebräuchlicher Begriff für einen außervertraglichen Nebenverdienst kreiert: die Mugge.

Musiker aus den alten Ländern sprechen in Unkenntnis von »Mucke« und denken vermutlich, dass sie die weiche Aussprache der Sachsen mit einem harten »ck« korrigieren müssen.

Völlig daneben!

»Mugge« ist in Wahrheit die Abkürzung für »Musikalisches Gelegenheitsgeschäft«.

Längst haben Schauspieler, Entertainer und Kabarettisten diesen Begriff ihrem Sprachgebrauch einverleibt und »muggen« da und dort durch die Gegend. Treibt es einer gar zu doll, dann »muggt der in jedem Laden« und ist eine Art »Muggenkönig«!

Aber ich will zurück zu Rolf Kühn und dem Henkels-Orchester.

Maxi Sickert hat in ihrem Band »Clarinet Bird« Gespräche mit Rolf Kühn aufgezeichnet. Dort sagte er: »In Leipzig wurde ab 1948 die Musik immer stärker staatlich kontrolliert und beschränkt, bis wir schließlich keinen Jazz mehr spielen durften. Nur noch Tanzmusik, aber ohne Improvisation. 1949, kurz nach der Gründung der DDR, verboten die Parteifunktionäre der SED den Trompetern der Henkels-Band das hohe C. Diese Note sei zu sehr amerikanischer Jazz und damit ›dekadent‹ und ›imperialistisch‹.«

Wenige Jahre zuvor wurde der Jazz als Negermusik bei den Nazis verunglimpft und nun das! Rolf Kühn machte sich keine Illusionen und ging nach Westdeutschland, wo alle Töne akzeptiert wurden ...

Auch Harry Nicolai zählte in Leipzig zu den bekannten Jazzern. Einer seiner früheren Freunde war noch vor der

Mauer »in den Westen abgehauen«. Wenn Nicolai Geburtstag hatte, klingelte immer das Telefon und sein Freund meldete sich aus seiner neuen Heimat Marburg. Da er als Kind einige Jahre Geigenunterricht bekommen hatte, überraschte er seinen Freund eines Tages am Telefon mit der bescheidenen Wiedergabe von »Happy birthday to you«.

Harry sagte danach. »Nee, weißt du, dass du extra in Moskau Stunden bei David Oistrach genommen hast, um mir dieses Stück vorzuspielen, das kann ich ja gar nicht hoch genug schätzen. Herzlichen Dank!«

In seiner Stasi-Akte las Harry viele Jahre später, dass der Westbürger Soundso Geigenunterricht bei David Oistrach genommen hat ...

Im Frühjahr 1965 war etwas Unfassbares geschehen: Louis Armstrong tourte das erste Mal hinter dem Eisernen Vorhang! Und kam auch nach Leipzig!

Volker Stiehler, ein guter Bekannter von mir, der sich später über Jahrzehnte als Verwaltungsdirektor des Gewandhauses einen Namen gemacht hatte, empfing ihn mit Musikerkollegen auf dem Flughafen Leipzig-Mockau. Volker studierte damals an der Hochschule für Bauwesen. Götz Wagner, einer der Musiker, hatte von Ruth Oelschlägel, Chefin der Konzert- und Gastspieldirektion, erfahren, wann die IL 14 auf dem kleinen Flughafen landen würde. Stiehler spielte eigentlich Trompete, half aber an jenem Tag mit der Posaune aus. Die Amateurjazzband bestand aus jungen Ärzten des Krankenhauses Markranstädt und hatte den schönen Namen »Carbol-Dandies«. Sie hoben sich damit von den Carbol-Mäuschen ab, wie seinerzeit scherzhaft die Krankenschwestern genannt wurden, die mit jenem Desinfektionsmittel täglich hantierten. Schon beim Schreiben des Begriffs Carbol steigt mir jener aufdringliche Krankenhausgeruch vergangener Zeiten in die Nase.

Die Band der jungen Oldtime-Jazz-Liebhaber nahm sich also vor, Louis Armstrong auf dem Flughafen musikalisch zu begrüßen. Für uns heute unvorstellbar, dass die Truppe einfach aufs Rollfeld (!) spazieren konnte, um sich in Position zu bringen. Die Maschine landete, die Gangway wurde herangeschoben, oben ging die Türe auf. Volker Stiehler: »Wir stimmten den Jazzklassiker ›Georgia On My Mind‹ an, und dann stand er plötzlich oben auf der Gangway – Louis Armstrong, unser großes Vorbild.«

Den »Carbol-Dandies« schlotterten die Knie und so entschlüpften ihren Instrumenten auch ein paar falsche Töne. Armstrong freute sich aber offensichtlich über den Empfang durch die jungen Musiker, strahlte sie an, rief ihnen »Take it easy, boys!« zu.

Nach dem Musikstück begrüßte Satchmo alle »Dandies« mit Handschlag, anschließend gab es Autogramme, auch für andere Leute, die inzwischen heranströmten und sich mitgebrachte Fotos, Zeitungsausschnitte und Schallplatten (in der DDR gab es allerdings noch keine Platte vom King of Jazz!) signieren ließen.

In dem Buch von Stephan Schulz »What a Wonderful World – Als Louis Armstrong durch den Osten tourte« entdeckte ich neben Satchmo auf einem Foto vom Flughafen einen weiteren Bekannten von mir: den Maler und Grafiker Rolf Zimmermann, in dessen Atelier ich schon ein Armstrong-Plakat gesehen hatte. Das sind heutzutage alles seltene Schätze.

Ein junger Mann, der auf dem Rollfeld nicht mal ein Stück Papier für ein Autogramm hatte, zog aus seinem Portemonnaie einen Hundertmarkschein und hielt ihn Louis Armstrong hin. Der signierte ihn lachend. Der Besitzer würde heute dafür eine stattliche Euro-Summe bekommen und hätte das DDR-Geld damit zu einem Schwindel erregenden Kurs getauscht!

Volker Stiehler, damals »armer« Student, erzählte mir, dass er beim Anblick des Geldscheins Stielaugen machte. Er hat vor nicht allzu langer Zeit durch intensive Recherche den Besitzer ermittelt. Aber es war mit ihm kein Geschäft zu machen ... Er rückte nicht mal eine Ablichtung des seltenen Dokuments heraus!

Der Stadtrat für Kultur, Rudolf Gehrke, lud Louis Armstrong mit seiner Band zum Mittagessen in das eben eröffnete Hotel Deutschland ein, in dem die Gäste auch wohnten.

Gehrke bestellte sich voller Stolz das damalige Spitzenessen der DDR, das gerade in den Interhotels des Landes in Mode gekommen war: Steak, Champignons und Pommes frites.

Satchmo war dieses Mahl schon ein paar Jahre länger vertraut und er orderte Eisbein mit Sauerkraut ...

Ich war im März 1965 für einige Wochen in Leipzig, um an der Buchhändlerlehranstalt in der Erwachsenenqualifizierung das theoretische Wissen für meinen Facharbeiterabschluß zu erwerben.

Im zarten Alter von 20 Jahren erlebte ich als Zwickauer in der Messestadt das erste Jazzkonzert meines Lebens. Und nun gleich: Louis Armstrong und seine All Stars!

Der »King of Jazz« kam für vier Konzerte in die Leipziger Messehalle 3. Zwei pro Tag. Da braucht man Kondition! Etwa zwölftausend Menschen konnten ihn feiern. Die Stimmung in der nüchternen Messehalle bei »Mack the Knife«, »Blueberry Hill«, »When it's sleepy Time down South« und all den anderen Titeln werde ich nicht vergessen. Die Begeisterung, die Rufe, der nicht enden wollende Beifall, und ich sah auch zum ersten Mal in meinem Leben, wie sich dreitausend Menschen zu »Standing ovations« erhoben. Sie ehrten damit nicht nur den Weltstar, den großen Musiker und Sänger mit seiner Truppe, sondern sie wussten auch sein Zeichen, seine Solidarität zu schätzen, dass er zu jenen gekommen war, denen die Welt seit dreieinhalb Jahren versperrt war.

Ich habe über das Konzert schon in meinem Buch »Mauer, Jeans und Prager Frühling« geschrieben, weil die Begeisterung für mich unvergesslich ist.

Am Tag nach dem Konzert bummelte ich vom Quartier bei meiner Tante Hilde in der Nürnberger Straße in Richtung Innenstadt. Ich kam am »Deutschland« vorbei und sah im Foyer zwei Musiker der »All Stars« stehen. Ich betrat die Hotelhalle; in dem Moment öffnete sich die Fahrstuhltür und der »King of Jazz« verließ strahlend den Lift. Mit seinem weißen Tüchel in der Hand. Ein Manager verteilte sofort an die heranstürmenden Leute Autogrammkarten. Blitzschnell waren sie ausgegeben. Während ich dort stand, ein wenig enttäuscht, dass es nicht für mich gereicht hatte, winkte mich eine Hotelangestellte an den Tresen. »Hier«, meinte sie, »nehmen Sie schnell!« Sie drückte mir eine große Ansichtskarte vom Hotel in die Hand. Ich bedankte mich und reihte mich in die Schlange der Fans ein. Geduldig und strahlend gab Satchmo Autogramme. Dann lachte er mich an: »What's your name?«

»Lutz.«

Er sagte, ich solle ihm den Namen buchstabieren, und dann schrieb er auf die Karte »For Lutz from Louis Armstrong«.

Ich bedankte mich herzlich, er gab mir die Hand und nun strahlte ich.

Für mich jungen Burschen aus Zwickau war das natürlich unglaublich: Der erste Amerikaner, den ich in meinem Leben kennen gelernt hatte, dem ich die Hand gegeben hatte – das war nun gleich Satchmo!

Am Tag darauf, als ich sein Autogramm in der Lehrgangsklasse herumzeigte, da war ich der »King«.

Es war in jener Zeit, in der die beliebte Klaus-Renft-Combo den Oberen ein Dorn im Auge war und schließlich verboten wurde. Klaus Renft, mit einem Mal »arbeitslos«, fand Unterschlupf in der von Fachleuten bis heute geschätzten Musikalienhandlung Oelsner, die damals noch im Messehaus Dresdner Hof am Neumarkt neben dem Kino Casino residierte.

Die Großmutter vom jetzigen Inhaber Michael Rosenthal war die Geschäftsführerin. Renft musste an einem Sonnabend ab 9 Uhr in der Musikalienhandlung sein. Eine gar schlechte Zeit für einen Menschen, der als Musiker einen anderen Tagesablauf gewöhnt ist.

Gegen elf stand er schließlich im Laden.

Die alte Dame machte ihm Vorhaltungen, das ginge doch nicht und wo käme man denn da hin etc. Renft antwortete auf das »Reformändl« lediglich mit einem Satz: »Na, man muss doch schließlich auch mal baden!« Dies wurde im Geschäft künftig zu einem geflügelten Satz, wenn die Situation eine Ausrede erforderte.

Die Musikalienhandlung Oelsner hat 2010 ihr 150jähriges Bestehen gefeiert. Unternehmen wie dieses muss man in Deutschland schon mit der Lupe suchen. Vierzig Jahre davon mussten die Inhaber im DDR-Sozialismus wirtschaften! Wem das gelingt, der besteht ewig!

In der DDR-Zeit waren sich Kurt Masur und Karl Kayser einig, dass keine Unterhaltungskunst in ihren Häusern stattfindet. Umso erstaunter waren die Leipziger, als plötzlich in der Oper Nana Mouskouri sang. Schlager! In der Oper! Was hatte sich denn da für ein Meinungsumschwung vollzogen?

Wer hatte es geschafft, den strengen Kayser zu überzeugen?

Es stellte sich heraus, dass nur eine Verwechslung zu

diesem Konzert geführt hatte. Die Mouscouri war mit der griechischen Ministerin Mercouri verwechselt worden!

Und der wollte man den Respekt nicht versagen.

Milva gab ein Konzert im Gewandhaus. Nach der Friedlichen Revolution. Seitdem treten dort Unterhaltungskünstler in Hülle und Fülle auf. Sie helfen, den Finanzplan des Konzerthauses zu stabilisieren. Und da können auch durchaus mal die Wildecker Herzbuben auf der Bühne stehen ... Masur sträuben sich die Nackenhaare.

Das Konzert mit Milva war jedenfalls brechend voll. Die Sängerin stellte ihre Band vor, nannte jeden Musiker mit seinem Namen. Als sie fertig war, rief jemand aus dem Parkett: »Und wer bist du?«

Sie ließ sich die Frage übersetzen und war begeistert. Das war ihr noch nie passiert.

Und sie hat die Frage auch beantwortet!

Für mich, der ich während der großen Beatles-Zeit in der DDR lebte, war es schon etwas ganz Besonderes, als im Jahr 2004 Paul McCartney in meiner Heimatstadt Leipzig auftrat! Er weihte an dem Abend auch unser neues Stadion als Konzertarena ein.

Dass er hier in Leipzig das einzige Konzert in Deutschland gab, war als eine Verbeugung vor den Menschen dieser Stadt gedacht, die den größten Beitrag geleistet hatten, um eine Diktatur friedlich zu stürzen.

Und Paul McCartney begrüßte die 45 000: »Guten Abend Leipzig. Endlich bin ich hier!«

Ja, endlich!

Wir waren ja in der DDR deftige Wartezeiten gewöhnt, aber vierzig Jahre haben wir auf einen Beatle gewartet. Genauso lange, wie dieses Land existiert hat.

Unvergesslich ist mir von dem Abend im Stadion eine

Szene: Nach einem Titel verließ die Band die Bühne. Paul McCartney stand allein mit seiner Gitarre vor dem Mikrofon, das Licht wurde gedimmt, im Stadion entstand eine intime Atmosphäre und Paul sagte in einem verschwörerisch-romantischen Ton zu den 45 000: »Jetzt bin ich allein mit euch.« Zur Gitarre sang er »In Spite of all the Danger«, einen Song, den er 1958 mit George Harrison geschrieben und mit der Vorgängerband der Beatles für fünf Pfund aufgenommen hatte.

Er sang ein Lied für »My dear friend John«, das er nach dessen Tod geschrieben hat, und auch eins zum Gedenken an George Harrison.

Paul McCartney sprach davon, dass er in Liverpool in der Schule eine Zeit Deutsch gelernt hat, und er gab aus diesem Unterricht einen Satz zum Besten, den er sich über die Jahrzehnte gemerkt hat: »Jakob der Rabe war der frechste von allen Vögeln, die ich je gesehen habe.«

Was bei einem Menschen manchmal so von der Schule hängenbleibt!

Das Wetter war »very british«, es regnete, aber auf den Gesichtern überall Sonne. Auch bei denen, die kein Dach über dem Kopf hatten.

Bei »Helter Skelter« trug Sir Paul eine Deutschland-Fahne über die Bühne. Und ich musste daran denken, dass es vor sechzig Jahren einen D-Day gab. Was ist nicht alles seitdem auf unserem Kontinent passiert, vieles hat sich zum Guten gewendet.

Paul und ich – wir gehören zu den Jahrgängen, die danach kamen.

Wären wir eine Generation früher zur Welt gekommen, hätten wir aufeinander schießen müssen. Auch der Gedanke ist mir an diesem Abend gekommen.

Messetrubel

Vom völlig andern Leben in Leipzig

August der Starke, Kurfürst von Sachsen und König von Polen, kam zu jeder Messe nach Leipzig. Er bezog im Apelschen Haus Quartier und deshalb wird dieses Gebäude am Markt schon lange das Königshaus genannt. Nebenan, in Auerbachs Hof, tätigte Majestät seine Luxuseinkäufe. Dabei wurde er ständig von einer Schar vornehmer Nichtstuer begleitet. Das Volk gaffte natürlich, wenn der sächsische Herrscher durch die Gewölbe bummelte.

Begleitet wurde August der Starke auch von seiner Janitscharenkapelle und dem »Lustigkmacher« am Hofe, dem Herrn von Kyau. Majestät reiste auch zur heiteren Zerstreuung mit seinem personengebundenen Hofnarren. Gelang dem ein Scherz besonders – der durfte auch durchaus zweideutig sein – und der König lachte aus vollem Halse, dann spielte die Kapelle einen Tusch.

Der Rat der Stadt Leipzig selbst war von den Besuchen nicht so begeistert, denn die Stadt kostete der exklusive Messebummel im Schnitt um die 30 000 Taler!

Ob die Besuche späterer Potentaten wie Ulbricht oder Honecker preiswerter waren …?

Gastronomie und Messe – das ist in jeder Messestadt ein Kapitel für sich und so mancher Gast wurde und wird in diesem Metier geschröpft. Ein anonymer Autor nannte sich »Sprühteufel«. Es handelt sich allerdings nicht um einen Graffiti-Fan, denn wir schreiben das Jahr 1852. Er bezeichnete seine Texte als ein »Humoristisch-satyrisches

Leucht- und Buntfeuer«, das er als »kosmopolitischer Pyrotechniker« abbrennt.

Der »Sprühteufel« also hat da seine ganz besonderen Beobachtungen gemacht. Er stieg für uns während der Messezeit in einen Weinkeller. Dort saßen diverse Zecher in froher Runde in allerdings unterschiedlich alkoholisiertem Zustand:

»›Markus! Noch eine Flasche Rothen!‹

›Wie theuer, mein Herr?‹

›Zur Schwerenoth, anderthalb Thaler!‹

›Mir auch Eine, aber fein!‹«

Der Kellner stürzt fort. Ein zweiter Kellner ist beschäftigt, Flaschen mit Weinresten wegzuräumen. Am Büfett sagt nun der Erste: »›Zwei Flaschen Rothen à Einen Thaler!‹

Nachdem er empfangen, schlüpft er in einen matt erleuchteten Seitengang. Aus der Tasche zieht er Weinetiketten, benetzt die gummierte Rückseite und im Nu sind andere Etiketts an der Flasche, die Fälschung ist nicht wahrzunehmen. – ›Hier, meine Herren, zwei Rothe à 1 ½ Thaler – macht 3 Thaler!‹«

Inzwischen melden sich bei dem anderen Kellner die Gäste eines Tisches: »Heda! Kellner! Schmeckt nicht mehr! Eine Flasche vom Besten!«

Der zweite Kellner geht mit einer Kerze in den Keller, dort stehen Flaschen mit Resten von Wein. Mit diesen füllt er eine Flasche, »... korkt sie zu und verkittet sie mit Flaschenlack, den er zu diesem Behuf in seinem Busen trug. Die Neugeschaffene wird mit frischem Etikett versehen zur Tafel gebracht und entkorkt.«

Und die weinseligen Trinker und »Kenner« werden am Ende noch der Überzeugung gewesen sein, nie einen so guten Tropfen genossen zu haben ... Schließlich war er ja auch entsprechend teuer!

Das Original auf der Messe und bis heute noch ein Begriff in Leipzig, obwohl er vor über 80 Jahren starb, war Seiferts Oscar. Den kannte man nicht nur in Sachsen.

Er besaß einen großen überdachten Stand, der auch bei Regen eine Menge Leute aufnehmen konnte. Schon von weitem las man oben auf dem Dach an allen vier Seiten: »Hurra, Seifert's Oscar ist da!«

Der Mann verstand viel von Marketing, ohne dass er solch einen Begriff gekannt hätte.

Bei schönem Wetter stand er auf einem Holzpodest vor seiner Verkaufsbude und bot »sämtlich polizeilich zugelassene Artikel« an. Seine Waren, wie zum Beispiel Kämme, Hosenträger, Seife oder Zigarren, brachte er mit teilweise derbem sächsischem Witz unter die Leute. Über viele Scherze von ihm würde man heute nicht mehr lachen. Die Zeiten ändern sich eben auch in Sachen Humor. Nicht immer zum Besten, wie man heute von vielen sogenannten Comedians weiß.

Bei Seiferts Oscar trafen sich seinerzeit jedenfalls alle Generationen. Ein Alleinunterhalter, bei dem kein Eintritt fällig wurde, der über die verkauften Waren auf seinen Umsatz kam.

Albert Kunze hat ihn einmal belauscht und mitgeschrieben. Für Nichtsachsen wird es schwer, den Episoden zu folgen. Meine Empfehlung deshalb: Schön laut buchstabieren, dann erschließt sich der Sinn am besten!

Also, wie klang das damals bei Seiferts Oscar vor hundert Jahren?

»So! Was gommd denn zuärschd ämal dran? Zuärschd gomm ämal die hochfein Gleiderbärschdn dran! Da schdaundr. Fläck! Dräck! Floh! Laus! – Alles gehd raus! Diese wunderbarn Gleiderbärschdn mit dän verschdellbarn Borschdn!

Unn was gosd so eine brima Bärschde? In jedes anständche Geschäft gosd diese Bärschde fimf Mark! Unn bei mir? Geine vier un geine drei Mark! Auch geine zwei Mark fuffzch. Diese hervorraachnd scheene, unzerdeilbare Bärschde gosd bei mir gannse zwei Mark.

Also, wer will ämal eene mitnähm?

Mit dän Bärschdn gänndr nich bloß ruffbärrschdn – da gänndr ooch wider runnderbärschdn.«

Und wenn keiner zugreifen wollte, dann verkaufte er sie schließlich für eine Mark.

Von Seiferts Oscar kam auch beim Anpreisen von Kämmen die sprichwörtlich noch heute benutzte Formulierung: »Gaufd Gämme, 's gomm laus'che Zeidn!«

Auch Mundharmonikas brachte er unter die Leute, damals auf sächsisch »Gaagnhobl« genannt. Dabei bewies er durchaus parodistisches Talent, wenn er einen beliebten und überall bekannten Schlager auf seine Weise darbot:

»Ich lehn Sie an die Wand, Madam,
Und gisse Ihren Mund.
Ich bin ja so galand, Madam,
Un fiddr Ihren Hund.«

Im Angebot hatte Seiferts Oscar auch Tischdecken: »Zum Schlusse gomm die naachlnei eingedroffnen Wachsduchdischdäggn dran! Was for Zeich?? Die wärn zu gleen? Na, warte doch, das is doch änne W a c h s duuchdischdägge, die wächst schon noch!«

Und wenn das Geschäft gar so schlecht lief, dann ging er die Leute direkt an: »Leide! Leide! Seid ihr denn alle pleide? Ich rede mir hier schdundenlang dä Gusche fußlich, unn ihr Schnaagnhaschr feixt un gaffd bloß rum!«

Der Kapellmeister Günther Koblenz, der immer eine weiße Nelke im Knopfloch trug, war beim Publikum sehr beliebt. Nicht so sehr bei seinen Musikern im Vorkriegs-Leipzig, die er besonders an Messetagen im »Naumann-Bräu« (das Etablissement befand sich im Erdgeschoß des Messehauses Dresdner Hof) oder im »Panorama« nahe dem Königsplatz (heute Wilhelm-Leuschner-Platz), einer großen Vergnügungsstätte, die im Krieg zerstört wurde, reichlich strapazierte.

An einem sehr heißen Tag der Herbstmesse sagte deshalb einer der Musiker zu ihm: »Gindr, wennde bei dähr Hidze nich balde eene Runde schmeißd, dann schbieln mir dadsächlich so, wie du dirichierst!«

Wenden wir uns der Leipziger Messe zu DDR-Zeiten zu. Die Straße der Deutsch-Sowjetischen Freundschaft war jene Magistrale, durch die unsere Partei- und Staatsführung, von Berlin kommend, in Richtung Zentrum und dann weiter zur Technischen Messe chauffiert wurde. Das geschah zweimal im Jahr auf dieser zur »Protokollstrecke« geadelten Trasse.

Der aufmerksame Beobachter bemerkte, dass die Häuser am Straßenrand tatsächlich nur bis in jene Höhe angestrichen waren, die die hohen Herren vom Wagen aus wahrnehmen konnten. Oben drüber war die Substanz in bedauernswertem bis total desolatem Zustand – eben der übliche Verfall.

Verständlich deshalb die Bemerkung eines Passanten, als die Armada in hohem Tempo vorbeifuhr: »Wenn die mal aussteichn mißdn – die däde alle dorr Schlaach dräffn!«

Eine Zeitlang spielte die Leipziger »Pfeffermühle« im Weißen Saal der Kongreßhalle am Zoo. Während der Messe schneite, natürlich unangemeldet, höchster Besuch ins Haus: der unbeliebteste Leipziger – Walter Ulbricht! Seine Brillengläser spiegelten, so dass nicht zu erkennen war, wie er das Programm aufnahm. Nach der Vorstellung rannte der Verwaltungsdirektor dem hohen Gast hinterher und bat ihn, doch etwas ins Programmheft zu schreiben. Das hat er verweigert, er gab sein knappes »fachmännisches« Urteil in dem ihm eigenen Singsang nur mündlich ab: »Unser Publikum reagiert im Durchschnitt normal.«

Na Gott sei Dank.

Ulbrichts größter Vasall lebte bekanntlich in Leipzig – der Bezirksparteichef Paul Fröhlich.

Er war nicht nur unbeliebt, sondern gefürchtet. Und das aus gutem Grund.

Sein Bildungsgrad war eher bescheiden.

Man erzählte sich in der Stadt, dass er einmal im Tross der hohen Genossen beim Messerundgang mit dabei war. Da er am Ende des Pulks lief und interessiert nach rechts und links schaute, nutzte das Personal des französischen Autoherstellers Renault die Gelegenheit, um ihn anzusprechen und ihm in aller Kürze die wichtigsten Daten eines neuen Produkts vorzustellen. Fröhlich wollte weltmännisch reagieren, war aber nur mit einigen Brocken der verehrten russischen Sprache gesegnet. Der französische Mitarbeiter sprach einwandfreies Deutsch mit dem entsprechenden liebenswerten Akzent. Als er geendet hatte, hörte man die Entgegnung des Experten Fröhlich: »Da, da, ich verstehe, nowy Typ!«

Auf das Gelände der Technischen Messe durften in den Messetagen PKWs nur mit Sondergenehmigung fahren. Verkehrspolizisten kontrollierten streng die Zufahrten. Ein Abteilungsleiter der DEWAG, also der staatlichen Werbeagentur, hatte dort auch öfters zu tun und wollte aus Bequemlichkeitsgründen schnell mit seinem Trabbi auf das Gelände fahren. Da er nicht im Besitz einer Einfahrtsgenehmigung war, stellte er sich die selbst aus. Er benutzte dazu verschiedene Pappen im A5-Format, Reservierungsschilder der Deutschen Reichsbahn, die mit fiktiven Stempeln und Texten wie »Freie Fahrt« und »Sondergenehmigung« versehen waren.

Die Schilder an der Frontscheibe überzeugten die kontrollierenden uniformierten Ordnungshüter und er hatte tatsächlich immer freie Fahrt!

Eine wahre Begebenheit vom Messestand ROBOTRON, geschehen im Frühjahr 1988. Wir befinden uns auf der Technischen Messe in der Halle 15. Ein Drehbuchautor erarbeitete ein Konzept zur Darstellung computergesteuerter Prozesse in der Industrie, die ROBOTRON anbot.

Auf einer großen Wand wurden diese Prozesse in Text und Bild dargestellt. Ein Moderator erläuterte den Messebesuchern aus dem In- und Ausland die Abläufe.

Die Darstellung der einzelnen Phasen wurde allerdings nicht etwa durch einen Computer gesteuert, sondern hinter der Wand standen zwei Rentner, die an einer Kurbel drehten. Sie konnten natürlich den Moderator nicht sehen und mussten deshalb den Befehl zum Weiterdrehen akustisch entgegennehmen. Die beiden lauschten also konzentriert seinem Text. Da der Moderator nicht einfach »weiter« rufen konnte – da wäre die Sache ja aufgeflogen –, war vereinbart worden, dass der Mann immer an jener Stelle die Stimme hob und lauter wurde, und dann traten die beiden Rentner in Aktion. Das war vor Messebeginn einige Tage lang geprobt worden.

So erfand ROBOTRON sozusagen die durch die menschliche Stimme gesteuerte Prozessdarstellung.

Heinz Sterz leitete am Neumarkt das volkseigene Geschäft »Die Münze«. Einmal betrat ein Mann während der Messe den Laden und interessierte sich für eine wertvolle Münze. Beim Bezahlen merkte er, dass seine DDR-Mark nicht rei-

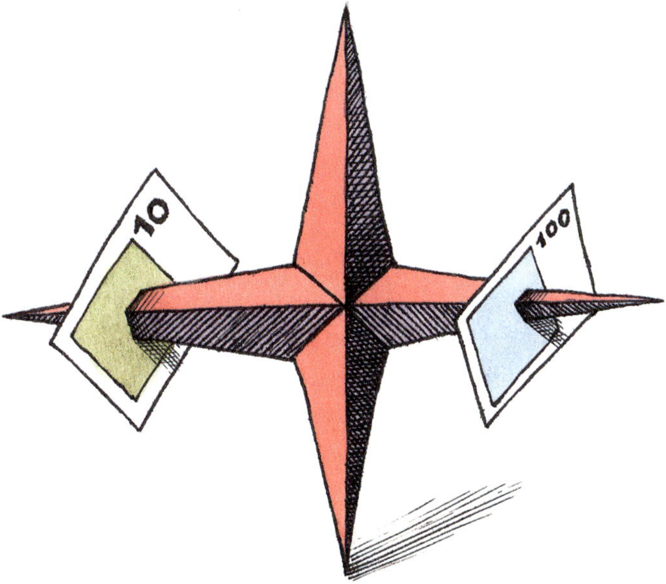

chen würden, und bot an, das alte Geldstück in D-Mark zu bezahlen.

Sterz meinte zu ihm: »Da vorn finden Sie an der Ecke eine Sparkasse, dort können Sie das Geld tauschen.«

Der Mann stimmte nach einem kurzen Wortwechsel dem Vorschlag zu, tauchte aber nicht wieder im Geschäft auf.

Und warum? Auf diese Weise wurde gern getestet, ob das Personal für verbotene Devisen-Einnahmen anfällig war ...

Im März 1989, zur Frühjahrsmesse, hatte das CENTRUM-Warenhaus natürlich, wie jedes Jahr, seine Schaufenster frisch dekoriert. Die Staatssicherheit vermerkte, dass es wegen dieser Dekoration »Diskussionen unter der Bevölkerung« gegeben habe.

War das Angebot nicht attraktiv?

Oder war plötzlich wegen der zu erwartenden Messebesucher alles ungewohnt schön präsentiert und man regte sich darüber auf?

Nichts in dieser Richtung.

Die Schaufensterpuppen erregten angeblich das Missfallen einiger Betrachter, weil sie den rechten oder linken Arm ungebührlich erhoben hätten und sich »damit Parallelen zum Hitlergruß ergeben könnten«.

Konsequenz: die (im DDR-Deutsch) Gebrauchswerber mussten noch mal ran und die Armhaltung wurde geändert!

Felix war zu DDR-Zeiten stadtbekannt. Er hatte nach meiner Erinnerung einen etwas kugeligen Kopf, den ein Igelhaarschnitt zierte. Felix gehörte zum Gefolge des zwielichtigen Paul G., der ein Café im Zentrum und eine Nachtbar im Musikviertel bewirtschaftete. Es war keine Überraschung, als sich nach der Friedlichen Revolution herausstellte, dass er auch für die Stasi gearbeitet hatte.

Die Nase von Felix sah aus, als hätte er in seiner Jugend eine Zeitlang mit nicht so großem Erfolg dem Boxsport angehangen. Während der Messe verkaufte Felix in der Petersstraße an einem Stand Blumen. Eines Tages sah er dort eine Gruppe hoher Herren des Weges kommen und entdeckte unter diesen Messegästen den Wirtschaftsminister der Bundesrepublik Deutschland.

Felix schnappte sich sofort einen Blumenstrauß, steuerte unbehelligt den hohen Besuch an, überreichte ihm die Blumen und Lambsdorff hörte zu seinem Erstaunen, wie der ihm unbekannte DDR-Bürger sagte: »Herr Graf, ich begrüße Sie herzlich in der Reichsmessestadt Leipzig!«

Ein Taxifahrer – in der Messestadt nennt mancher sein Auto in Erinnerung an alte Zeiten auch heute noch

Droschke – erzählte folgende Begebenheit: Er wurde zu einer Nachtbar gerufen, um einen westdeutschen Messegast mit seiner ostdeutschen Eroberung zu fahren. Sobald ein Bundesbürger im Taxi Platz nahm, stieg natürlich die Hoffnung auf ein Trinkgeld in West.

Im Fond des »Wolga« wurde geturtelt und geschnäbelt.

Die Lust brach sich immer mehr Bahn.

Es schien aber an einem praktikablen Raum zu mangeln, denn plötzlich kam von dem Kunden ein verblüffender Vorschlag an den Fahrer. Er solle, es war in der Nähe des Völkerschlachtdenkmals, doch mal da drüben jenen dunklen, verschwiegenen Ort ansteuern und für eine halbe Stunde frische Luft schnappen gehen. Für diese Art Entgegenkommen würde der Droschkenkutscher mit 50 D-Mark entschädigt werden. Ein Angebot für einen mit Devisen veredelten Spaziergang hatte unser Mann noch nie bekommen. Seine Verblüffung zog er nicht in die Länge. Zündschlüssel rausziehen und abziehen war eins, damit es im Fond zünden konnte.

Ein anderer Taxifahrer berichtete, dass er einmal in den siebziger Jahren drei Bauern zur Agra, der Landwirtschaftsausstellung der DDR, gefahren habe. Als sie am Ziel angekommen waren, fragt einer nach dem Preis.

»Fünf Mark zehn.«

Da gab ihm jeder fünf Mark zehn.

Die Landwirtschaftsschau fand vor den Toren Leipzigs, auf einem großen Gelände in Markkleeberg statt. Zwei Bauern stiegen bei jenem Taxifahrer ein und gaben als Fahrtziel Markkleeberg an. Da sich der Ort in Ost und West gliedert, fragte der Taxifahrer die Kunden: »Ost oder West?«

Sie antworteten beide schnell: »Natürlich in Ost!«

Alljährlich fuhren zu DDR-Zeiten vor den Messen Männer durch die Stadt, deren Aufgabe darin bestand, die gröbsten Krater in den Straßen mit Asphaltmasse aufzufüllen.

Und wie nannte der Volksmund diese Arbeiter?

Das war der »Fligg-Gonnzern«.

Bei meinen Recherchen zur Leipziger Messe interessierten mich natürlich auch die Unterlagen der Staatssicherheit, speziell was über die Buchmesse berichtet worden war.

Ein tägliches Problem war das Klauen der Westbücher.

Ich nannte es immer »geistigen Mundraub«.

Im Jahr 1984 wurden zur Buchmesse »179 Täter« bei derartigen »Verfehlungen« ertappt. Sie haben sich 200 Bücher »rechtswidrig angeeignet«.

In den Akten sah ich, dass die soziale Struktur der erwischten Delinquenten hochinteressant war: Die Skala reichte von der Hausfrau bis zum wissenschaftlichen Mitarbeiter, vom Kulturwissenschaftler bis zum Angehörigen des Ministeriums für Verkehrswesen, vom Arzt bis zum Soldaten der Nationalen Volksarmee und vom Studenten für Arabistik bis zum Gemeindepfarrer.

In solchen geistigen Notsituationen konnte man selbst das Gebot »Du sollst nicht stehlen!« mit Duldung von »ganz oben« außer Kraft setzen …

In der Hainstraße gab es das beim tanzwütigen Durchschnittsvolk beliebte »Riebeck-Bräu« – so genannt nach einer bekannten Brauerei der Messestadt. Das Lokal wurde dann im Zuge der Tilgung alter Begriffe aus der Vorkriegszeit in »Sachsen-Bräu« umbenannt.

Einsame Seelen fanden jedenfalls in der Hainstraße – nicht nur zu Messezeiten – entsprechenden Anschluss. Man muss sich nun einen westdeutschen Geschäftsmann vorstellen, der eine Begleiterin sucht. Es ist Herbstmesse, spätsommerliche Wärme über der Stadt, und draußen, so ist es bis in den Raum zu hören, grummelt ein Gewitter heran. Plötzlich rennen Kellner mit Schüsseln und Eimern durchs Lokal und platzieren die Gefäße an ganz bestimmten Stellen. Der Mann fragt sich nach dem Sinn dieser Aktion und erwartet vielleicht eine besondere Art von Happening …

Dann prasselt plötzlich der Regen auf das Glas des Lichthofes und schon tropft das Wasser vielfach und mit unterschiedlichen Tönen in die Gefäße. Das Gesicht des westdeutschen Geschäftsmannes blickt fasziniert auf das plätschernde Schauspiel und er hat die Suche nach der Dame seines Herzens für einen Moment völlig vergessen.

»Wenn ich das zu Hause erzähle«, so sinniert er in seinem schon etwas angeheiterten Zustand, »glaubt mir das kein Mensch!«

Die Tanzbar für junge Leute in der Innenstadt war das »Eden«. Dieser Name passte den FDJ-Funktionären vermutlich schon wegen des biblischen Bezugs nicht und so wurde die Bar in »Jugendtanzgaststätte Zentrum« umgetauft.

Welch poetischer Name!

Der Eintritt kostete 1,60 … und 5 Mark für den Mann am Einlass.

Die FDJ-Bezirksleitung hatte allabendlich einen reservierten Tisch zur Verfügung.

Zur Messe wurde dort allerdings Gastronomie auf Weltniveau betrieben. Das bedeutete: höherer Eintrittspreis, weiße Tischdecken, der Einlass stand im Anzug an der Tür und die Garderobenfrau lief dann – wie weiland in den zwanziger Jahren – mit einem Bauchladen durch das Lokal, um Zigaretten zu verkaufen. Es gab ein Cabaret-Programm, Live-Musik und in den Pausen einen DJ – im DDR-

Deutsch »Schallplattenunterhalter« genannt. Das war Bernd Peschko alias Mäuschen's Discothek.

Während der Messeabende gab es so manche Eva aus dem Osten, die mit einem imaginären Apfel einen westdeutschen Adam lockte. Dann war die »Jugendtanzgaststätte Zentrum« für kurze Zeit wieder das »Eden«.

Abenteuerliche Zustände herrschten in der Gastronomie des Landes. In Umkehrung der normalen Verhältnisse war der Gast Bittsteller und der Kellner König bzw. Herrscher über reservierte Tische, die er nach Lust und Laune frei gab.

Ein besonderes Erlebnis hatte ich einmal in der Rennbahn-Gaststätte im Scheibenholz mit meinem Freund Fritz Haase aus Hannover, der zur Messe in Leipzig zu tun hatte. Friedel wollte zu seinem Wildgericht einen Schoppen Rotwein trinken, musste aber erfahren, dass dies nicht möglich sei und nur Flaschen ausgeschenkt würden.

Meine Verblüffung hielt sich in Grenzen, da ich als DDR-Bürger mit unserer Gastronomie schon die sonderbarsten Erfahrungen gemacht hatte. Mein Freund wunderte sich allerdings sehr, dass solch ein schlichter Wunsch unerfüllbar war. Ich hatte mich sofort entschlossen, den Kampf mit dem Mann im schwarzen Anzug aufzunehmen: »Hören Sie, mein Freund will sich nicht betrinken, sondern, wie es nach seiner Erfahrung als Kaufmann weltweit üblich ist, ein Glas zum Essen genießen! Und wie Ihnen als Fachmann bekannt sein dürfte, passt nun mal Rotwein hervorragend zu Wild!«

»Ja, aber mir hamm nur Flaschen.«

»Dann machen Sie eine Flasche auf und schenken Sie meinem Freund ein Glas ein.«

»Das geht nich.«

»Wieso soll denn das nicht gehen?«

»Mir wissn nich, wie mir das berechnen solln.«

In meiner Magengegend fing es an zu kribbeln. Ich musste die nächsten Sätze etwas kontrolliert äußern, damit es nicht zu handfesten Beleidigungen kam, aber langsam war mir danach, nicht nur eine Flasche, sondern ein Fass aufzumachen!

Ich zeigte auf eine Text-Passage in der vor mir liegenden Speisekarte: »Sie brüsten sich hier mit Ihrer angeblichen Gastfreundschaft gegenüber den Messegästen aus aller Welt und sind nicht in der Lage, einem Besucher Ihres Lokals einen Schoppen auszuschenken?! Soll ich für die ›Leipziger Volkszeitung‹ eine Glosse schreiben, dass die Mitarbeiter dieser Gaststätte nicht wissen, wie man den Preis für ein Glas Rotwein berechnet? Jetzt klären Sie das bitte schnellstens mit Ihrem Chef.«

Wobei ich ehrlicherweise zugeben muss, dass ich mir nicht ganz sicher bin, ob ich wirklich »bitte« gesagt habe …

Der verunsicherte Kellner schwirrte ab.

Plötzlich erhielt ich unerwarteten Zuspruch. Ein vorbeieilender Kollege des Kellners stoppte an unserem Tisch und flüsterte mir ins Ohr: »Ich halte zu Ihnen! Sie hamm Recht!«

Das war sozusagen ein wohltuendes Zeichen versteckter Solidarität.

Offensichtlich ein gastronomischer Überläufer.

Nach einiger Zeit und vermutlich schwierigen Diskussionen und Rechnereien im Büro des Chefs stellte der uns bedienende Kellner wortlos einen Schoppen Rotwein auf den Tisch.

Und zwei Tische weiter hörte ich eine Stimme sagen: »Nu, da will ich auch einen Schoppen, wenn das doch geht!«

Als Konstantin Wecker in der DDR noch als Geheimtipp galt, gab er während der Leipziger Messe ein Konzert. Die volkseigene KGD, also die Konzert- und Gastspieldirektion, bekam über die Künstleragentur der DDR vom zuständigen Management aus München ein ungewohntes Schreiben – es handelte sich um die Catering-Liste …

Im Text ging es aber nicht einfach um die Bitte, dem Künstler etwas zu essen und zu trinken bereitzustellen, auf dem Blatt Papier war ein ausgeprägtes Markenbewusstsein schwarz auf weiß dokumentiert. Also stand dort zum Beispiel »Pepsi Cola« und in Klammern zur Verdeutlichung »also keine Coke«.

Oder »trockener Landwein (Rheingau)«.

Den Verantwortlichen ergriff ein Schwindel. Sollte man etwa das Konzert wegen fehlender Catering-Voraussetzungen absagen? Das machten sie jedoch nicht und orderten todesmutig eine Platte mit belegten Broten, Vita Cola und eine Flasche Meißner Wein (was seinerzeit schon schwer genug war!).

Konstantin Wecker war zum Glück ein unkomplizierter Typ, mit allem zufrieden und wunderte sich nur nach dem Konzert, warum er hier als Schweizer gehandelt wurde: Ob das eine bestimmte Bedeutung hätte?

Peter Chalupsky von der KGD betrachtete sich daraufhin die Eintrittskarte und las tatsächlich »Konstantin Wecker – Schweiz«.

Völlig klar, dass diese Angabe Wecker als Bayern schon etwas verwundert hatte!

Die Recherche ergab, dass der Verantwortliche für den Kartendruck in Ermangelung von Reiseerfahrungen Weckers Dialekt einfach als schweizerisch eingestuft hatte …

Während der Messe gab es zu DDR-Zeiten eine Revue mit dem Titel »Goldener Löwe«. Die fand im Haus der heiteren Muse statt, einem Nachkriegsbau auf dem Gelände des Krystallpalastes, wo seinerzeit Weltstars wie Josephine Baker oder die Comedian Harmonists gastierten.

Das Haus der heiteren Muse, ein Rundbau, war – verglichen mit dem Krystallpalast – ein provisorischer Schuppen. Devisen waren in der DDR zwar knapp, aber zur Messe wurde immer ein Kontingent für westliche Stars freigegeben. So kam eines Tages auch Heidi Brühl nach Leipzig, brachte zum ersten Mal die großartigen Webber-Hits, vom Orchester Fips Fleischer hervorragend begleitet, in die Messestadt.

Sie sang am Anfang ihres Konzertes auch jenen Hit, der sie in beiden Teilen Deutschlands sehr bekannt gemacht hatte, ein Lied über eine große Liebe »Wir wollen niemals auseinandergehn«.

Wenn aber eine Westdeutsche in der DDR solch einen Text sang, dann wurde das vom hiesigen Publikum, das gewohnt war, zwischen den Zeilen zu lesen, ganz anders interpretiert. Nämlich: die beiden deutschen Staaten mögen sich nicht auseinanderleben, sie gehörten schließlich zusammen! Ekstatischer Applaus war die Folge, den Heidi Brühl lediglich auf das Lied bezog, nicht aber auf die Botschaft, die sie gar nicht hatte. Sie empfand die Zeilen gar nicht als Politikum.

Verantwortlichen Kulturfunktionären wurde bei solchen Reaktionen durch »unsere Menschen« immer etwas mulmig, denn sie wussten, dass sie sich später »warm anziehen« mussten, wenn bei der Auswertung jemand fragte, wieso man es so weit hatte kommen lassen.

Und diese Frage wurde garantiert gestellt!

Heidi Brühl war jedenfalls vom Leipziger Publikum so hingerissen, dass sie die Arme ausbreitete und in ihrer Begeisterung in den Saal rief: »Sie sind so ein tolles Publikum – ich nehme Sie mit auf Tournee!«

Sie machte die Sache damit noch schlimmer!

Denn, du lieber Gott, wo tourte denn Heidi Brühl?

Natürlich zwischen Hamburg und München!

Das war doch jedem im Saal klar. Und so schrieen 1825 Menschen, die noch nie im Westen waren: »Jaaaaa!«

Zu der Messeveranstaltung »Goldener Löwe« im Haus der heiteren Muse waren die »academixer« einmal eingeladen. Wir brachten in unserem Programmteil eine Parodie, die Jürgen Hart auf einen Hit von Peter Maffei geschrieben hatte. Darin wurden Verhaltensweisen von DDR-Bürgern satirisch benannt. So hieß es beispielsweise an einer Stelle, »wenn ich was sag', dann spricht nur ein Teil von mir und der andre schweigt sich aus«. Besonders starke Reaktionen des Publikums rief immer jene Zeile hervor: »Ich hab alles, was es gibt. Das bekommt man, wenn man schiebt.«

Nach der Generalprobe beschlossen die Verantwortlichen des DDR-Fernsehens, dass diese Parodie, die auf der Kabarettbühne die Zensur passiert hatte, für die Fernsehaufzeichnung nicht in Frage komme. Sie flog aus dem Programm raus.

Während Jürgen Hart und ich – mit unseren Kollegen als Background-Chor (»Hu, hu, huuuuu«) – wie aufgemotzte »Showstars« im zirkusähnlichen Rund standen, umtänzelte uns der Kameramann mit seinem Kabelhalter und tat so, als ob er uns aufnähme.

Dabei wussten wir längst, dass dies lediglich optisches Theater war.

Die Reaktion des Publikums während und nach unserem Auftritt ist mir unvergesslich.

Die Massen im Rundbau tobten!

Nach der Ausstrahlung des »Goldenen Löwen« wagte immerhin eine Leipziger Tageszeitung auf den lieblosen Zusammenschnitt hinzuweisen und merkte an, dass die »academixer« bei der Fernsehübertragung leider gefehlt hatten.

Zufällig fand ich 2010 im Nachlass der Stasi die folgende Bemerkung: »... in der Ausstrahlung der Messeveranstaltung ›Goldener Löwe‹ wurde der Programmteil der ›academixer‹ vermutlich wegen erheblicher künstlerischer und inhaltlicher Schwächen weggelassen«.

Während der Leipziger Buchmesse fand im Gohliser Schlösschen immer eine hochkarätige Literaturveranstaltung statt. Autoren des Leipziger Reclam-Verlages lasen aus ihren Werken, Schriftsteller aus Ost und West, deren Bücher bei den Oberen nicht immer auf der Hitliste standen. Wenn es zum Beispiel um Texte von Reiner Kunze oder Günter Kunert ging.

Da der Einlass an eine Einladung gebunden war, stauten sich vor der Tür Literaturfreunde, die sich noch die Chance eines Besuches erhofften. An solch einem Abend in den siebziger Jahren, die Massen drängelten sich kurz vor Beginn im Gang, war der ökonomische Direktor des Verlages der Zerberus, der über den Einlass wachte. Plötzlich ertönte aus der Menge eine Stimme: »Hier steht der stellvertretende Kulturminister!«

Der ökonomische Direktor konterte in Unkenntnis, dass dort die Wahrheit gesprochen wurde: »Und hier steht der Kaiser von China!«

Und Klaus Höpcke blieb draußen.

Aus bunter und grauer Vorzeit

Vom Mittelalter bis zur Nazizeit

Das Leipziger Stadtwappen besteht aus einem Schild, in dessen linker Hälfte ein schwarzer, aufgerichteter Löwe zu sehen ist. Rechts daneben finden sich zwei blaue Balken auf goldenem Grund. In einer Urkunde von 1470 taucht dieses Wappen zum ersten Mal auf. Es handelt sich um den Meißner Löwen, der auch das Dresdner Stadtwappen ziert. Das Wappen soll der Stadt Leipzig vom Markgrafen Dietrich von Landsberg verliehen worden sein, einem Freund und Gönner der Messestadt. Auf die Frage, warum der Löwe auf dem Wappenschild nach links blicke, hat vor langer Zeit ein unbekannter Künstler in unserem Dialekt folgendes gereimt:

»Ich malte Himmelslust und Hellenqualen,
In welchen Farbendeenen schwelgt ich nich!
Doch so'n Leewenbiest nach rechts zu malen,
Das geht den greeßten Binsel widern Strich.«

Der Begriff Frauenhaus hatte im Mittelalter eine völlig andere Bedeutung. Da ging es nicht – wie heute – um einen sicheren Ort für Frauen, die von Männern misshandelt wurden, sondern darunter verstand man Gebäude, in denen Prostituierte ihrer Beschäftigung nachgingen.

Es gibt Berichte über solche Häuser aus dem 15. Jahrhundert. Sie gehörten dem Rat der Stadt Leipzig. Die Prostituierten wurden vom Scharfrichter beaufsichtigt. Sie mussten ihm dafür drei Groschen pro Woche zahlen. Der

Henker war sozusagen der städtische Diener, der das wenigste Ansehen in der Stadt genoss.

In der Stadt nannte man jene Damen, die dort arbeiteten, freie, offene oder gemeine Weiber, aber auch Huren, Dirnen und Hübscherinnen.

Juden durften die Bordelle nicht betreten. Wurde einer erwischt, so hieß es: »... do sol man dem Juden sein Ding abesniden und ein aug usstechen«.

Mein Gott, waren die damals brutal!

Wenn er Glück hatte, dann verjagte man ihn lediglich mit Ruten, oder er kam mit einer Geldstrafe davon.

Der Tätigkeit im Frauenhaus durften nur Mädchen nachgehen, die nicht aus Leipzig stammten. Besonders interessant finde ich, dass Ehemänner, Geistliche und Nichtchristen die Dienste solch eines Hauses nicht für sich in Anspruch nehmen durften.

Sehr merkwürdig!

Womöglich hat diese Bestimmung am Ende sogar Männer beflügelt, Christ zu werden?

Was glauben Sie, ob es jemals irgendeinen berühmten Menschen in deutschen Landen gab, der Leipzig nicht mochte?

Man muss lange suchen, sehr lange, wird dann aber an ganz unerwarteter Stelle fündig: bei Martin Luther! Er war übrigens – das möchte ich nicht kommentieren – Fan von Halle. Folgendes hat er geäußert: »Halle, du werte Stadt, der barmherzige Gott erhalte dich, dass du nicht versinkest.« (Halle war nahe dran. Da hat in der Endzeit der DDR nicht viel gefehlt!) »Du hast Gottes Wort immer geliebt, darum wird dich Gott erhalten.

Leipzig ist wie Sodom und Gomorra. Mit Hurerei und Wucher überschüttet, darum kann's ihnen nicht wohl ergehen. Es geschieht ihnen recht: sie wollten's nicht anders haben. Ich bin dagewesen, will aber nun nicht mehr hinkommen.«

Zum ersten Mal war er 1512 in der Messestadt – am 9. Oktober! Wenn er gewusst hätte, was sich genau 477 Jahre später in Leipzig abspielen würde, hätte er nicht so despektierlich über unsere Stadt gesprochen. Da sind schließlich viele Lutheraner mit über den Ring gezogen, um ihre modernen Thesen zu rufen.

So führt ein direkter Weg von der Reformation zur Revolution.

Wegen fehlender Mittel muss in unseren Tagen der Rat der Stadt mitunter improvisieren. Das ist bei weitem nichts Neues. Das war in alter Zeit nicht anders. Als am 27. August 1824 der Mörder Johann Christian Woyzeck, vormittags gegen 11 Uhr, auf dem Leipziger Marktplatz mit dem Schwert enthauptet wurde, umstanden 12 Ratsdiener das Schafott.

Von Kopf bis Fuß in entsprechender Rüstung.

Allein: es fehlte an Schwertern!

Peinliche Sache. Was sollen denn die Leute dazu sagen?!

Der Rat wusste sich zu helfen und wandte sich an Theaterdirektor Hofrat Küstner. Der half dem Rathaus aus der Patsche und borgte den Akteuren aus dem Requisitenfundus ein paar römische Kurzschwerter.

Opernfreunde aus dem Pulk der sensationshungrigen Masse konnten diese schon wenige Tage später wieder in Spontinis Oper »Die Vestalin« sehen!

Einen Begriff aus dem 19. Jahrhundert habe ich in den Sechzigern noch in der Messestadt gehört: Leipziger Ladenschwengel.

Was oder wer ist das?

Lassen wir einen Augenzeugen von 1852 zu Wort kommen: »Der Ladenschwengel ist ein Individuum, das Herr genannt wird, auch wie ein Herr aussieht und doch ein Diener ist, nämlich Laden=, Handlungs= oder Kaufmannsdiener.«

Dieser junge Mann, der mehr sein will, als er ist, wog also damals Schnupftabak oder gemahlenen Kaffee, fischte in der Salztonne nach Heringen oder vermaß Kattun mit der Elle. Wo traf man ihn in seiner Freizeit?

Nun, zum Beispiel beim Tanz im glänzenden Ballsaal des Hôtel de Pologne. Der wird gerade wieder auf Vordermann gebracht, bald können sich dort die Nachfolger ein Stelldichein geben. »... unter den Galerien und in den Nischen rüsten sich junge Herren zum Feste, indem sie die Glacéhandschuhe an die Finger martern und überfliegen mit prüfenden Blicken, bald suchend, bald grüßend, die harrenden Schönen.«

Es wispert und flüstert im Saal. Und wenn dann eine der Damen ihre Freundin fragt: »Wer ist er, der dort sich schwenket und schwinget im überschwänglichen Gefühl?«

»Ein Leipziger Ladenschwengel.«

1858 fiel in Leipzig das letzte Stück »Zwinger-Mauer« am damaligen Moritzdamm. Damit gab es kein Überbleibsel mehr aus jener Zeit, da sich die Städte mit einem festen Wall vor dem Eindringen von Feinden schützen mussten. »Hoch wirbelte der Staub auf bei ihrem Einsturz und stieg gleichsam als Opferrauch einer neuen Zeit empor. Noch waren die Steine fest verkittet, als sollten sie der Ewigkeit trotzen ...«, hielt ein anonymer Schreiber dieses Ereignis fest. Sein Text endete mit den Versen:

»Was trotzig sich entgegenstellt der Welt
Und nicht begreift der Neuzeit Drang und Wehen,
Das muß zuletzt, vom Zeitensturm geschwellt,
Verderben doch und einmal untergehen.«

Gleich hatte ich die Bilder der stürzenden Mauer vom Jahr 1989 vor Augen.

Was hat sich seitdem nicht alles in unserer Stadt verändert!

Und manch einer glaubt, dass es solch gravierenden Wandel im Stadtbild noch nie gegeben hätte. Dabei brachte jedes Jahrhundert für die Bewohner Leipzigs einschneidende Veränderungen. Was heute eine nicht zu erwähnende Selbstverständlichkeit ist, war seinerzeit schon eine kleine Sensation. 1858 schrieb ein anonymer Dichter in dem Band »Leipziger Raritäten-Cabinet« u.a. in seinem Text »Erinnerung an Leipzig« diese Strophe:

»Denk ich daran, wie das geliebte Leipzig
In wenig Jahren sich verändert hat,
Hin ist die Zeit, wo noch in kurzen Mänteln
Die Thomasschüler sangen durch die Stadt.
Es war die Post noch in der Klostergasse,
Und machte Einer 'mal nach Dresden ja,
Dann ward geheult beim Abschied und umärmelt,
Als gäng's ›weeß Knöpchen‹ nach Amerika.«

In dem gleichen Buch sinniert ein Autor in einem Vierzeiler über eine »Merkwürdige Naturerscheinung in Leipzig«:

»Es ist doch wirklich eigen,
Kaum fällt, so B-A-B,
Der Schnee herab, so steigen
Die Kohlen in die Höh'.«

Da kann man nur sagen: Es gibt nichts Neues unter der Sonne – das erinnert mich doch sehr an die Preiserhöhung beim Benzin kurz vor Feiertagen ...

Völlig unbekannt war mir, dass man bis zur Mitte des 19. Jahrhunderts bei einer Einladung zum Essen noch sein eigenes Besteck mitbrachte. Man rückte also mit einem Etui mit Messer, Gabel und Löffel an. Was mag der Grund gewesen sein? Doch nicht etwa eine Vorsichtsmaßnahme wegen des drohenden Verlusts durch Diebstahl ...?

Und was passierte, wenn der Eingeladene sein Besteck vergessen hatte? Bekam er trotzdem zu essen? Oder reichte man ihm nur einen »scharfen Löffel«?

Sie wissen nicht, was das ist?

Ich entsinne mich, dass Medizinstudenten in den sechziger Jahren des vorigen Jahrhunderts noch im Besitz einer solchen Essens-Hilfe waren. Der innere Löffelrand wurde – wie ein Skalpell – scharf geschliffen. So zogen die Kommilitonen in jeder Lage ihren besonders präparierten Löffel und konnten damit auch Fleisch schneiden!

Eine Prise sächsischen Humors von 1852.

In den »Leipziger Capricen« schreibt in jenem Jahr ein anonymer Autor: »Der Untergang Leipzigs ist eben so wenig genau zu bestimmen als dessen Anfang. Die Chronisten haben uns darüber im Dunkeln gelassen, worin noch heutigen Tages Viele sind. Sorgfältiger hat man die Zeit notirt, wo sich Leipzig verloren und wiedergefunden hatte.«

Recht hat er: Seit über zwanzig Jahren findet es sich gerade wieder …

Irgendwann in der zweiten Hälfte des 19. Jahrhunderts stieg ein wohlhabender Engländer in einem der ersten Hotels am Platze ab. Der stattliche, hochgewachsene Lord Mackintosh suchte und fand bald Zutritt in die besseren Gesellschaftskreise von Leipzig. Seine Lordschaft imponierte durch die feine englische Art und vor allem dadurch, wie er das Geld mit vollen Händen ausgab. Seine Extravaganzen machten auf manche Kaufmannstochter großen Eindruck. So wurde er bald zum Stadtgespräch und etliche weibliche Wesen himmelten ihn regelrecht an.

Als der edle Lord sich in einem Gespräch nebenher über den schlechten Eingang seiner Gelder aus England beklagte, half man natürlich gerne aus. Ja, es war sogar eine

Ehre, seiner Lordschaft kurzfristig Kredit zu geben. Er nahm huldvoll an und das üppige Leben konnte weitergehen.

Eines Tages aber war der englische Lord verschwunden und mit ihm die Gattin eines der angesehensten Bankiers von Leipzig. Ob der Bankier wegen der überraschenden Situation todtraurig war oder eher Dankbarkeit empfand, ist nicht überliefert.

Nun zog man in den besseren Kreisen der Messestadt – wenn auch zu spät – in England Erkundigungen über Lord Mackintosh ein. Und was Sie, liebe Leser, längst ahnen: diesen »Lord« gab es natürlich im britischen Königreich gar nicht. Es stellte sich heraus, dass der Hochstapler von Beruf schlicht Schneider war ... Und da fällt Ihnen gleich ein Herr Schneider ein, der über hundert Jahre später mit seinem Auftreten, seinen feinen Manieren ebenfalls so manchen Vertreter der Stadt und der Banken beeindruckte und im Gelde schwamm, bis er unterging ...

Ebenfalls um die Mitte des 19. Jahrhunderts, ganz genau am 7. Mai 1860, kam ein Mann in Leipzig an, der sich wenige Jahre später einen Namen machen sollte: August Bebel.

Er steigt also in einer Herberge in der Großen Fleischergasse ab und beginnt am nächsten Tag seine Arbeit in einer Drechslerwerkstatt. Dort sind ein halbes Dutzend Gesellen und ein Lehrling beschäftigt und bald kommt es zu einer Solidarisierung wegen der schlechten Arbeitsbedingungen. Der künftige Arbeiterführer hat eben auch klein angefangen. Sie beschweren sich zunächst beim Meister über den schlechten Morgenkaffee. Die heimischen Gesellen werden dann etwa gesagt haben: »Das is doch eene eenzche Blärre, eene Lorge, eene ungenießbare Briehe!«, um dann weiterhin die Qualität des mittäglichen Essens zu bemängeln, und meinten vermutlich: »So ä elender Fraaß!« Sie drohen dem Meister mit Arbeitsniederlegung –

das Wort Streik ist in jenen Tagen noch nicht bekannt. Sie erfahren während der Auseinandersetzung schließlich, dass dem Meister selbst das Essen schmeckt, was sie zunächst sehr wundert, bis sie in Erfahrung bringen, dass er bessere Kost vorgesetzt bekommt, was dem wiederum gar nicht bekannt war und ihm hochnotpeinlich ist.

In Verhandlungen mit ihrem Chef erreichen sie schließlich, dass sie sich auf seine Rechnung selbst beköstigen. Das sind doch Ergebnisse, die sich sehen lassen können!

Die Erfolge machen übermütig: Nun fordern sie mit Recht, dass die Arbeit früh eine Stunde später beginnt. Also statt um fünf erst um sechs!

Und wie haben die sieben Revoluzzer, die damals, wie üblich, auch beim Meister wohnten, das durchgedrückt?

Indem sie einfach alle im Bett blieben!

Und damit haben die sieben Handwerksburschen 1860 vor dem Sitzstreik bereits den Liegestreik erfunden – und ebenfalls gesiegt!

Dass unser sächsischer Dialekt zu Missverständnissen Anlass geben kann, zeigt die folgende Anekdote: Der Königlich Sächsische Gesandte Herr von Globig wollte seine Fahrt von Berlin nach Dresden in Leipzig unterbrechen. Des Nachts musste die Kutsche am Hallischen Tor Halt machen. Der wachhabende Unteroffizier trat also an den Wagen heran und fragte, wer da wünsche, das Tor zu passieren.

»Der Königlich Sächsische Gesandte Globig.«

»Gloob ich? … Das will ich nu schon genau wissen, was Sie sinn oder nich!«

Ganz genau wollte man es auch immer am Reichsgericht wissen.

Im Jahre 1879 schafften es die dort Tätigen tatsächlich,

eine Definition für den Begriff Eisenbahn in einem einzigen Satz zu formulieren.

Also, liebe Juristen, was ist denn eigentlich eine Eisenbahn?

»Eine Eisenbahn ist ein Unternehmen, gerichtet auf wiederholte Fortbewegung von Personen oder Sachen über nicht ganz unbedeutende Raumstrecken auf metallener Grundlage, welche durch ihre Konsistenz, Konstruktion und Glätte den Transport großer Gewichtsmassen bezw. die Erzielung einer verhältnismäßig bedeutenden Schnelligkeit der Transportbewegung zu ermöglichen bestimmt ist und durch diese Eigenart in Verbindung mit den außerdem zur Erzeugung der Transportbewegung benutzten Naturkräften (Dampf, Elektrizität, tierischer oder menschlicher Muskeltätigkeit, bei geneigter Ebene auch schon der eigenen Schwere der Transportgefäße und deren Ladung usw.) bei dem Betriebe des Unternehmens auf derselben eine verhältnismäßig gewaltige (je nach den Umständen nur in bezweckter Weise nützliche oder auch Menschenleben vernichtende und die menschliche Gemeinschaft verletzende) Wirkung zu erzeugen fähig ist.«

Donnerwetter! Besser kann man es wirklich nicht sagen!

Aber auch in jenen Zeiten gab es pfiffige Köpfe, die sich von solch verqueren Formulierungen nicht beeindrucken ließen und deshalb anonym eine Definition des Reichgerichtes nachlieferten:

»Ein Reichsgericht ist eine Einrichtung, welche eine dem allgemeinen Verständnis entgegenkommen sollende, aber bisweilen durch sich nicht ganz vermeiden lassende, nicht ganz unbedeutende bezw. verhältnismäßig gewaltige Fehler im Satzbau auf der schiefen Ebene des durch verschnörkelte und ineinandergeschachtelte Perioden ungenießbar gemachten Kanzleistils herabgerollte Definition, welche eine das menschliche Sprachgefühl verletzende Wirkung zu erzeugen fähig ist, liefert.«

In allen Städten Deutschlands gab es früher bestimmte Originale, deren kurioses Benehmen, ihr Äußeres, ihre Redensarten noch an die nächsten Generationen weitergegeben wurden. Es waren halt Paradiesvögel, die in den Straßen der Stadt auffielen.

Um manche Menschen rankten sich Gerüchte, dass es sich bei dem und dem um einen ehemaligen Universitätsprofessor handeln soll, der sich im Alter so verändert habe, oder eine kurios angezogene Frau, die ständig vor sich hin brabbelte, als würde sie an einer unglücklichen Liebe leiden. Typen aus der Landschaft meiner Kindheit habe ich in »Magermilch und lange Strümpfe« beschrieben.

Eine der bekannten Straßenfiguren des alten Leipzig war »Schmier-Friede«.

Er hieß eigentlich Fritz und war des Oberpostamtes Leipzig angestellter Postwagen-Radschmierer. Wegen seiner grotesken Kleidung fiel er allgemein auf. Wenn er in seinem gelben Frack mit blauen Aufschlägen, eine Schürze vorgebunden und stets den die Wagenschmiere enthaltenden Eimer in der Hand, durch die Straßen ging, bildete er ein Gaudium für die Leipziger Gassenjungen. Wer ihn allerdings zu sehr reizte, über den ergoss sich eine Flut von Schimpfwörtern. Die frechen Burschen mussten auf eine angemessene Entfernung achten. Wenn er einen erwischte, dann war nichts mit »Friede« – der Übeltäter bekam dann im wahrsten Sinn des Wortes eine »geschmiert«.

Handfeste Auseinandersetzungen gab es in früheren Zeiten reichlich.

Daran sollte man ab und an denken, wenn wir den Vandalismus von Teilen der Jugend mit Recht beklagen. Albin

Kutschbach beschreibt in seinem Buch die alljährliche Kirmesfeier im »Goldenen Helm« zu Eutritzsch. Dort gab es auf Verabredung turbulente Begegnungen zwischen Schriftsetzern und Studenten. Die scheinen sich nicht gemocht zu haben! Warum? Das entzieht sich meiner Kenntnis. Schließlich hat doch später so mancher Student mit seinen Schriften den Jüngern der Druckkunst Arbeit beschert!

Nachmittags besetzten jedenfalls in jener Zeit die Schriftsetzer die Galerie. Wenn dann die Studenten erschienen, begannen sofort die Hänseleien. Aus anfänglichen Harmlosigkeiten wurde bitterer Ernst. Stühle und Gläser flogen von der Galerie in den Saal. Die Studenten feuerten die Gegenstände natürlich sofort wieder nach oben. Schließlich stürmte man die Treppe hinauf und hinab. Am Schluß sah man eingeschlagene Köpfe (da hätte schon ein Helm an sich geschützt und der hätte nicht golden sein müssen!) und der Saal glich einem Schlachtfeld.

Ernst Pinkert gründete 1878 den Leipziger Zoo.

In seinem Freundeskreis gab es auch Leute, die sich beispielsweise dafür interessierten, wie im Zoo junge Löwen hergestellt wurden.

Wenn solch ein tierischer Fortpflanzungsakt geplant war, also Frau und Herr Löwe zusammengeführt wurden, gab Pinkert jedes Mal ein kleines Inserat auf:

»Heute Löwen«

oder

»Heute Leoparden«.

Da wussten seine Freunde Bescheid und sahen sich die Geschichte mit wissenschaftlichem Interesse an.

Als Ernst Pinkert dann irgendwann heiratete, leisteten sich die Freunde einen besonderen Scherz und so las der glückliche Bräutigam zu seiner Überraschung in der Zeitung:

»Heute Pinkert«.

Im Zoologischen Garten in Leipzig wirkten seinerzeit bedeutende Löwendresseure und auch -dresseusen (wenn es dieses Wort überhaupt gibt …!).

Hans Reimann hatte einmal Gelegenheit, Alfred Schneider, einen Großen jener Zunft, zu beobachten, und er fand, dass »der mit den wildesten Vertretern der Gattung Wüstenmonarchie umgeht wie unsereiner mit Katzen«.

Dieser Schneider betrat also einen Löwenkäfig und sagte zu dem prächtigen Tier: »Na, du alldes Radieschn, du bisd awwr fädd gewordn, Dunnrwäddr! Nu gomme nur mal hähr, mei aldr Sießhahn!«

Und der König der Wüste, in Leipzig geboren und an den Wohlklang sächsischer Laute gewöhnt – er kam tatsächlich!

Was stellen Sie sich unter den drei Großbuchstaben D. L. M. vor? Nein, die drei Buchstaben stehen nicht für »Der Leipziger Mann« und sind auch nicht etwa die Abkürzung für »Die Leipziger Mode« oder so etwas, sie haben eine ganz andere Bedeutung.

In den achtziger Jahren des 19. Jahrhunderts gab es in der Petersstraße das altrenommierte »Leinenwaarengeschäft« Friedrich & Linke. Der Chef des Hauses war ein origineller, aber vermutlich durch Erfahrung auch ein etwas misstrauischer Mann. Stöberten Kunden im Laden, denen er nicht so recht über den Weg traute, so rief er durch das kleine Fenster aus seinem »Contor«, von wo er einen guten Überblick über sein Reich hatte, seinen Verkäuferinnen stets laut »D. L. M.« zu.

Als eine bedeutende Dame incognito das Geschäft besuchte – man erzählte sich, dass es eine Prinzessin aus dem sächsischen Königshaus gewesen sei –, so ertönte aus dem Fenster wieder sein »D. L. M.« an die Mitarbeiter.

Die Dame aber, und das konnte der Chef nicht ahnen, kannte aus einer Erzählung die Bedeutung der drei Buchstaben, wandte sich lächelnd zu dem Rufenden und meinte: »Aber ich doch nicht, Vater Friedrich!«

Der Warnruf an das Personal lautete nämlich ausgesprochen: »Das Luder maust!«

Zu den absoluten Prunkbauten des Wilhelminischen Kaiserreichs gehört zweifellos das Reichsgericht, das von 1888 bis 1895 nach Entwürfen von Regierungsbaumeister Ludwig Hoffmann und dem Architekten Peter Dybwad erbaut wurde. In seinen Erinnerungen schreibt Hoffmann: »Den großen Sitzungssaal inmitten der Hauptfront betont ein kräftiger Giebelbau mit freistehenden Säulen, die in ihren Abmessungen den Säulen des Pantheon in Rom entsprechen.«

Also römische Atmosphäre in der sächsischen Messestadt – wer weiß das schon …?

Nachdem bereits alle Entwürfe genehmigt waren, merkte Hoffmann anhand eines Modells, dass der beeindruckende mittlere Kuppelbau höher auf dem Gebäudekomplex sitzen müsste. Er hatte auch schon die Finanzierung über Einsparungen bei Fundierungsarbeiten gedeckt. Dass Mehrkosten bei einem Bau eine Art Naturgesetz sind, war damals noch nicht selbstverständlich. Hoffmann stellte deshalb Anträge auf Veränderung des Baues, hatte aber damit keinen Erfolg. Sein Vorhaben wurde abschlägig beschieden.

In einer Art Partisaneneinsatz ließ er nun einfach ohne Genehmigung den Bau nach seinen Vorstellungen vollenden.

Eines Tages stand er mit jenem Staatssekretär, der zweimal seinen Antrag abgelehnt hatte, auf der Karl-Tauchnitz-Brücke. Die unteren Rüstungen waren gerade abgenommen worden und man hatte zum ersten Mal einen richtigen Eindruck von diesem Kuppelbau.

Exzellenz von Oehlschläger klopfte ihm vertraulich auf die Schulter und meinte: »Ja, mein lieber Freund, so ist es wunderschön, so sitzt die Kuppel vortrefflich auf dem Bau, so muß es sein, nicht eine Spur höher und nicht eine Spur niedriger. Welch ein Glück, dass wir in Berlin damals entgegen Ihren wiederholten Anträgen stark geblieben sind. Wie dankbar müssen Sie uns hierfür sein!«

Dankbar schwieg Hoffmann, dass die Exzellenz nichts gemerkt hatte. Aber was lernen wir generell daraus? Ob Kaiserreich oder Demokratie – die Experten sind immer unter uns!

Die feierliche Schlusssteinlegung für das Reichsgericht war für den 26. Oktober 1895 geplant. Mit allem, was Rang und Namen hatte, und vor allem – mit dem Kaiser! Die Herren in Leipzig hatten allesamt etwas Spundus, was wohl der oberste Herr Deutschlands zu dem Bau sagen würde, denn es war nicht lange her, dass er den Reichstagsbau als den »Gipfel der Geschmacklosigkeit« bezeichnet hatte. Ich denke aber, er hatte generell etwas gegen den Reichstag und vor allem gegen ganz bestimmte Abgeordnete.

Denn wozu braucht ein *Kaiser* überhaupt Volksvertreter?

Also: Majestät kam. »Geführt von einer Schwadron Husaren fuhren der Kaiser, der König Albert und Prinz Georg von Sachsen zunächst um den Bau herum.« Was werden sie da gedacht haben? Donnerwetter! Ganz schön groß. Kolossal!

»Mit Fanfaren begrüßt, betraten die Herrschaften die Halle.« Dann sprachen der Reichskanzler, ein Staatsminister und der Präsident des Reichstages. »Jetzt trat der Kaiser an den Schlußstein und sprach bei dreimaligem Hammerschlag die Worte: ›Im Namen des dreieinigen Gottes! Recht muß Recht bleiben!‹«

Er hatte natürlich nicht die geringste Ahnung, dass es 38 Jahre später an dieser Stelle erst mal mit dem Recht für 12 Jahre vorbei sein würde …

Es war ausgemacht worden, dass sich Hoffmann hinter dem Kaiser im Gefolge in Bereitschaft halten sollte, wenn Majestät eine bautechnische Frage hatte. Allein es kam anders. »Kaum war die Musik verklungen, fragte der Kaiser: ›Wo ist der Architekt?‹ und mit den Worten: ›Das ist eine sehr schöne Sache, die Sie hier gemacht haben, nun führen Sie mich auch durch die Räume‹, reichte er mir die Hand.«

Aber Hoffmann fühlte sich natürlich mit Recht geadelt, denn nun trottete der König von Sachsen mit allen Exzellenzen und Staatssekretären den beiden hinterher.

Hoffmann erfuhr beim Rundgang viel kaiserliches Interesse und vor allem viel Lob! »Zu dem Staatssekretär des Reichsamts des Inneren von Boetticher sagte er: ›Sehen Sie sich an, was Hoffmann hier für 7 Millionen geleistet hat, und was hat Wallot mit 24 Millionen fertiggebracht? Kein anderer als Hoffmann soll uns die weiteren großen Bauten ausführen.‹«

Man muss sich mal vorstellen, was wir gespart hätten, wenn Hoffmann unsere neue Universität gebaut hätte! Oder gar den City-Tunnel!

Hoffmann nahm natürlich Wallot, den Architekten des Reichstages, gegenüber dem Kaiser in Schutz und das akzeptierte der auch: »Nun ja, Sie wollen den Kollegen verteidigen.«

Sehr freundlich zeigte sich Hoffmann gegenüber am Schluss des Rundganges auch der König von Sachsen und sagte zu ihm: »Besuchen Sie mich doch einmal in Dresden im Schlosse, aber ohne Anmeldung, ganz formlos, ich kann Ihnen da viel Schönes zeigen.«

Womit er zweifellos Recht hatte und wovon sich jedes Jahr heute noch Zehntausende Touristen aus Deutschland und der Welt überzeugen können, die sich das alles »ganz formlos« ansehen.

Sehr geschätzt wurde von Hoffmann der mit ihm befreundete städtische Baudirektor Hugo Licht. »Sehr klug und nicht weniger fleißig hat er immer scharf beobachtet und bei hoher Begabung viel Gutes geleistet ... Sein Oberbürgermeister, der alte Georgi, schätzte ihn sehr. Licht wollte nicht Mitglied des Magistrats sein, er wollte, durch Verhandlungen und Sitzungen nicht gestört, bei seiner architektonischen Arbeit bleiben ... Und als ich eines Abends in seinem Dienstzimmer im Dachgeschoß des alten Rathauses bei ihm saß, sagte er: ›Wissen Sie, jetzt balgt sich unten der Oberbürgermeister mit den Stadtverordneten wegen meines Entwurfs zum neuen Rathaus herum, da sitze ich doch lieber hier oben gemütlich bei meiner Pfeife und unterhalte mich mit Ihnen verständig.‹«

Sehr verständlich!

Und Hoffmann verweist noch darauf, dass Licht nachmittags öfters eine Gosenstube in Gohlis besuchte und sich dort mit einem alten Schuster unterhielt, der viele Jahre auf dem Balkan gelebt hatte. Und das wäre ihm »… ein größerer Genuß, als einer Magistratssitzung beizuwohnen«.

Eben ein heller Kopf, der Herr Licht!

Und uns bleibt jene Erkenntnis, die schon in der Bibel steht: Es gibt nichts Neues unter der Sonne.

Am 7. Oktober 1905 wurde übrigens das Neue Rathaus eingeweiht.

Ein echter Licht-Blick sozusagen, denn dem grandiosen Architekten Hugo Licht haben wir – wie Sie gerade erfahren haben – den beeindruckenden Bau zu verdanken.

In sechs Jahren haben die Altvorderen diesen Riesenkomplex hochgezogen! Chapeau!

Da konnte man wirklich stolz sein und ordentlich feiern: »Am Sonnabend, dem 7. Oktober 1905, mittags 1 Uhr.« Vorsichtshalber haben die Verantwortlichen »mittags« geschrieben, damit niemand nachts um eins angetrottelt kam. Wo doch der Leipziger Rat immer so viel zu tun hat und schon mal was durcheinanderbringen kann.

»Dr Geenig« kam auch aus Dresden. An dem »Haupteingange« wurde er durch eine Fanfare des Stadtorchesters begrüßt. Dann folgte ein »Hoch auf Se. Majestät den König«.

Warum man nicht mal »Seine« ausgeschrieben hat, ist mir ein Rätsel. So viel Zeit müsste doch sein. Danach wurde musiziert: Marsch aus der Oper »Tannhäuser«, vom Stadtorchester vorgetragen, dann die Thomaner. Anschließend sprach Dr. Tröndlin, der noch nichts vom Tröndlinring ahnte, dann der Stadtverordnetenvorsteher Dr. Junck, dann sangen wieder die Thomaner: »Alles was Odem hat« und das »Halleluja« von Ferdinand Hummel.

Das war Punkt 9 in der Abfolge.

»Die geladenen Gäste werden dringend gebeten, nach Beendigung des Musikstückes unter 9 sofort ihre Plätze an der Tafel im Festsaale einzunehmen.« Denn nun erfolgte die »Besichtigung des neuen Hauses durch Se. Majestät den König und Gefolge«.

An die Bürgerinnen und Bürger der Stadt Leipzig wurde auch gedacht: »Von 7 Uhr abends ab werden die Hauptseiten des Rathauses und der Turm festlich beleuchtet.«

So konnten die Leipziger abends die Hauptseiten des Rathauses und den Turm bewundern.

Und fanden das alles »sähr scheen.«

»Dr Geenig« war natürlich öfter in Leipzig.

Eines Tages traf er mit dem nicht gerade mehr jungen Geheimen Kommerzienrat Thieme, dem Präsidenten der Handelskammer, zusammen: »Ich kraduliehre, Herr Geheimrat!«

Der Geheimrat hatte keine Ahnung und wünschte den Grund zu erfahren.

»Ihr Sohn is heide bayrischer Generalkonsul gewordn. Ich hawwe vorhin grade 's Dekret undrschriem. Sähnse: Unn neies Lähm bliehd aus dähn Ruin!«

Da wird der Geheimrat etwas bedeppert geguckt haben!

Einmal weilte Majestät bei Schimmel & Co. in Leipzig-Miltitz. Das war seinerzeit eine Weltfirma für ätherische Öle. Pflanzliche Rohstoffe wurden destilliert. Zum Beispiel

Rosenöl. (Die Rosen wurden dort auch angebaut. Die Firma hatte 160 Hektar Grundbesitz.)

Man kann sich vorstellen, dass es dort unentwegt duftete.

(Um einmal kurz der Geschichte vorzugreifen: Die Firma wurde 1948 in VEB Schimmel & Co. umbenannt und 1957 in VEB Chemische Werke Miltitz – da duftete es dort nicht mehr.)

Dem König wurde jedenfalls bei seinem Besuch die Dufterei zuviel. Ehe er den Salonwagen (die Firma hatte natürlich auch Gleisanschluss) bestieg, gab er einem Diener seinen Mantel mit dem Satz: »Dähn häng Se ma gleich fier achd Daache wägg!«

Max Christoph Naumann hat sein gutes Gedächtnis auch mit 97 Jahren nicht verlassen. Er stammt aus der Familie, die das »Naumann-Bräu« besaß. In jenem legendären großen Saal der Brauerei in der Kupfergasse, in dem es seinerzeit auch einen Zeppelin-Stammtisch gegeben hatte, saß ich in den sechziger Jahren als Student. Da nannte sich das frühere Etablissement im Messehaus Dresdner Hof »Mensa Kalinin« und war Mittags- und Abendbrot-Tisch der damaligen Karl-Marx-Universität.

Der alte Herr Naumann erzählte mir zwei Anekdoten vom »Geenig«, die Hans Reimann, dem Sammler königlicher Schnurren, nie zu Ohren gekommen waren. Deshalb fehlen sie auch in seinem Band über den sächsischen Potentaten. Die Geschichten blieben quasi Familienbesitz und erleben hier ihre Schrift gewordene Premiere nach hundert Jahren!

Eine wurde von seinen Großeltern weitergegeben, dem Ehepaar Thorer, Pelzhändler vom Brühl. In ihrer ehemaligen Villa in der Leutzscher Rathenaustraße war zu DDR-Zeiten die Fachschule für Buchhändler untergebracht, wo ich drei Jahre studierte. So nutzte ich in meinem Leben

Stätten, die zum einen Naumanns Vater und zum anderen seinem Großvater gehört hatten.

Die Thorers waren gut bekannt mit dem Pfarrer von Leutzsch, dem Kirchenrat Dr. Schnedermann. Der Mann Gottes bekam eines Tages einen Orden verliehen und wurde zur königlichen Audienz nach Dresden eingeladen. Dort nutzte er das Gespräch, um Majestät zu einem Besuch ins Dorf Leutzsch (der relativ wohlhabende Ort – mit günstigen Steuerbedingungen – gehört erst seit 1922 zu Leipzig!) einzuladen. Und er schwärmte natürlich gegenüber dem König, welch unglaubliche Ehre das für die Einwohner sein würde usw. usw.

Majestät antwortete etwa so: »Nu, da missn mir mal sähn, was sich da machen lässt.«

Und tatsächlich, irgendwann wurde der Traum von Dr. Schnedermann wahr: Der König kam!

Großer Bahnhof also auf dem kleinen Bahnhof Leutzsch!

Festlich angezogene Menschen. Der Bahnsteig ist schwarz von Fräcken und Zylindern.

Der Zug dampft heran. Musik. Hochrufe noch und noch!

Majestät steigt aus, entdeckt auch gleich den Leutzscher Pfarrer und ruft: »Na, da is ja das Garniggl, wäächn dähm ich hier hergekomm bin!«

Die andere Anekdote kommt aus dem Familienbesitz von Naumanns Frau.

Eines Tages besuchte Majestät einen kleinen erzgebirgischen Ort. Dort lebten Vorfahren von ihr. Im Ort gab es vermutlich kein Hotel, und so musste der König in einem Bürgerhaus rasten. Diese hohe Ehre widerfuhr nun den Verwandten.

Große Aufregung! Die Hausgehilfin wurde instruiert, dass alles im Hause blitzen sollte.

Als sich Majestät dem Hause näherte, wuselte sie über

die Treppen und kontrollierte auch schnell noch die Toilette. Dort war, wie in jenen Zeiten üblich, auf einen Draht Zeitungspapier für jene dringenden Bedürfnisse aufgespießt.

Zeitungspapier für den König?

Das war doch für den obersten Herrn Sachsens nicht angemessen!

Die Hausangestellte kam ins Schwitzen. Majestät stand schon unten in der Tür. Rückfragen bei der Herrschaft waren nicht mehr möglich. Sie rannte zum Wäscheschrank, griff sich ein paar Damastservietten, hängte sie an den Draht und dachte, das wird, sollte es zum Ernstfall kommen, dem königlichen Hintern angemessen sein.

Und tatsächlich: Majestät geruhen nach einer Weile die Toilette aufzusuchen.

Nach kurzer Zeit öffnet sich die Tür einen Spalt und der König ruft: »Na, lest ihr denn keene Zeitung?!«

Auch die folgende Geschichte verdanke ich dem ehemaligen Leipziger Max Christoph Naumann. Sie erlebte seinerzeit der Arzt Dr. Hauschild. Er besaß ein kleines Jagdhaus in der Dübener Heide. Die Gegend bzw. der Ort Bad Düben spielt in der Anekdote eine besondere Rolle. Zum Doktor kommt eines Tages ein junges Mädchen und der Arzt stellt bei seiner Untersuchung fest, dass sie in anderen Umständen ist.

»Na, midd wähm warn Sie denn indiehm?«

»Ich war nich in Diehm.«

»Na, hörnse ma, so was kommd doch nich von alleene, Sie missn doch indiehm gewäsn sein!«

»Nie im Lähm! Ich war nich in Diehm!«

»Aber, liebes Mädchn, das gönnse doch nich vorgässn hamm. Nu denknse doch mal nach, midd wähm Sie indiehm warn!«

»Ich war nich in Diehm!!!«

»Aber sonst gönnse doch nich schwanger sein!«

»Was?! ... Ach du liewe Zeid! ... Aber das war nich in Diehm, das war in Bidderfäld!«

»Warum wir Leipzig lieben?« Unter dieser Überschrift formulierte Heinz Georg im Jahre 1906 in seinem Büchlein »Leipzig und die Leipziger« verschiedene Gründe. Der heutige Messestädter kann nun abwägen, was davon nach gut hundert Jahren immer noch zutrifft. Also: Warum lieben wir Leipzig?

»Weil es uns Arbeit gibt.

Weil es in Sachsen liegt.

Weil es einen Namen hat.

Weil es frei denkt.

Weil es politisch eine Rolle spielt.

Weil es der Mittelpunkt von Deutschland ist.

Weil es lebenslustig ist.

Weil es schöne Frauen hat.

Weil jeder das Beste will.

Weil das Bier billig ist.

Weil es die Bücherstadt heißt.

Weil es nicht Dresden ist!«

Hatten die Leipziger etwa mit Dresden ein Problem? Oder die Dresdner mit Leipzig?

In einer Zeitschrift aus dem 19. Jahrhundert fand ich die folgende Feststellung: In Leipzig, der Handelsstadt, herrsche der Kistengeist, in Dresden, der Residenzstadt, der Kastengeist ... Aha! Da hammrsch!

Ich habe mich weiter umgesehen und in den »Dresdner Nachrichten« aus dem Jahre 1908 einen Vergleich zwischen beiden Städten gefunden. Da lobt man sich an der Elbe in dieser Art: »Die historisch-höfische Vergangenheit wirkt allerorts in die moderne Gegenwart hinein.«

Das ist hundert Jahre später nicht anders. Um das bestätigt zu bekommen, brauchen Sie sich nur einmal im MDR die Übertragung des Balls aus der Semper-Oper anzusehen.

Und wie sah man dort seinerzeit Leipzig?

»Hier kann sich keine Vergangenheit lebendig erhalten – alles wird Gegenwart.«

Das könnte für eine moderne Stadt sprechen ... die nicht der Zeit hinterherhinkt.

Was zeichnet Dresden noch so aus?

»Aristokratische Schichten von der Höhe traditionsreicher Kultur. Keine geputzten Kokotten und keine Tingeltangels.«

Um so etwas zu genießen, sind die Dresdner vermutlich – von der Höhe kommend – immer nach Leipzig gefahren ...

Auch das war Elbflorenz: »Der edel-geläuterte Geschmack einer höfisch-stilvollen Kultur. Literarische Gesellschaften mit eigenen Theatermatineen.«

Also viel Perücke und Zopf. Fand dann in der DDR im »Turm« statt.

Und hier der Kontrast zum Leben an der Pleiße: »Kultur- und traditionsloses barbarisches Kunstempfinden einer Kaufmannsbourgeoisie. Von bildenden Künsten mag man gar nichts wissen. Jeden Donnerstag rollt man auf Gummirädern ins Gewandhaus ...«

Na, das ist ja schon starker Tobak! Da genießen die Dresdner, was ihnen der »Geenig« vorgesetzt hat, und verhöhnen die stolzen Bürger der Messestadt, die sich ihr Bildermuseum selbst finanziert und die Bilder gestiftet haben. Und dann auch noch Sozialneid auf die Leipziger, weil die inzwischen Automobile besaßen!

Gehörte vielleicht zur »höfisch-stilvollen Kultur« damals auch, mit einer Kalesche zum Konzert anzurollen?

Für den militaristischen Klassengeist der Dresdner war die Verordnung (1907) bezeichnend, nach der die Straßenbahnschaffner »strammstehen« mussten, wenn ein Mitglied der Stadtverwaltung den Wagen betrat … Aber gerechterweise muss man zu der Geschichte hinzufügen, dass diese Verordnung bald wieder aufgehoben wurde. Sie erstickte an der Lächerlichkeit, die sie hervorrief. Und das nicht nur bei Leipzigern!

Im Oktober 1913 beging Leipzig die Hundertjahrfeier der Völkerschlacht. Mit großem Pomp und der bekannten Einweihung eines monströsen Denkmals. Der junge Literat Kurt Pinthus nannte das Ganze seinerzeit »Völkerschlachtfest«.

Axel Eggebrecht, in Leipzig geborener Journalist und Schriftsteller, der völlig zu Unrecht vergessen ist, war mit einem Freund Zeuge, wie am Roßplatz Kutschen mit einem Dutzend berühmter Monarchen vorbeirollten. Auch sein Freund Hellmut, eher ein ruhiger Typ, ließ sich von der Stimmung mitreißen und jubelte den Potentaten zu. Als plötzlich der sächsische König leutselig aus seinem Gefährt winkte, wunderte sich sein Freund doch sehr: Wie kann der Nachfahre der Wettiner mitfeiern, die doch als treue Verbündete Napoleons zu den Besiegten zählen?

Das nenne ich sächsische Chuzpe bzw. zeigt sich hier das berühmte »Vigilante« unseres Volksstammes. Einfach so tun, als hätten sie schon immer auf der richtigen Seite gestanden, und kräftig mitgefeiert!

Bald brachen revolutionäre Zeiten an.

Im Jahre 1919 saßen zwei Freunde in einer Kneipe beim Bier. Der eine agitiert den anderen. Er redet vom Sieg des Kommunismus, vom Glauben an den Fortschritt. Alles muss allen gehören. Privateigentum ist der Grund allen Übels.

Der Freund hat ohne Widerrede zugehört.

Als der klassenbewusste Mann seinen Vortrag beendet hat, meint sein Gegenüber: »Weeßde, Garl, ich bin ja ooch ä

Gommunisde, bloß ... meine Alde un meine Zahnbärschde, die dähd'ch gärne alleene behaldn.«

Seinerzeit gab es in der Messestadt eine Sensation zu besichtigen: den »schwarzen Willy«, einen Farbigen, der auf der Straße Erdnüsse (»Kameruner«) verkaufte. Wie der Mann in Wirklichkeit hieß, weiß natürlich heute kein Mensch mehr.

Man erzählte sich, dass er einmal mit seinem fahrbaren Stand gegenüber der Hauptpost gestanden hat und von einem Sattlermeister aus Grimma von allen Seiten beäugt wurde. Der Mann sah in seinem Leben den ersten Schwarzen. Er rückte dem »schwarzen Willy« dermaßen auf die Pelle, dass er sogar mit dem Zeigefinger über dessen Wange strich, um zu kontrollieren, dass die Farbe auf der Haut auch wirklich echt war. Schließlich fragte er den Mann: »Saachnse ma, sinn Sie ä richdchr Schwarzer?«

Der Nussverkäufer war längst des Sächsischen mächtig und nickte grinsend.

»Da muß ich jädz ämal ganz dumm fraachn: Da sinn Sie wohl ooch nich von hier?«

Willy schüttelte weiterhin grinsend seinen Kopf.

Nun war dem Sattlermeister alles klar: »Drum ooch.«

Früher waren Polizisten oft im Straßenbild zu sehen. Noch bis weit in die DDR hinein amüsierte man sich über die Streifenpolizisten und nannte sie »Kantenlatscher«. Schon 1910 lästerte man in einer Leipziger Zeitung: Was hat der Schutzmann an der Kreuzung zu tun?

Er passt auf, dass er nicht überfahren wird!

Diese Verhandlung zum Straftatbestand soll um 1900 in einem Leipziger Gerichtssaal stattgefunden haben.

Der Richter fragte: »Wie kam es denn, dass Sie sich mit dem Angeklagten überworfen haben?«

»Naja, es war so, er warf mir zuerst einen Bierdeckel an den Kopf – da habe ich einen zurückgeworfen. Dann warf er ein Bierglas nach mir und ich eins zurück. Schließlich warf er eine Goseflasche, ich warf sie zurück und so haben wir uns nach und nach überworfen.«

Willi Oscar Gruner, Architekt und Statiker vieler Leipziger Kulturbauten, war ein Unikum.

Jahrelang trug er tagein, tagaus eine sattgrüne, völlig ausgebeulte Hose. Seine Frau nervte ihn schon seit einiger Zeit, sich doch endlich eine neue zuzulegen.

Gruner wollte das aber nicht, er liebte diese Hose!

Aber er liebte auch den häuslichen Frieden und so suchte er schließlich doch unter dem nicht nachlassenden Druck der Gattin ein Konfektionsgeschäft auf. Dort verlangte er bei der Verkäuferin eine Hose in der Größe 54 oder 56. Die schaute ihn an und zeigte sich sehr verwundert: »Sie haben höchstens die 46 oder 48!«

Gruner bestand aber auf der größeren Hose und lieferte der verblüfften Mitarbeiterin auch gleich noch die Erklärung: »Sie müssen wissen, meine Frau hat mich beauftragt, eine neue Hose zu kaufen, damit die alte endlich im Lumpensack landen kann. Ich will sie aber behalten. Ich liebe meine alte Hose. Deshalb kaufe ich jetzt eine, die mir viel zu groß ist. Meiner Frau macht das viel zuviel Arbeit, dieses Stück etwa zu kürzen oder enger zu machen. So habe ich ihren Wunsch zwar erfüllt, aber behalte mein gutes altes Stück!«

Unter den Leipziger Juden gab es – wie überall – orthodoxe und liberale. Liberal heißt hier, sie nahmen es mit den strengen religiösen Gesetzen nicht so bierernst (wenn die saloppe Formulierung in diesem Zusammenhang einmal erlaubt ist …)

Der (nichtjüdische) Kellner im Café Felsche am Augustusplatz kannte seine Pappenheimer und begrüßte am Jom Kippur, dem Versöhnungstag, ihm bekannte Gäste mit dem diskreten Hinweis: »Für die Herren, die fasten, ist oben serviert.«

Ein Superintendent ist mit einer Leipziger jüdischen Familie befreundet, die nicht religiös ist. Als er das Ehepaar einmal – halb im Scherz und halb im Ernst – fragt, ob sie sich nicht taufen lassen wollen, da sagt die Frau zu ihm: »Wie sollen wir denn an den Sohn glauben, wenn wir nicht an den Vater glauben?«

In einer Weinstube der Innenstadt warf in fröhlicher Runde jemand die Frage auf, wer den Unterschied zwischen den trauernden Juden von Babylon und den Weinhändlern kenne. Keiner konnte Antwort geben.

Nun klärte der Fragende die Runde auf: Die trauernden

Juden saßen an den Wässern und weinten, die Weinhändler sitzen an den Weinen und wässern.

In der Grimmaischen Straße, Ecke Reichsstraße, steht ein Mann von der Heilsarmee und versucht, seine Botschaft in Form kleiner Hefte unter die Leute zu bringen. Ein Leipziger bleibt stehen und fragt: »Na, saachnse ma, mei Guhdr, Sie hamm awwr ne budzche Uniform an. Sie sinn doch gee Soldahd?«

»Ich bin von der Heilsarmee, ein Soldat des Himmels!«

»Ein Soldat des Himmels? ... Na, mei Guhdr, da hamm Sie's awwr weid zu Ihrer Gaserne!«

Es regnet in Strömen. Die Fahrgäste stehen an der Haltestelle. Pitschnass allesamt.

»'s wird wohl widdr mal was bassierd sein«, sagt eine Frau missmutig.

»Es bassierd doch andauernd irschendwas«, meint ein Mann. Doch plötzlich hellen sich alle Mienen auf, als die erwartete Drei doch kommt.

Eine Frau ruft fröhlich, frei nach Schiller: »Die Dreie is doch gee leerer Wahn!«

Über die Sittenlosigkeit der Jugend wird in Abständen in jeder Generation geklagt. Ein Beleg dafür ist auch der folgende Dialog, der vor neunzig Jahren geführt wurde. Frau Kommerzienrat Seifert ist dahintergekommen, dass bei ihrem Dienstmädchen etwas nicht im Lote ist.

»Nu saach emmah, Mädchn, was issn eichendlich los midd dir?«

»Ich weeß ooch nich.«

»Nu wie isses denn bloß gegomm?«

»Ich weeß doch ooch nich.«

»Ja, um Goddes willn, währ isses denn gewäsn?«

»Ich weeß ooch nich. Wennchn säh, gännchn widdr!«

Na, dann kann ja noch alles gut werden!

Die wilden zwanziger Jahre empfand so mancher Spießer als unglaubliche Provokation. In der »Neuen Leipziger Zeitung« stand 1925 folgende Annonce:

»Jüngere Kontoristin im Alter von 18–24 Jahren mit schöner Handschrift für Rechnungsschreiben, Stenographie und Schreibmaschine zum sofortigen Antritt gesucht. Töchter achtbarer Eltern mit guten Zeugnissen werden bevorzugt. Bewerberinnen mit ›Bubiköpfen‹ bleiben unberücksichtigt.«

Dabei war der Bubikopf immerhin seit vier Jahren bereits als Damenfrisur verbreitet, widersprach aber so manchem Bewahrer deutscher Sitten.

Mir fiel beim Lesen dieser Anzeige ein: Wenn solch ein Bewahrer der Sitten durch eine Zeitreise ins heutige Leipzig käme – d i e Frisuren würde er nicht überleben!

Wenn sich die Begebenheit in den zwanziger Jahren wirklich so zugetragen hat, wie Hans Bachwitz, ein Leipziger Rechtsanwalt, sie seinerzeit aufschrieb, dann muss man der Hauptperson eine besondere Portion Chuzpe bescheinigen.

Also: Regelmäßig wie eine Glashütter Präzisionsuhr kam ein alter Gewohnheitsbettler ins Haus. Er klapperte die ganze Straße ab, war pünktlich wie ein Bürovorsteher. Er klingelte, nahm seinen Hut ab, wenn die Türe sich öffnete, und sagte immer denselben Satz: »Meine Frau ist seit zehn Jahren im Krankenhaus!«

Dann bekam er seine Spende in die geöffnete Hand gedrückt und man hatte wieder für eine Weile Ruhe.

Eines Tages hatte der Hausmann jenes Gebäudes, in dem Bachwitz wohnte, vermutlich schlechte Laune.

Kurzum: er verbot dem Bettler das Betteln. Der erwiderte entrüstet, er habe noch nie gebettelt, er klingle nur regelmäßig an den Türen bestimmter Herrschaften und teile diesen mit, dass seine Frau seit zehn Jahren im Krankenhause sei. Dafür bekomme er jedes Mal etwas. Er verstehe es ja auch nicht, er würde jedenfalls für diese Information nichts geben, aber er dürfe doch die Herrschaften nicht durch Ablehnung der Gaben kränken.

Unglaublich! Dem Hausmann verschlug es die Sprache! Das war ja die Höhe!

Dann schimpfte er los: Das sei eine schamlose Verdrehung der Tatsachen! Und was denn seiner Frau eigentlich fehle?

»Nischt!« erwiderte der Bettler.

»Na, warum ist sie denn dann seit zehn Jahren im Krankenhaus?«

»Nu – weilse dort Köchin is!«

Eine der wenigen Firmen, die sich über die Jahrzehnte in Leipzig erhalten hat, ist die des Optikers Truckenbrod, der heute noch mit dem alten Slogan wirbt: »Bei Augennot hilft Truckenbrod«. Ganz früher im Grimmaischen Steinweg ansässig, rückte der Laden später etwas stadtauswärts und existiert nun schon lange Zeit am Johannisplatz.

Der Großvater des jetzigen Besitzers, Erich Truckenbrod, war wohl mitunter ein durchaus temperamentvoller oder auch mal ein wenig aufbrausender Typ. Ein Kunde lamentierte ihm die Ohren voll, als er seine Brille abholte, dass die doch viel zu teuer wäre.

»Zwanzich Marg! (Den Mann würde bei den heutigen Preisen glatt der Schlag treffen!) »Zwanzich Marg! Soviel wolld ich im Lähm nich ausgähm. Das is ja viel zuviel!«

So geht es eine Weile. Da packt den Optikermeister der

Senf. Er legt die zwanzig Mark des Kunden auf den Ladentisch, nimmt die Brille in die Hand und sagt: »Na gut, wenn Ihnen die Brille zu teuer ist, Mensch, da schmeiße ich sie eben weg!«

Und schon wirft er sie mit Schwung vor den entsetzten Augen des Kunden an die Wand!

Der Mann guckt fassungslos vom zornigen Meister Truckenbrod zur Brille, die unversehrt am Boden liegt.

Der Kunde hebt sie auf und sagt: »Die Brille is ihr Geld wert!« und verlässt den Laden.

Die Familie Thorer besaß, wie schon erwähnt, eins der größten Pelzunternehmen. Natürlich mitten am weltberühmten Brühl. Einer der Brüder Thorer wollte auf die Jagd gehen. Er hatte sein Billett für den Zug, die Droschke war bestellt und er machte sich reisefertig, um gleich vom Büro aus zu starten. Auch seine Flinte lag schon bereit.

Als er gerade im Aufbruch ist, kommt zu ihm ein Händler und bietet ihm Murmeltierfelle an. Thorer sagt ihm, dass er jetzt keine Zeit für Geschäfte habe, da er weg müsse.

Der Mann ist aber ein zäher Verkäufer und preist ihm immer wieder die Felle an: »Meine Murmeln, meine Murmeln!«

Darauf sagt Thorer dem Mann, dass er jetzt sofort weg müsse, weil er sonst seinen Zug verpasse.

»Aber meine Murmeln, meine Murmeln!«

Um den zähen Verkäufer loszuwerden, droht er ihm, ihn auf der Stelle rauszuwerfen, wenn er jetzt nicht gehe. Der Mann wiederholt jedoch gebetsmühlenartig »Meine Murmeln, meine Murmeln.«

Da nimmt der Pelzhändler Thorer sein Jagdgewehr und schießt in die Decke.

Vor Schreck fällt der Mann in Ohnmacht.

Mit einer Kanne Wasser wird er wieder munter gemacht.

Als er die Augen aufschlägt, sagt er: »Und kaufen Sie jetzt meine Murmeln?«

Bekannt und beliebt waren in der Messestadt die drei großen Kaufhäuser Brühl, Joske und Ury. Der Konkurrenzkampf führte dazu, dass sich die Unternehmen in besonders billigen Sonderartikeln überboten haben.

Das Kaufhaus am Brühl wartet mit einem hervorragenden Mundwasser auf: »Brühlin«.

Nach kurzer Zeit zieht Joske nach und wirft das – natürlich – noch bessere Mundwasser »Joskin« auf den Markt.

Mit Spannung erwarteten nun die Leipziger den neuen Mundwasserschlager des Hauses Ury …

Die folgende Geschichte spielt 1930 vor dem Kaufhaus Ury.

Es stand am Königsplatz und gehörte einer Leipziger jüdischen Familie.

Ein Herr mit einem kleinen silbernen Hakenkreuz im Kopfloch besieht sich die Auslagen im Schaufenster. Zwei Frauen mustern den Mann von der Seite und beäugeln das Hakenkreuz. Sie haben keine Ahnung, was es damit auf sich hat.

Als der Mann weitergeht, sagt die eine: »Wahrscheinlich isses ä Zeichen fier die Judn, dasse sich geechnseidch ergenn.«

Schoschana Stobezki lernte ich an den Tischen der ehemaligen Leipziger während einer Purim-Feier in Tel Aviv kennen. Als sie noch in der Messestadt lebte, wurde sie Rosel gerufen und so nannten sie auch noch zwei Freundinnen aus ihrer Heimatstadt, die ihr über die Jahrzehnte geblieben waren.

Die Eltern von Rosel Altmann, so erzählte sie mir, besaßen in Leipzig einen Bilderversand. Von Kunst bis Kitsch. Von schönen Landschaften bis hin zur Pferdekopf streichelnden schönen Frau oder diversen Engelchen, die dann über Ehebetten schwebten. Allerdings wurden auch politische Bilder gehandelt. So zum Beispiel das vom Sowjetrevolutionär Lenin.

Nachdem die Nazis nun im Januar 1933 an die Macht gekommen waren, schickten KPD-Leute aus ganz Deutschland diese Porträts zurück. Begreiflicherweise. Alle hatten Angst.

Was tun?

Die Mutter von Schoschana war eine praktische Frau. Sie entfachte in allen Kachelöfen der geräumigen Wohnung ein Feuer und so rieselte der rote Lenin in schwarzen Flocken auf Leipzig. In ihrer Not schob die Mutter gleich noch ein paar Bücher einer ihrer Töchter hinterher, die sozialistischen Ideen frönte, denn im Bekanntenkreis hatte es schon die ersten Hausdurchsuchungen gegeben. Die unpolitische Mutter wusste, dass die Farbe Rot in jenen linken Kreisen eine dominierende Rolle spielte. Deshalb griff sie sich in aller Eile jegliche Bücher mit rotem Einband. Dabei passierte es, dass auch total harmlose Gartenlaube-Kalender der Jahrhundertwende dem verbrannten Lenin nachrieselten …

Auch in der Nazizeit wurde natürlich gescherzt. So übersetzten zum Beispiel Leipziger Jugendliche die landesweite Kampagne »Kraft durch Freude« auf gut sächsisch mit »Mumm durch Gagsch«.

In jenen Jahren brauchte man den Humor erst recht.

Am meisten hatten ihn verständlicherweise Juden nötig. Zur Entspannung, zur Ablenkung, als Lebenshilfe benötigten sie wegen der ständig wachsenden Repressalien den Witz, der inzwischen unter dem Begriff Flüsterwitz im Land rangierte. Man musste halt aufpassen, wem man was wo erzählte.

Der Umschlagplatz für Witze in Leipzig war schon immer und auch noch in den Anfangsjahren des sogenannten Dritten Reiches der Brühl. Natürlich nur so lange, wie es dort noch die jüdischen Pelzunternehmen gab.

In jenen Tagen erzählten sich die Händler diese Geschichte: Aus Sicherheitsgründen sucht die Geheimpolizei dringend ein Double für Goebbels. Die Beamten schwärmen aus und fahnden in ganz Deutschland nach einem entsprechenden Mann, der diesen wichtigen Auftrag erfüllen kann. Nach langer Jagd werden die Schlapphüte endlich fündig. Sie entdecken jemanden, dessen Ähnlichkeit mit Goebbels geradezu verblüffend ist. Als die Experten das künftige Double in einem Raum begutachten, sind sie regelrecht fassungslos. »Unglaublich, diese Ähnlichkeit! Grandios!«

Man verspricht ihm ordentliche Bezahlung für seinen Einsatz und sagt ihm, dass man auch gern bereit wäre, spezielle Wünsche von ihm zu erfüllen, wenn er nur diese Aufgabe annehmen würde.

Der Mann sagt nach kurzem Nachdenken: »Gut, ich mach's ... aber am Schabbes will ich frei haben!«

Bei einer Haushaltsauflösung in den siebziger Jahren konnte ich einen Band »Säk'sche Glassigger« von Lene Voigt erwerben. Darin fand ich einen Zettel – mit der Schreibmaschine geschriebene »Stilblüten aus dem Berufswettkampf 1937«. Der hatte in dem Buch also etwa vierzig Jahre überwintert. Hier eine Blütenlese:

»Was tut man, wenn ein Mädchen im Betriebe ohnmächtig wird? Ich lege sie auf den Rücken, öffne die Kleider, das übrige besorgt der Chef.«

Der gibt den Ton an. So schreibt ein Lehrmädchen: »Wenn der Chef will, was wir wollen, dann lassen wir ihn zuerst.«

Über die Tätigkeit des Roten Kreuzes schreibt ein Schüler: »Herren und Damen geben sich der Liebe hin; manche werden bezahlt, andere tun es umsonst.«

Eine Schuhverkäuferin weiß auch genau, was sie zu tun

hat: »Stiefel legt man in schräger Haltung vor, das Hinterteil wird hochgeschoben, damit der Kunde einen besseren Überblick hat.«

Ein Zitat aus dieser Sammlung hat auch heute noch Gültigkeit: »Wir müssen unsere Augen schonen, denn sie sind der einzige Teil, womit wir sehen können.«

Dabei wird es auch bleiben.

Karl Rauch hörte im Jahr 1939 »mit Schaudern aus einem Lautsprecher am Straßenbahndepot Leipzig-Dölitz die schnarrenden Worte Hitlers: ›Ab heute früh 5 Uhr 45 wird zurückgeschossen ...‹« Er beobachtet nach dieser Nachricht die verständlichen Hamsterkäufe der Bevölkerung: »In einem Drogistenladen in der Windmühlenstraße konnte ich nur mit Mühe noch sechs Stück gute Toilettenseife erwerben. Eine ältere Dame ließ sich just 100 Rollen Toilettenpapier einpacken und versicherte dem Einkäufer treuherzig und mit einem sich selber in Frage stellenden Optimismus echt Leipzigerischen Jargons: ›Se meenen doch sicher ooch, dass m'r das bis Kriegsende langen wärd!‹«

Im Zweiten Weltkrieg wurde in Leipzig – wie überall im Deutschen Reich – eine Kommission gebildet, die, wie Claus Uhlrich in seinem Buch »Verschwunden« schreibt, »... den Auftrag hatte, bronzene Kunstwerke für die Rüstungsindustrie auszusortieren«. Die gingen also von Denkmal zu Denkmal und sagten etwa: »Soll stehenbleiben.« Oder eben: »Kann weg.«

Das Reformationsdenkmal mit Luther und Melanchthon vor der Johanniskirche wurde als verschrottungswürdig eingestuft.

Das muss man sich einmal überlegen! Martin Luther!

Auf dem Sockel des Denkmals saß Luther auf einem Stuhl, die Bibel in der Hand, und blickte sinnend nach vorn, während Melanchthon neben ihm stand und sich leicht zu ihm herunterbeugte. Der Volksmund deutete die Haltung von ihm folgendermaßen: »Steh mal auf, Martin, du hast nun lange genug gesessen.«

Eine Leipzigerin erlebte als Neunjährige den verheerenden Bombenangriff am 4. Dezember 1943 und erzählte mir in unverfälschtem Leipziger Sächsisch eine tragisch-komische Geschichte: »Mei Vaadr war nich im Kriech. Er hadde ganz schlächde Oochn, ganz digge Brillngläser. Unser Haus brannde. Wir warn im Geller und meine Muddr rief: ›De Goffr! De Goffr! De Bälze! De Bälze!‹

Mei Vaadr ging midd zwee jung, gräfdichn Frauen in unsere Wohnung, um was zu räddn. Als mei Vaadr widdr zurigg gahm, sah er färchderlich aus. Dodahl rußverschmierd von dähm Brand in dorr Wohnung!

Meine Muddr fraachde: ›Wo sinn denn de Goffr?‹

Da saachde die eene von dähn Frauen: ›Er hadd midd uns das Glawier gerädded.‹

Da hadd meine Muddr meinem Vaadr links un rächts eene gekläbd! Das säh ich noch vor mir, wie dähr da erschdaund durch seine diggn Gläser geillerd hadd!«

Vermutlich war der schlecht sehende Mann (der die Klaviernoten trotzdem noch erkannte) der Kultur zugetan, während seine Frau eher in praktischer Art daran dachte, dass die Pelze sie in diesen schrecklichen Dezembertagen wenigstens wärmen würden…

Als ich mit Frau Wella Dost über das furchtbare Geschehen sprach, lag das für sie genau 60 Jahre zurück. Die Bilder hatte die 103jährige (!) immer noch vor Augen. Sie wohnte (und wohnt) im Predigerhaus der Thomaskirche, in der ihr Mann als Diakon arbeitete. Im Keller hörte sie, wie der Kanzleivorsteher Bergner rief: »Bei Dosts brennt es!«

Eine Stabbrandbombe war in die Wohnung gefallen. Das Wasser war wegen des Bombenangriffs abgestellt und der – zum Glück kleine – Brand wurde mit dem Inhalt einer Wärmflasche gelöscht!

Anfang des Jahres 1945 lief in Leipziger Kinos der Film »Die Frau meiner Träume«. Träume fanden schon längst nur noch auf der Leinwand statt. Die letzte Flucht aus der Wirklichkeit. Einfach mal eine Stunde Harmonie, Liebe, Heiterkeit, kurz eine heile Welt, die in Deutschland nur noch zweidimensional zu erleben war. Die sogenannten Durchhaltefilme waren die letzten Inseln zum kurzzeitigen Abschalten. In dem Streifen sang Marika Rökk »Schau nicht hin, schau nicht her, schau nur gradeaus, und was dann noch kommt, mach dir nichts daraus.«

Dieser Rat wirkte geradezu makaber, wenn man auf die Straße trat und die Ruinen erblickte. Man sollte wirklich möglichst nicht nach links und rechts sehen. Aber was kam noch? Bei der Vorstellung von weitaus Schlimmerem machte man sich schon was daraus.

In dem Film »Der weiße Traum« sprach das Lied, das Olly Holzmann sang, den Besuchern aus dem Herzen: »Kauf dir einen bunten Luftballon, nimm ihn fest in deine Hand, stell dir vor, er fliegt mit dir davon in ein fernes Märchenland.«

Hätte es diese Luftballons gegeben, hätten Millionen nach ihnen gegriffen.

Hertha Bachmann aus der Eutritzscher Straße hatte einen besonderen Grund, mit einem Ballon in ein anderes Land zu fliegen. Sie war Jüdin. Ihr vierzehnjähriger Sohn Ralf hatte sie zu einem verbotenen Kinobesuch überredet. Das bedeutete, dass sie den Stern von ihrer Kleidung abmachen musste, und vor allem durfte sie in keine Kontrolle geraten. Das hätte schlimmste Konsequenzen gehabt: den sofortigen Abtransport ins Lager.

Bei Fliegeralarm durfte sie ja nicht einmal in einen »arischen« Luftschutzkeller.

An diesem Nachmittag ging zum Glück alles gut. Hertha Bachmann, die damals den Zusatznamen Sara tragen musste, kam unbehelligt nach Hause und hatte den Filmbesuch und die Musik genossen. Sie war vor der Deportation bis zu diesem Zeitpunkt durch ihren nichtjüdischen Mann geschützt, der mit ihrem größeren Sohn auf Befehl der Gestapo in einem Zwangsarbeitslager der Organisation Todt in Osterode war.

Die Geheimpolizei übte steten Druck auf den nichtjüdischen Ehepartner aus. Gab er dem nach und ließ sich scheiden, wurde der jüdische Partner am nächsten Tag abgeholt. Blieb der nichtjüdische Partner konsequent und wehrte sich, erfolgte von Fall zu Fall die Einweisung in solche Zwangsarbeitslager.

Hertha Bachmann kam also einmal ein wenig unbeschwert in der Wohnung an und fand dort einen Brief vor: »Sie sind zum Arbeitseinsatz nach dem Altersghetto Theresienstadt bestimmt und haben sich am 13.2.1945 9 Uhr in der Schule Leipzig O 5, Zillerstraße 9, 3. Stock (Straßenbahn: Linie 6, 22, 15, 25, 8) pünktlich einzufinden.«

Wenn sie dem nicht Folge leistete, so stand in dem Papier, wurde ihr Schutzhaft angedroht …

Man muss sich das einmal vorstellen: Europa liegt in Trümmern. Der Krieg ist schon lange verloren. In wenigen Wochen ist alles vorbei und die Nazis haben nichts Besseres zu tun, als die letzten Juden zu deportieren…

Um es vorwegzunehmen – diese Geschichte fand glücklicherweise ein gutes Ende.

Hertha Bachmann überlebte und kam im April zurück.

In demselben Lager befand sich Rudolf Pammler, der sich ebenfalls nicht von seiner jüdischen Frau trennen mochte.

Auch Scheindla Pammler, Sally gerufen, musste die schwere Fahrt nach Theresienstadt antreten. Ihr Mann floh im April 1945 mit einem anderen Leipziger bei einem Arbeitseinsatz. Diesen Mann, Walter Bodenthal mit Namen und später ein bekannter Maler in Leipzig, haben Sie in »Meister der Farbe« kennen gelernt.

Die beiden hatten im Lager sogar ein Radio besessen, das sie in einem Strohsack versteckt hatten, und waren deshalb über die Frontsituation immer informiert.

Sie schlugen sich bis Leipzig durch. Pammler kommt am 5. April bei seinen Eltern in der Karolinenstraße an, bei denen auch seine beiden Söhne wohnten, nachdem er und seine Frau in Lager verschleppt worden waren. Nach der Wiedersehensfreude nimmt er den kleinen Thomas an die Hand und geht mit ihm zur eigenen Wohnung. Die hatte inzwischen eine Nazi-Familie mit allem Mobiliar zugesprochen bekommen. Rudolf Pammler sagt zu ihnen nur: »Ich sehe Sie morgen hier nicht mehr.«

Am 10. April gibt es gegen Abend den letzten Luftangriff auf Leipzig.

Als Rudolf Pammler danach zu seinem Haus geht, steht er vor einem Schuttberg.

Aber etwas Unglaubliches war passiert und der Mann, der elf Sprachen sprach, war sprachlos: Ganz oben auf dem Hügel steht – sein Flügel!

Eine Luftmine hatte dafür gesorgt, dass das Haus zusammengerutscht war, der Blüthner wurde vermutlich erst im dritten Stock in die Luft gehoben und dann wieder auf die Trümmer abgesenkt.

Der Musiklehrer Rudolf Pammler klettert auf den Hügel, klappt den Flügel auf und spielt die ersten Takte der »Pathétique«. Dann steigt er weinend wieder auf die Straße zurück.

Dieses Bild hat sein Sohn Thomas nie vergessen.

Aber die Geschichte mit dem Flügel hat ein Happyend. Die Firma Blüthner hat ihn wieder in Schuss gebracht und Rudolf Pammler hat darauf bis zu seinem Tode gespielt.

Gegen Ende des Krieges verstärkten sich die Gerüchte über eine »Wunderwaffe«. Aber der bekannte Schlager »Ich weiß, es wird einmal ein Wunder geschehen …« wurde nicht Wirklichkeit. Die immer wieder beschworene »Vergeltung« blieb aus. Lediglich ein »Volkssturm« wurde als letztes Aufgebot zusammengestellt. Die alten Männer konnten allerdings kaum stürmen und so reimte der Volksmund:

»Jetzt ziehnse noch'n Opa ein.
Das soll nu die Vergeltung sein!«

Der in der DDR allseits beliebte Theater-, Film- und Fernsehschauspieler Eberhard Esche ist ein mit allen Pleißewassern gewaschener Leipziger. In seiner Biografie »Der Hase im Rausch« beschreibt er eine Begebenheit aus den letzten Kriegstagen. Frühlingswetter. »… Über der Stadt lag Sonne und eine seltsame Stille. Leipzig hatte, um seine Unschuld zu beweisen, seine Bettlaken aus dem Fenster hängen. Aus dem Süden hörte man letztes Grollen.«

Sein Opa Arno war wohl glücklicherweise zu alt, um noch eingezogen zu werden. Er schnappt sich also in der Endphase den Handwagen und macht sich mit seinem Enkel Eberhard auf den Weg, um im Garten nach dem Rechten zu sehen. Nach einer Dreiviertelstunde Weg sind die beiden an dem im Westen liegenden Garten angekommen.

»… Der Garten war länglich und endete am Feld. Hinter dem breiten Feld befanden sich viele Kasernen.

Die zwei Soldaten aber, mit ihren Spaten, gruben nicht auf dem Feld, nicht in den Kasernen, sie gruben in Opas Garten. Sie hoben die letzten Schützengräben des 2. Weltkriegs aus.«

Der kleine Eberhard hat sie entdeckt und ist begeistert, denn er hat noch nie die Deutsche Wehrmacht im Einsatz gesehen.

»Da tauchte Opa auf. Die Soldaten hielten inne. Opa hatte vorher noch im Stall zu tun gehabt, stand jetzt neben mir, fasste meine Hand, zog mich hinter sich, und dann hörte ich ihn brüllen: ›Wollt ihr euch wohl wegmachen, ihr Strolche. Haut ab. Aber schnell. Rennt zu eurem Hitler.‹

Opa hatte ein krummes Stöckchen in der Hand, es drohte in der Luft und erschien wie Zeusens Donnerkeil. ›Macht euch weg aus meinem Garten! Wie sieht denn das hier aus. Wer soll denn den Dreck wieder wegräumen. Ich haue euch die Hucke voll.‹

Die beiden Landser sprangen aus ihrem Graben, packten ihre Karabiner. Der eine von beiden war aschfahl im Gesicht. Ich hörte ihn etwas stottern. Beim anderen glaubte ich eine etwas bedrohlichere Haltung zu entdecken, in jedem Fall war sein Gewehr halb auf meinen Opa gerichtet. Ich glaube, es war eine unentschlossene Situation. Da erhielt ich von Opa einen Stoß, ich fiel in die frisch gepflanzten Erdbeeren. Opa Arno schritt auf den Karabiner zu, stand vor dem Manne, holte mit seinem Arm Schwung aus dem Rücken, seine Hand dumpfte auf die Schulter des letzten Soldaten der deutschen Wehrmacht, und ich hörte Opa mit einer Stimme, die aus dem Gartenboden zu kommen schien, sagen: ›Kamerad, geh zu deiner Mutti!‹

Und da liefen die beiden Soldaten weg.«

Und so hat der mutige Großvater nicht nur seinen Garten vor weiteren Verwüstungen bewahrt, sondern vielleicht auch den beiden das Leben gerettet.

Von der Nachkriegszeit bis heute

Über das wunderliche Leben im Osten Deutschlands

Valentin Querner wurde 1936 geboren und wuchs in Leipzig-Gohlis auf, ehe er 1957 die DDR verließ. Für seine Familie hat er sein Leben aufgezeichnet: »Ausgangspunkt Leipzig«.

Er schickte mir ein Exemplar dieser Biografie; darin hat mich besonders beeindruckt, mit welcher Strenge ihn seine Mutter in Sachen Klavierüben erzog.

Wer übte schon gern? Auch ich und meine Klavier spielenden Freunde schlichen immer lustlos zu jenem Hocker, der genau in der Mitte vor dem Instrument stand.

Die Mutter von Valentin legte aber als optische Drohung auch gleich noch den Teppichklopfer auf das polierte Musikmöbel! Jeden Tag musste der Junge eine halbe Stunde die Tasten traktieren. Selbst bei Fliegeralarm hatte er erst diese dreißig Minuten abzuarbeiten, ehe es in den Keller ging!

Und wenn eine Bombe ins Haus gekracht wäre, der Junge hatte wenigstens noch geübt! Ordnung muss sein.

Seine Mutter fuhr nach dem Krieg einmal mit dem Fahrrad von Wurzen nach Leipzig zurück. Sie hatte Kartoffeln und Rohzucker ergattern können. Plötzlich hielt neben ihr ein Russenlaster und ihr wurde von den Soldaten das Fahrrad weggenommen.

Jeglicher Protest war in solchen Situationen natürlich überflüssig.

Ein Bauernfuhrwerk nahm sie mit zurück in die Stadt.

Valentins Mutter hatte sich die Nummer des Militärfahrzeuges gemerkt. Sie ließ sich bei der Kommandantur absetzen und verlangte den Kommandanten, der in diesem Fall zu ihrer Überraschung eine Frau war. Sie legte einen Zettel mit der Autonummer auf den Tisch und berichtete von dem Vorfall. Sie wurde jedoch von der Uniformierten barsch zurechtgewiesen: »Sowjetische Soldaten stehlen nicht! Gehen Sie!«

Auf dem Weg aus dem Gelände kam sie an einem Fahrradständer vorbei. Frau Querner fasste sich ein Herz, schnappte sich ein Rad und fuhr schnell davon.

Als sie zu Hause ankam und das Fahrrad näher in Augenschein nahm, stellte sie fest, dass es – ihr eigenes war!

»Stoppeln« nannte man in den Nachkriegsjahren das Nachlesen der abgeernteten Getreide- und Kartoffelfelder. Zu Hause wurden die Ähren in Stoffsäckchen ausgedroschen und in der Kaffeemühle gemahlen – so kam man zu einer zusätzlichen Ration Mehl.

Ein Glücksfall war, wenn man beim Gang über ein Feld auf einen Hamsterbau stieß!

Da konnte man sich das »Dreschen« sparen, denn dort lagen die Körner schon zum Mitnehmen parat – pro Kammer etwa ein bis zwei Kilo!

Einmal wurde auch – so ist das in Notlagen – ein getöteter Hamster mitgenommen, als Nahrung für den Langhaardackel Nelly. Der Vater hat das Feldtier weidmannsgerecht ausgenommen. Als Frau Querner die Fleischstücke sah, fand sie die Portion zu schade für Nelly und es gab bei Querners – Hamsterbraten…

Der später bekannte Schauspieler und Kabarettist Manfred Uhlig war mit 16 Jahren eingezogen worden und hatte mit viel Glück als Luftwaffenhelfer den Krieg überstanden. Als Schüler der Helmholtz-Oberschule erlebte er nun in der Sowjetischen Besatzungszone folgendes: Im Rathaus der Stadt gab es einen Antifaschistischen Jugendausschuss, der mit den Schulen der Stadt zusammenarbeitete. Eines Tages initiierte das Gremium für die Gymnasien den Besuch des

Filmes »Wenn alle Menschen der Welt«, ein Streifen über den Wert der Solidarität und den Kampf für den Frieden.

Vorher wurde ein Kulturfilm gezeigt – eine Reise mit der Postkutsche am Main entlang.

Damals waren die Landschaften Westdeutschlands im Bewusstsein der Menschen im Osten noch mehr verankert, schließlich hieß die politische Parole der Zeit »Deutsche an einen Tisch!«.

Auf dem Weg zum Kino war Manfred Uhlig in der Nikolaistraße, Ecke Brühl, an einem Autoersatzteil-Geschäft vorbeigekommen und hatte dort im Schaufenster eine kleine Hupe entdeckt. Das wäre doch etwas für mein Fahrrad, dachte er sich und erstand sie für ein paar Groschen.

In dem farbigen Vorfilm sah man ab und an in dieser schönen Landschaft auf der Straße einen Postillion mit Horn auf seiner Kutsche. Den Jüngling Manfred überkam es, als auf der Leinwand trompetet wurde, und so tutete es plötzlich aus einer Reihe.

Das mit Schülern voll besetzte Kino UT Hainstraße tobte vor Vergnügen.

Sofort ging im Saal das Licht an, der Vorhang schloss sich. Der Übeltäter wurde gesucht, Uhlig musste das Kino verlassen.

Am nächsten Morgen betrat er die Helmholtzschule und las auf einer Tafel am Eingang: »9 Uhr, Lehrerkonferenz, Straffall Uhlig«. Als er dort ins Zimmer trat, wurde ihm in aller Kürze mitgeteilt: »Wegen Störung einer antifaschistischen Jugendveranstaltung Concilium abeundi.«

Das war's!

Rauswurf aus der Schule wegen Benutzung einer kleinen Hupe!

Schon bald nach Kriegsende wurde von der Leipziger SED-Führung veranlasst, die im Johannapark stehende

Bronzestatue Otto von Bismarcks zu demontieren. Für die Kommunisten war er die Inkarnation des reaktionären Preußentums. Außerdem hatte er mit dem Sozialistengesetz die Arbeiterbewegung bekämpft und in den Untergrund gezwungen. Statt Bismarck wurde später eine Plastik der Arbeiterführerin und Frauenrechtlerin Clara Zetkin von Walter Arnold aufgestellt. Die hat bis heute alle Wirren der Zeit überstanden und das soll auch so bleiben. Leben und Werk von Clara Zetkin sind in besonderer Weise mit der Messestadt verbunden. Als ihr Mann Ossip 1892 aus Leipzig ausgewiesen wurde, folgte sie ihm ins Pariser Exil.

Doch zurück zu Bismarck, der mit seinem Hund auf einem hohen Sockel stand.

Die Hälfte des Denkmals hatten bereits die Nazis demontiert. Am Fuße hatte ein Schmied gestanden, der bewundernd die Arme zum Kanzler hochriss und ihm einen Lorbeerkranz reichte. Ein Vertreter dieses Berufszweiges war gewählt worden, weil Bismarck als der »Schmied der Deutschen Einheit« galt. Und obwohl die Nazis die Arbeiter der Faust hoch schätzten, waren sie doch auf jedes Kilo Metall angewiesen. (Claus Uhlrich schreibt in seinem Buch »Verschwunden«, dass der kräftige Schmied 1260 Kilogramm wog.) Und so wurde der stämmige Handwerker für den Endsieg eingeschmolzen.

Der »Eiserne Kanzler« selbst überstand die Bombenangriffe und wurde nun wenigstens für friedliche Zwecke verwendet, denn das rohstoffarme Land brauchte erst recht jedes Stück Metall für den Wiederaufbau.

Ein Leipziger schrieb kurz nach Bismarcks Verschwinden an den noch vorhandenen Sockel des Denkmals:

»Komme bald wieder.

Bin zur Schulung!

Euer Otto.«

Wo die alten Helden fallen, sind die neuen nicht weit.

1952 wurde der Leipziger Oberbürgermeister von der Staatlichen Kommission für Kunstangelegenheiten darüber informiert, dass Walter Ulbricht seiner Vaterstadt ein großes Geschenk machen will ... groß im wahrsten Sinn des Wortes: eine etwa fünf Meter hohe bronzene Stalinstatue!

Und wohin damit?

Wie zu allen Zeiten in Leipzig (kürzlich erlebten wir das gerade wieder mit den Vorschlägen für die Aufstellung eines Denkmals für die Friedliche Revolution) begann sich ein Ideenkarussell zu drehen. Es bot sich die Stalinallee (heute Jahnallee) an, dann war es der Platz vor dem Hauptbahnhof oder der Platz des Friedens (ein Name, der sich zum Glück nicht lange hielt; schon bald war es wieder der Markt).

Der Oberbürgermeister sprach schließlich ein Machtwort und entschied, dass der »Führer der fortschrittlichen Menschheit« auf den Karl-Marx-Platz gehöre. Dort fanden immer mal Kundgebungen statt. So würde er zum Mittelpunkt dieser Demonstrationen werden und die Werktätigen könnten zu ihrem neuen Führer aufschauen.

Kurios entwickelte sich der Transport der Denkmalteile von der Gießerei in Schöneiche bei Erkner nach Leipzig. Claus Uhlrich zitiert in seinem Buch »Verschwunden« (auch alle weiteren Zitate in diesem Text stammen daraus) aus dem Reisebericht eines städtischen Mitarbeiters: »Es ergab sich, dass der vorgesehene Wagen Achsenbruch hatte und der VEB Kraftverkehr deshalb einen Fernlastzug mit Hänger geschickt hatte, der außerdem 130 Zentner Bohnenkaffee für Leipzig geladen hatte ... Gegen 21.30 Uhr war dann das Denkmal verladen. Eine Rückfahrt mit dem Wagen war mir nicht möglich, da der Koll. der HO erklärte, nicht von dem Bohnenkaffee wegzukönnen. Damit war das Führerhaus voll besetzt. Der Motorwagen war vollständig voll Bohnenkaffee. Auf dem Hänger lag das Stalindenkmal, um das bis zur Decke ebenfalls Bohnenkaffee gestapelt war.«

Den Mitarbeiter der HO kann man gut verstehen. Ein Stalindenkmal interessierte die meisten Menschen doch nicht die Bohne, Bohnenkaffee dagegen war ein wertvolles Gut! Über diese Anlieferung haben sich die Kaffeesachsen echt gefreut!

Nun begann für das Denkmal eine kleine Odyssee. Auch das hat in Leipzig Tradition. Klingers »Beethoven« zum Beispiel stand erst im Bildermuseum am Augustusplatz, nach dessen Zerstörung strandete er im ehemaligen Reichsgericht am Dimitroffplatz, dann wurde der Beethoven im Neuen Gewandhaus am Karl-Marx-Platz aufgestellt und nun steht bzw. sitzt er im neuen Bildermuseum an der Katharinenstraße.

Zurück zu »Väterchen Stalin«, wie er verniedlichend genannt wurde, wofür es aber nicht den geringsten Anlass gab.

»Wegen des nasskalten Wetters entschied die SED-Bezirksleitung, das Standbild auf einem Holzpodest in der Messehalle II aufzustellen, wo dann auch (›Leipziger, heraus zum Festakt zu Ehren des großen Stalin!‹) am 21. Dezember 1952 die Feier zu Stalins 73. – und letztem – Geburtstag stattfand.«

Dieser Platz konnte aber nur ein Provisorium sein, da der Raum für die bevorstehende Frühjahrsmesse gebraucht wurde. In aller Ruhe sollte ein Fundament für die immerhin 25 Zentner Stalin geschaffen werden. Der große Führer machte nun aber den Genossen selbst einen Strich durch die Rechnung, da er am 5. März 1953 das Zeitliche segnete.

Das letzte Verb ziehe ich als unpassend für diesen Mann zurück.

Die Genossen improvisierten wiederum und schufen in aller Eile am Karl-Marx-Platz eine Kulisse für die Trauerfeierlichkeiten. Dort stand ja noch die Ruine des Neuen Theaters.

Stalin vor Trümmern ging natürlich gar nicht!

Deshalb wuchs davor nun operettenhaft eine Kulisse empor, ein echt potemkinsches Dorf, ein Riesenpanorama, das die Hinterlassenschaft des Krieges verdeckte. Auf die Leinwand malten fleißige – vermutlich – Theatermaler die Bauten des Kremls.

Die Glockenmänner vom Krochhochhaus beförderten mit ihren Schlägen die Illusion, man stünde auf dem Kathedralenplatz im Kreml mit dem Glockenturm Iwan der Große. Sie kündeten nun vom Ableben eines kommunistischen Zaren.

Ein Meer von Blumen (in Leipzig war garantiert an diesem Tag keine Schnittblume zu erhaschen) und Kränzen verdeckte am 9. März 1953 das hölzerne Podest. Ein riesiger Demonstrationszug zog, laut der »Leipziger Volkszeitung« waren es 400 000 Menschen, am eilig inzwischen dort aufgestellten Denkmal des Georgiers Jossif Wissarionowitsch Dschugaschwili vorbei. Seine rechte Hand war übrigens wie weiland bei Napoleon ins Jackett gesteckt. Nicht ganz passend in einer Stadt, wo der französische Feldherr seine größte Niederlage einstecken musste.

Inzwischen hatten die Leipziger Genossen wegen geplanter Baumaßnahmen für die künftige Oper doch beschlossen, den sowjetischen Führer in die nach ihm benannte Allee umzusetzen. Ein Termin für die Enthüllung der Statue stand auch schon fest: der 30. Juni 1953. Und das hatte seinen Grund, denn an diesem Tag feierte sein treuester Vasall, der Leipziger Walter Ulbricht, seinen 60. Geburtstag.

Der Juni sollte für Ulbricht überhaupt ein Freudenmonat werden. Vorgesehen war weiterhin die Ehrenbürgerschaft seiner Heimatstadt und – unfassbar! – die Umbenennung des Martin-Luther-Ringes in Walter-Ulbricht-Ring …!

Die Ehrenbürgerschaft erhielt er fünf Jahre später, aber der Namenstausch fand glücklicherweise nicht mehr statt, denn am 17. Juni jenes Jahres war bekanntlich in der DDR etwas passiert … Das hatte auch Konsequenzen für die Funktionäre der SED in Sachen Stalin-Denkmal: »… durch die politischen Ereignisse wurde von der Durchführung dieser Maßnahme Abstand genommen.«

Das Denkmal wurde zur Restaurierung in die Bronzegießerei Noack geschafft.

Dann tat sich lange nichts.

Bis das Jahr 1956 kam.

Auf dem XX. Parteitag der KPdSU wurde unter Nikita Chruschtschow begonnen, die nicht mehr länger zu deckenden Irrtümer und vor allem Verbrechen des obersten Funktionärs der Sowjetunion beim Namen zu nennen. Im Ostblock wurde mit dem Stalinkult aufgeräumt. Walter Ulbricht meinte allerdings sinngemäß, in der DDR sei das kein Problem, weil es so etwas hier nicht gegeben hätte … Absurder geht es nicht, da alle Menschen sahen, wie die Bilder mit seinem Konterfei abgehängt und Straßen umbenannt wurden.

Standbilder stürzten. Viel Metall konnte der Volkswirtschaft zugeführt werden. Außerdem verschwanden Tausende Gipsköpfe.

Die Leipziger Genossen hatten nun einen entscheidenden Vorteil – es gab keine peinliche Demontage, weil der Stalin ja schon in mehreren Teilen in der Bronzegießerei Noack lag. Dann wurde er ins Dimitroff-Museum umgelagert.

»Hier schienen sich seine weiteren Spuren zu verlieren. Aber nach einem Diavortrag über dieses und andere verschwundene Denkmale erhielt der Verfasser (Claus Uhlrich) von einer Dame den Hinweis, eine bestimmte Telefonnummer anzurufen. Es meldete sich ein Herr, der damals im ›Sachsenguß‹ gearbeitet hatte, und berichtete, dass im Jahre 1962 an einem Sonnabend nach Arbeitsschluss einige ausgesuchte Arbeiter dieses Betriebes noch dableiben mussten. Ein Polizeiauto (!) brachte die Denkmalsteile, die an Ort und Stelle geglüht, zerschlagen und auch gleich eingeschmolzen wurden.«

So waren es letztlich noch Auserwählte, die den sowjetischen Diktator verflüssigen durften.

Alle Oberschüler in der DDR, die der Jungen Gemeinde angehörten, wurden 1953 unter Druck gesetzt, sich von dieser kirchlichen Gruppierung zu distanzieren. Viele von denen, die sich weigerten, mussten noch während des Abiturs die Schule verlassen.

Ende April 1953 besetzten nach einer Bibelstunde der Studentengemeinde FDJler das kirchliche Gemeinschaftshaus, hinderten die jungen Leute am Weggehen und schleuderten ihnen die bekannten Vorwürfe entgegen, die sogar in einer Sonderausgabe der »Jungen Welt« standen: die absurde »Agententätigkeit im Solde des amerikanischen Imperialismus«. Was diese Gemeinden aber nun konkret gemacht haben sollten, blieb ein Geheimnis der Partei ...

Es kam auch zu Verhaftungen kirchlicher Mitarbeiter. Herbert Dost, Leiter des Gemeindedienstes, zählte dazu.

Für die Seminare der Theologiestudenten wurden Räumlichkeiten im ehemaligen Amtsgericht am Peterssteinweg genutzt. Daran grenzten Gebäude wie das Polizeipräsidium, das Bezirksgericht und die Untersuchungshaftanstalt. Die Rückfront des Untersuchungsgefängnisses konnten die Studenten von ihren Räumen aus sehen und sie wussten, dass dort Herbert Dost in einer Zelle saß. Sie organisierten einen Posaunenchor, der für ihn bekannte Kirchenlieder spielte. Dost hat es in seiner Zelle als Zeichen der Verbundenheit und Solidarität gehört. Im Sommer 1953 wurde er dann entlassen.

Noch vor dem 17. Juni 1953, also dem Tag des Volksaufstandes in der DDR, wurde der Kampf gegen die Jungen

Gemeinden abgebrochen. Es trat eine gewisse Liberalisierung ein, die sogar dazu führte, dass es 1954 einen großen Kirchentag in Leipzig gab. 100000 Menschen versammelten sich auf der Rosentalwiese. Und sogar der sowjetische Pavillon auf der Technischen Messe durfte von den Kirchentagsteilnehmern genutzt werden!

Wenn das Stalin noch erlebt hätte!

Das hätte ihm nun aber garantiert nicht gepasst!

Anfang der fünfziger Jahre hing im Zentrum von Leipzig ein großes Transparent mit dem Text: »Unsere Väter schlugen Napoleon – wir werden Adenauer stürzen!«

An diesem Spruch stimmte nun aber auch überhaupt nichts!

»Unsere Väter«, das waren damals jene, die wenige Jahre zuvor – wie Napoleon – in den Weiten Russlands geschlagen worden waren.

Und was die »sächsischen Vorväter« anbelangt, die hatten gar nicht gegen, sondern mit Napoleon gekämpft. Er hatte sich im Oktober 1813 gerade noch so »bei seinen tapferen Sachsen« bedankt und dann fluchtartig die Stadt verlassen.

Tja, und »wir« – wir haben Adenauer nicht gestürzt und ich kenne auch niemand, der das ernsthaft gewollt oder gar betrieben hätte.

Aber das System, das uns unentwegt mit solchen dummen Sprüchen genervt hat – das haben wir im Herbst 1989 dann tatsächlich gestürzt!

In den fünfziger Jahren begann man in der Agitation und Propaganda die DDR als Arbeiterparadies darzustellen. Dabei gab es vor Läden überall Warteschlangen, jeder hoffte, bestimmte Waren zu ergattern. Der Volksmund resümierte deshalb: Kein Paradies ohne Schlangen.

Aber selbst der Mangel erzeugte Waren, die wie Blei in

den Regalen lagen. Pfiffige Verkäufer wussten sich bis zum Ende der DDR in solchen Fällen jedoch immer mit einem Schild zu helfen:

Bitte nur 2 Stück entnehmen

Ratzbatz waren die Ladenhüter verkauft!

Professor Karl Max Schneider leitete von 1935 bis 1955 den Zoologischen Garten Leipzig. International bekannt wurde er vor allem durch seine Löwenzucht.

Bei der Bevölkerung war der Professor als Original beliebt. Seine witzigen Bemerkungen wurden gern weitererzählt. Unmittelbar nach dem Krieg haben Leipziger mitunter ihre Tiere, die sie wegen der Nahrungsmittelknappheit nicht mehr halten konnten, im Zoo abgegeben. Darunter waren auch Papageien. Als Parteifunktionäre eine Führung machten, schallte ihnen plötzlich im Vogelhaus von einem Papagei mehrfach: »Heil Hitler!« entgegen.

Die Genossen erstarrten.

Direktor Schneider sagte darauf zu ihnen in unverfälschtem Sächsisch: »Also, fier die ideologische Ausrichdung meiner Vöhchl kann ich nu werklich nischd!«

In einem Interview im Rundfunk ging es um Tiger. Der Reporter fragte: »Wo sind die Tiger eigentlich beheimatet?«

»Sie kommen auf Ceylon vor, auf Sumatra, auf Java, auf Borneo. Nur auf Celebes nich.«

»Und warum nicht auf Celebes?«

»Da missn se de Dieschor frahchn!«

Der kleine Leipziger Helmut ist in den Fünfzigern mit seiner Mutter im Kino.

Die berühmten Werbe-Dias für dies und das werden gezeigt. Plötzlich eine Werbung für Teigwaren und seine Mutter schreckt im Kinositz hoch: »De Maggarohnie!«

Die standen zu Hause auf dem Gas und köchelten vor sich hin!

Helmut bekam Geld für ein Taxi, fand zum Glück auch eins und rettete die Wohnung.

Und »de Maggarohnie«!

Ein Ehepaar hat eine Gärtnerei. Und sechs Kinder. Da müssen natürlich alle ordentlich mit helfen. Das älteste der Kinder ist das Hildchen. Sie muss sich am Badetag immer um die jüngeren Geschwister kümmern.

Eines Tages streikte ein kleiner Bruder von ihr, wollte nicht mehr von Hildchen gebadet werden. Die Mutter vermutete, dass er anfange, sich zu schämen. Sie fragt ihn also nach dem Grund. Der ist sehr verblüffend: »Hildchen, das Schwein, die nimmt immer Seefe!«

Auch die folgende Geschichte handelt letztlich vom Baden, hat jedoch eine verblüffende Auflösung: Eine Frau steigt in die Linie 5 nach Connewitz und setzt sich einer älteren Dame gegenüber. Die sagt plötzlich ohne Einleitung: »Heemebahdngibbswohlnichmähr?«

Die Frau zuckt zusammen, denn sie kommt gerade vom Arzt. Ein Rezept zur Behandlung mit diversen Essenzen in einem Wannenbad steckt in ihrer Handtasche. Da sie zu Hause seit dem Krieg kein Bad hatte, konnte sie tatsächlich nicht mehr zu Hause baden.

Aber woher wusste das die ihr völlig unbekannte Frau?

»Wieso?«

»Na frieher gabs zum Beispiel alleene im Siedn zwee.«

Nach längerem Nachdenken entschlüsselte sie dann zu ihrer Beruhigung den sächsischen Satz, der in der hochdeutschen Übersetzung lautete: »Homöopathen gibt es wohl nicht mehr?«

1961, das Jahr des Mauerbaus, war ein besonders schlechtes Jahr fürs Kabarett in der DDR. Das Studentenkabarett »Rat der Spötter« versuchte trotzdem, auf die aktuelle Entwicklung zu reagieren, und fiel dem harten Kurs von Partei und Staatssicherheit zum Opfer.

Das Programm »Wo der Hund begraben liegt« wurde verboten.

Ernst Röhl, einst Mitglied des »Rates der Spötter« und als »Eulenspiegel«-Autor im Osten sehr bekannt, schrieb ein Buch über jene Zeit. In der Versammlung der SED-Grundorganisation der Journalistenfakultät (»Rotes Kloster« genannt) wurden jene »Spötter«, die ihr angehörten, sofort aus der Partei ausgeschlossen. Klaus Höpcke, damals Stellvertreter des Ersten Sekretärs der Universitätsparteileitung, sagte: »Man muss schon sehr phantasiebegabt sein, um irgendein Gebiet unseres Lebens auszumachen, das sie nicht mit Schmutz beworfen haben.« Die sogenannten Spötter, »man möchte schon eher sagen: die Kellerasseln« (weil sie in einem Keller spielten ...), so meinte er, hätten, mit den

Pfeffermüllern gemeinschaftlich handelnd, dem westdeutschen Militarismus in die Hand gearbeitet. »Das Ganze war ein fest eingeplantes Unternehmen im Kampf um die Bürgerkriegsvorbereitung!«

Wie der Bürgerkrieg von ein paar Studenten, die nichts weiter als Kabarett spielen wollten, praktisch ausgelöst werden sollte, darüber schwieg der Agitator …

Die Lage spitzten diverse Scharfmacher so zu, dass die Akteure wegen angeblich konterrevolutionärer Umtriebe in U-Haft kamen.

Ernst Röhl schrieb über diese Monate: »Die emaillierten Kaffeetöpfe werden in der Zelle aufbewahrt. Um Getränke empfangen zu können, morgens den Muckefuck, abends den Tee, dürfen wir die Töpfe auf einen entsprechenden Befehl hin unserem Wärter stumm entgegenstrecken. Ein dicker Unteroffizier mit Knautschgesicht und roter Nase, auf Kriegsfuß mit der hochdeutschen Phonetik, sagt: »Debbe!« und meint »Töpfe«.

»Debbe!« zum Frühstück und, wenn er Spätschicht hat, »Debbe!« zum Abendbrot … darum heißt der Unteroffizier mit der roten Nase in allen Zellen »Debbe«.

Eines Tages wird ein Genosse Kowalski eingewiesen, bis vor kurzem Direktor der Großmarkthalle. »Zum Abendbrot schließt Debbe Zelle 70 auf und ruft das übliche ›Debbe!‹.

Kowalski macht artig seinen Diener: ›Angenehm, Kowalski!‹«

Peter Seidel gehörte, wie Ernst Röhl oder der Chef der Truppe, der bekannte Schauspieler Peter Sodann, diesem legendären Studentenkabarett an. Er kam ebenfalls für mehrere Monate ins Gefängnis. Im Jahr 1964 traf er in der Hainstraße den ihm aus dem Prozess bekannten Staatsanwalt Holzmüller. Der fragte ihn jovial: »Na, Herr Seidel, wie geht's Ihnen?«

»Danke, gut. Und Ihnen?«

»Schlecht.«

»Und warum?«

»Mich haben sie aus dem Justizdienst entlassen.«

»Was? Das kann doch nicht sein!«

»Doch, mein Sohn ist nach dem Westen abgehauen.«

Es blieb Peter Seidel erspart, Mitleid zu heucheln, Holzmüller war schon weitergegangen.

Anfang der sechziger Jahre ließ der Direktor einer Oberschule, der als besonders »rot« galt, alle 12. Klassen versammeln. Die DEFA, so führte er aus, habe einen Auftrag für die Jugendlichen. Sie drehe am Freitag im Winterquartier des Zirkus AEROS, dem späteren Haus der heiteren Muse, Szenen für einen Film. Die Jugendlichen sollten – und das rief sofort große Heiterkeit hervor – bitte alle Jeans tragen. Jeans waren an den Schulen damals als westliches Erzeugnis verpönt, Schüler mussten sogar Strafen befürchten, wenn sie mit den dunkelblauen Nietenhosen in die Schule kamen.

Nun solch eine Bitte vom Direktor! Und warum? Weil der Film der DEFA im Westen spielte, genauer: im West-Berliner Sportpalast, in dem seinerzeit Bill Haley auftrat.

Manche Schüler riefen in den Raum, dass sie keine Jeans besitzen würden. Daraufhin riet der Direktor, dass sie sich bei der Verwandtschaft welche borgen sollten. Und dann kam noch sein wichtiger Hinweis: Ja nicht das FDJ-Hemd anziehen!

Also genau das Gegenteil von dem, was man sonst von Schülern verlangte.

Die jungen Leute hatten an jenem Freitag viel Freude, denn sie konnten den ganzen Tag Musik von Bill Haley hören, die in der DDR nicht zu haben war.

Und ab Montag lief es dann in der Schule wieder andersrum.

In den sechziger Jahren wurden einige Szenen des Karl-Liebknecht-Films der DDR-Filmgesellschaft DEFA in Leipzig gedreht. Michael Meyer wirkte in dem Streifen als Statist mit.

Im Musikviertel, das über schöne Bürgerhäuser verfügt, fand der Regisseur die entsprechende bourgeoise Atmosphäre. Dagegen setzte er einen Protestmarsch von Kommunisten, die gegen das kaiserliche Deutschland demonstrierten.

Meyer stand als »Reicher« in einem Mantel mit Pelzkragen auf einem schmiedeeisernen Balkon und durfte – unbehelligt von Staatssicherheit und Polizei – rufen: »Nieder mit der roten Brut!«

Die Bäckerei Goldschmidt in der Hainstraße war etwa einhundert Jahre in Familienbesitz und wird vielen Leipzigern noch heute ein Begriff sein. Ich erinnere mich, wie ich dort als Student einmal eventuell drohendes Unheil verhütet habe. Als ich mit Freunden in der Adventszeit vorbeiging, wurde im Laden gerade das Licht ausgeknipst und zwei Frauen wollten den Verkaufsraum verlassen. Da entdeckte ich im Fenster in einem Adventskranz eine brennende Kerze. Ich klopfte wild an die Schaufensterscheibe und zeigte auf das Tannengesteck. Die beiden Frauen erschraken und eine kam sofort angerannt, blies die Kerze aus und gestikulierte. Sie bat mich in den Laden und schenkte mir dankbar einen halben Stollen. Mit Doris und Peter, meinen Mitstudenten, gab es dann eine schöne Kaffeestunde.

Die Bäckersfrau Helene »Lenchen« Goldschmidt galt als Original.

1958 bediente das Personal am Nikolaustag verkleidet als »Schneewittchen und die sieben Zwerge«. An einem der verkaufsoffenen Adventssonntage ließ sie nachmittags einige Mitglieder des Rundfunkblasorchesters vom

Erker aus Weihnachtslieder spielen. Und das zu einer Zeit, in der christliche Lieder in der Öffentlichkeit nicht erwünscht waren.

Den größten Ärger bereitete ihr, dass sie für einen geplanten Umbau des Ladens von der Stadt ewig keine Genehmigung bekam. Eines Tages, zur Frühjahrsmesse, liefen zwei weithin bekannte Politiker die Hainstraße entlang: Walter Ulbricht und Nikita Sergejewitsch Chruschtschow.

Helene stand vor dem Bäckerladen, der Mann mit dem Spitzbart kam ihr bekannt vor. Da sie prinzipiell die Menschen duzte, meinte sie zu ihm: »Bist du nicht der Sohn vom Schneider aus dem Naundörfchen? Dein Vater hat doch für meinen Jungen den Anzug gemacht!«

Dem war so, denn Ulbrichts Vater betrieb in dem kriegszerstörten Leipziger Stadtteil seinerzeit eine Schneiderei.

»Lenchen« nutzte die Plauderei und schilderte bei der Gelegenheit dem hohen Gast ihre Probleme mit dem Rat der Stadt. Vielleicht ging Ulbricht durch den Kopf, dass sein Vater seinerzeit wegen dieser Bäckersfrau Arbeit hatte, und er wollte ihr nun einen Gefallen tun. Wie dem auch sei: Nicht lange danach kam die Genehmigung vom Rat der Stadt.

Alle ehemaligen Kunden des Vaters hätten sich bei Ulbricht melden sollen!

Eines Tages erhielt die Leipziger Wertpapierdruckerei einen streng geheimen Auftrag. Dazu wurde der Grafiker und Kupferstecher Oswin Volkamer ins Vertrauen gezogen. Von einem Vorgesetzten erhielt er gegen Quittung ein Foto ausgehändigt. Darauf abgebildet war der erste Mann des Staates – Walter Ulbricht!

Diese Bildvorlage war eindeutig geschönt, denn die Warze an der rechten Wange war wegretuschiert und die Nasenlöcher waren etwas verkleinert worden. Im Retuschieren von Fotos hatte das System eine große Tradition. Auf sowjetischen Fotos verschwanden unter Stalin wie von Geisterhand gleich mal einige Genossen, die früher im Politbüro gewesen waren.

Volkamer erhielt einen abgesicherten separaten Arbeitsplatz und die ehrenvolle Aufgabe, den 1. Sekretär der Sozialistischen Einheitspartei Deutschlands in Kupfer zu stechen. Er erkundigte sich aus künstlerischem Interesse, wofür denn die Vorlage sein sollte. Darauf erhielt er von einem sozialistischen Leiter den knappen Bescheid: »Das darf Sie erst mal nicht interessieren!«

Aber das interessierte ihn natürlich brennend! Verständlich!

Der Kupferstecher Volkamer lieferte bald ein gelungenes Blatt und damit hatte sich die Sache für ihn erst einmal erledigt.

Einige Monate später betrat Oswin Volkamer das Leipziger Hauptpostamt, um sich mit Briefmarken zu versorgen, und plötzlich weitete sich sein Blick ... Die Postfrau hinterm Schalter offerierte ihm die neueste Marke der DDR mit dem von ihm gestochenen, nun verschiedenfarbig gedruckten Porträt des ungeliebten Parteichefs!

Jetzt konnten die Menschen zumindest hinten auf Ulbricht spucken und vorn mit der Faust kräftig auf sein Bild hauen!

Volkamer eilte an den Künstlerstammtisch des legendären Kaffeehauses Corso. Schließlich hatte er seinen Kollegen d i e Geschichte zu bieten: Er war der Mann, der Ulbricht gestochen hatte.

Nach dem Bau der Mauer, vorher hätte das nur noch mehr Menschen vertrieben, startete die Partei Ende August 1961 die FDJ-Aktion »Blitz kontra NATO-Sender«. Eine Kampagne, die sich vor allem gegen den Empfang des Westfernsehens richtete. Das ging so weit, dass sogar FDJler im Blauhemd die Dächer stürmten, um die verhassten Westantennen abzumontieren, manchmal auch einfach abzureißen.

In Betrieben und Schulen versuchte man immer wieder, Listen zu erstellen, auf denen Menschen sich mit ihrer Unterschrift verpflichteten, nicht die Fernsehprogramme des Klassengegners zu sehen. In jenen Tagen machte folgende Frage im Freundes- und Bekanntenkreis die Runde:

»Weißt du schon, dass jetzt alle Bürger, die nicht mehr Westfernsehen gucken, in der Leipziger Volkszeitung stehen?«

»Nein! Das gibt's doch nicht! Wirklich?!«

»Ja, mittwochs und sonnabends.«

Gemeint waren die Todesanzeigen.

1968 bis 1972 arbeitete ich im LKG Leipziger Kommissions- und Großbuchhandel. Wenn wir uns am Freitag von Kolle-

gen verabschiedeten, wünschte man sich gegenseitig: »Atomwaffenfreies Wochenende und guten Westempfang!«

ARD wurde aus gutem Grund so definiert: Außer Raum Dresden.

Weder Rundfunk- noch Fernsehempfang westlicher Sender waren im Elbtal möglich und deshalb behaupten kesse Zeitgenossen, davon hätten die sich dort bis heute noch nicht erholt …

Der Volksmund sah die Situation in der DDR meist sehr lakonisch und reimte unverfroren:

»Wer Marx vertraut
Und Bretter klaut,
der hat bald eine Laube!«

Das Private, das angeblich zugunsten des Kollektivs immer mehr zurückgedrängt werden sollte, nahm in der Nische immer größere Dimensionen an: Privat geht vor Katastrophe!

Die an manchen Tagen stark lädierte Arbeitsmoral definierte deutlich der Spruch:

»Sonne offn Schippenstiel,
heut wird nicht viel, heut wird nicht viel.«

Und da hielt man sich auch dran!

1965 wurde in Leipzig mit vielen Sonderveranstaltungen die 800-Jahr-Feier der Messestadt begangen. Von Klassik bis zum Schlager gab es ein reiches Kulturprogramm. Die Macher informierten sich selbst bei einem Schlagerfestival in Baden-Baden und kauften solch beliebte Unterhaltungskünstler wie Gus Backus und Peggy March dafür ein.

Eines Tages stand in der »Leipziger Volkszeitung« ein Artikel, in dem kritisiert wurde, dass West-Schlagersänger engagiert würden, statt auf die hervorragenden Kräfte aus der DDR zurückzugreifen. Der Beitrag war mit dem Namen des Stadtrats für Kultur, Rudi Gehrke, gezeichnet.

Nach dem Erscheinen des Artikels machten die Organisatoren der Stadt Gehrke Vorwürfe, er sei doch in Baden-Baden dabeigewesen und hätte die Entscheidung mit getroffen. Daraufhin meinte der Stadtrat zur Verblüffung der Kritiker: »Ich habe den Artikel auch nicht geschrieben!«

Es stellte sich heraus, dass Genossen der Bezirksleitung der SED auf diese Weise Kritik am Stadtrat geübt hatten …

Nach einer gewissen Liberalisierung in der Kultur des Landes Anfang der sechziger Jahre war 1965 mit dem 11. Plenum der SED damit wieder Schluss. Ideologische Holzhacker gingen ans Werk und fabrizierten einen kulturellen Kahlschlag. Bücher wurden verboten, Theaterstücke und die Jahresproduktion der DEFA.

Als im Leipziger Kino Capitol der Film »Spur der Steine« lief, organisierte die Partei »spontane Proteste«, um die Absetzung des ungeliebten Streifens auf diese Weise zu erzwingen. Als eine Leipzigerin an der Garderobe des Filmtheaters ihren Mantel abgeben wollte, wurde sie von einer wissenden Garderobenfrau informiert: »Den brauchense nich erschd abgähm. Heud dauerts nich lang.«

Schließlich 1968 der Schock: Sowjetische Panzer zermalmten die größte Hoffnung – den demokratischen Sozialismus in der ČSSR. Auch viele Menschen in der DDR waren zutiefst deprimiert von den Ereignissen. Das machte sich dann in Betrieben und Kneipen Luft mit dem Bonmot: »Selbst Resignation ist noch zuviel Engagement.«

Handlungsort: der Blumenladen in der Westhalle des Hauptbahnhofs. Man traf sich dort bei »Blumen-Hanisch«, obwohl die ehemaligen Besitzer längst in Frankfurt am Main lebten und im Geschäft schon lange die HO residierte.

Ich blicke ins Schaufenster, ein betrunkener Arbeiter steht neben mir, sieht ebenfalls durch die Scheibe, sagt mit schwerer Zunge und kräftigem »Alohol-Atem« zu mir: »Na, Kumpel, du hast wohl auch Blumen gerne? Eene Wohnung ohne Blumen, du, da kannste sonstwas drinne stehn hamm, die wirkt doch irchendwie dohd. Meine Frau sorgt immer für Blumen. Mir hamm een Gardn. Im Winter is natürlich mit Blumen schwer in unsrer tollen DDR.«

Hinter der Scheibe stehen kleine Kakteen.

Der Mann zeigt darauf: »Ein Freund von mir, der züchtet ooch solche Krokusse.«

Inzwischen kommt sein ebenfalls betrunkener Arbeitskollege angeschwankt. Der Wartende fragt ihn: »Hast du Orient gekriegt?«

»Nee, gab's nich. Aber hier für meine Kinder«, und er wickelt vorsichtig zwei Schokoladen-Maikäfer aus, »für meine Kinder hab ich was gekriegt.«

Sie torkeln fröhlich zum Bahnhof hinaus.

Das war die Norm in der DDR. Man kam selten mit dem zurück, was man kaufen wollte. Man brauchte einen schwarzen Reißverschluss und ging mit zwei Büchsen Oxtail-clear-Suppe nach Hause.

Die Formen von Bestechung waren in der DDR vielfältig. Die folgende Geschichte soll sich tatsächlich in Leipzig zugetragen haben. In irgendeiner Einrichtung – vielleicht zur Versorgung mit Baumaterial gedacht oder all dem, was es sonst nicht gab.

Ein Leipziger hatte dorthin einen guten Draht. Der kommt ihm aber abhanden, weil jene ihm gewogene Mitarbeiterin die Arbeitsstelle wechselte. Er muss also einen neuen Kontakt aufbauen und entscheidet sich, sein Anliegen einer älteren Kollegin vorzutragen.

Am Ende des Gesprächs schiebt er ihr ein Kuvert mit einem Hundertmarkschein über den Tisch.

Als er sich einige Zeit später nach dem Verlauf der Sache erkundigt, schiebt ihm die Frau ebenfalls ein Kuvert zu. Darin entdeckt er zu seinem Entsetzen Solidaritätsmarken der Gewerkschaft im Wert von hundert Mark!

Zu den gefragtesten Dienstleistungen in der DDR gehörten Klempnerarbeiten.

Das Handwerk war knapp bestückt. Wohl dem, der in diesem Land Beziehungen zu einem Klempner hatte! Eine Frau kommt in eine Klempner-PGH, will das Herz des dort Arbeitenden auf die Mitleidstour erweichen und klagt gleich los: »Ach, ich bin schon seit zehn Jahren Witwe!«

Sagt der Meister trocken und ungerührt: »Und ich hab seit zehn Minuten Feierabend.«

Wenn ich von Bundesbürgern hörte, dass sie über mangelhafte Kommunikation klagten, weil in einer Überflussgesellschaft kein Bürger einen Grund habe, auf den anderen zuzugehen, dann sang ich immer das Loblied vom Mangel und berichtete eine Begebenheit aus unserem Haus:

Herr S. von »unterm Dach« klingelte am frühen Abend bei G. im ersten Stock.

»Grüß dich, ich sage dir, ich habe vielleicht wieder die Schnauze voll …«

»Nun komm doch erst mal rein …«

»Ich habe heute meine Schrankwand angeliefert bekommen und bin jetzt am Zusammenbasteln. Nun merke ich, dass die vergessen haben, die sechser Schrauben mitzuliefern! Ich stehe völlig auf dem Schlauch! Ich war schon bei Pauling und in zwei anderen Läden – nirgends gibt's die Dinger!«

Dabei hätte Herrn S. als alteingesessenem Leipziger klar sein müssen, dass, wenn es die Schrauben bei Pauling nicht gibt, jedes weitere Fragen in staatlichen Läden die reine Zeitverschwendung ist!

»Na komm, wir trinken erst mal ein'!«

G. hatte nämlich mehr Einkaufsglück: Durch einen Freund gelangte er in den Besitz einiger Flaschen Ur-Krostitzer! Dazu kam eine Flasche Altenburger Klarer auf den Tisch, und schon sah die Sache viel klarer, will sagen, viel weniger dramatisch aus.

Bei munterem Geplauder verging wenigstens eine Stunde, bald tönte Lachen durch die heimelig eingerichtete Küche. Von Frust keine Spur mehr. Zwei Menschen hatten sich über dieser kleinen Alltagssorge gefunden und erlebten ein herzliches Gespräch.

Zum Ausklang des gemütlichen Abends ging G. zu seinem Werkzeugschrank, holte die gewünschten sechser Schrauben und legte sie S. neben das Bierglas.

»Hier – deine Schrauben. Aber ich sage dir, da ich weiß, wo du arbeitest«, (Herr S. ist bei der Kriminalpolizei), »die habe ich in meinem Betrieb geklaut!«

Kurze Pause. Schweigen.

Die Küchenuhr tickte plötzlich sehr laut im Raum.

Dann sagte Herr S.: »Ach, Scheiße!«, und steckte sie ein.

Zwei Männer saßen beim Bier und unterhielten sich über die Situation in ihren Betrieben. Der eine war mit dem Leitungsstil besonders unzufrieden, seine kritischen Bemerkungen gipfelten in dem Resümee: »Ich saache dir – Unfähichgeid is bei uns de bäsde Räfäränz fier änne hohe Fungdziohn!«

Als Hermann Axen, Mitglied des Politbüros der SED, für eine halbe Stunde das Gästehaus der Stadt Leipzig besuchte, störte die Genossen ein Schutthaufen vor dem Haus. In Ermangelung von Transportkapazität und in großer Eile beschlossen sie daher, dass die Arbeiter den Schutt hinter das Haus karren sollten, damit der Unrat den Augen des hohen Funktionärs verborgen blieb.

Für die Zeit des Besuches wurden die Arbeiter aufgefordert, sich nicht auf dem Gelände aufzuhalten. So gingen die Vertreter der herrschenden Klasse Kaffee trinken, damit sie einem ihrer Führer nicht begegneten.

Und der versetzte Schuttberg wurde zum Symbol, dass in diesem Land der Dreck von einer Ecke in die andere gekarrt wurde.

Stadtverordnetenversammlung, Thema Volksbildung. Nach dem Thomaskantor Prof. Hans-Joachim Rotzsch spricht der Sekretär für Wissenschaft der SED-Bezirksleitung, Dr. Roland Wötzel. Der Funktionär gibt eine Einschätzung der materiellen und ideellen Situation der Schulen und meint, wenn er schon nach dem Thomaskantor spreche, dann könne er die Situation mit folgenden Zitaten aus dessen Arbeit garnieren: »Jauchzet, frohlocket«, aber auch »Kommt, ihr Töchter, helft mir klagen« und aus der Matthäuspassion »Wir setzen uns mit Tränen nieder.«

Die anwesende Margot Honecker fand das gar nicht lustig und bestellte Wötzel am Abend ins Gästehaus, um ihm unter vier Augen die Leviten zu lesen. Der ließ sich aber nicht beeindrucken und fragte, ob sie irgendeinen Fakt widerlegen könne. Sie zog sich mit dem Argument aus der Affäre, dass es keine aufbauende Kritik gewesen wäre.

Das bedeutete im Klartext: Nur wer alle »Errungenschaften« lobt, darf sich auch mal einen kritischen Hinweis gestatten …

Roland Wötzel war übrigens der einzige Funktionär, den ich zu DDR-Zeiten kennen gelernt habe, der von einer verblüffenden Bibelfestigkeit war. Er las nahezu jeden Tag darin. Seine Erklärung war logisch, aber in der DDR garantiert einmalig. Er meinte sinngemäß: Wenn wir als Partei verlangen, dass Christen unsere Klassiker lesen, muss ich auch wissen, worum es in der Bibel geht.

Die 54. Schule in Connewitz war als Quartierobjekt für das Turn- und Sportfest vorgesehen. Das Dach des Gebäudes war jedoch mehr als desolat, Reparaturanträge liefen schon lange. Eine Delegation kommt zur Besichtigung. Der Direktor, Thomas Pammler, fragt die Gruppe, ob man wisse, dass die Schule eine Sternwarte hätte. Großes Erstaunen! Nein, das wäre nicht bekannt.

Der Direktor holt den Schlüssel und führt die Besucher in den Turm der Schule. Dort liegt knöcheltief der Taubendreck, es regnet herein. Wo soll denn nun die Sternwarte sein? Pammler meint trocken: »Wenn es dunkel ist, kann man von hier die Sterne sehen.«

Die Genossen fühlten sich zwar von ihm kräftig veralbert, aber das Dach wurde bald repariert.

In einer anderen Schule hatte Pammler in die Fenster den Anfangstext der Brechtschen »Kinderhymne« gehängt:

»Anmut sparet nicht noch Mühe
Leidenschaft nicht noch Verstand«.

Der Schulrat forderte ihn auf, den Text aus dem Fenster zu nehmen. Und warum?

Wegen des dann folgenden Verses:

»Daß ein gutes Deutschland blühe …«

Mit Deutschland wollte die DDR nichts mehr zu tun haben. Deswegen verzichtete man auch auf den Text der Nationalhymne. Pammler weigerte sich, den Vers abzunehmen. Er hing bis zur nächsten Volkswahl. Als im Jahr 1985 dieser Raum dann sogar zum Vorzeigewahllokal für westliche Journalisten umfunktioniert wurde, gab es keinen Pardon mehr.

Dann durfte nicht einmal in Gedanken »ein gutes Deutschland« blühen!

Eines Tages kam die Bezirksschulrätin zur Hospitation in den Musikunterricht einer 3. Klasse in Grünau. Pammler hatte die Sitzordnung verändert, die Kinder hatten die Tafel im Rücken.

Die Bezirksschulrätin wunderte sich und Pammler hörte, wie sie beim Hinausgehen meinte: »Wir müssen aufpassen, dass die Schulen gedreht werden, damit die Tafeln wieder vorne sind.«

Klaus Bresser, der bekannte Fernsehreporter und Kommentator, erzählte mir, wie er im Hotel Merkur zu Gast war und die sprichwörtliche Schlagfertigkeit sächsischer Kellnerinnen erlebte. Er stellte fest, dass sich auf seiner Untertasse Kaffee sammelte, und rief deshalb die Kellnerin: »Sehen Sie mal hier – die Tasse hat offensichtlich einen Sprung!«

Die Kellnerin sah auf das Malheur und dann zu Bresser und meinte: »Wo hammse denn die her?!«

Das Café Corso zeichnete sich sowohl am alten Ort im Gewandgäßchen wie auch am späteren Neumarkt durch originelle und heitere Kellnerinnen aus. Über die Jahre hatte sich ein vertraulicher Umgang mit vielen Gästen eingestellt. Stammgäste wurden von den Kellnerinnen selbstverständlich geduzt. Eine der Damen war dafür bekannt, dass sie auch mal Leute duzte, die sie gar nicht kannte. Diese Kellnerin nimmt also die Bestellungen am Stammtische bekannter Leipziger Maler auf. Dort sitzt ein Mann, der von einem der Gäste mitgebracht wurde. Er stammt augenscheinlich aus der Bundesrepublik, trägt einen schicken Anzug, feinstes Tuch. Eine Duftwolke aus Rasierwasser und wohlriechendem Pfeifentabak umgibt ihn. Vermutlich ein Rechtsanwalt oder Manager aus einer großen westdeutschen Stadt, vielleicht auch ein Galerist, der an Bildern Leipziger Maler Interesse hat. Der feine Herr besucht vermutlich zum ersten Mal in seinem Leben dieses Kaffeehaus und vielleicht auch die DDR.

Der weltgewandte Gast hat gerade eine Frage seines Nachbarn beantwortet, da ist die Kellnerin bei ihm angelangt und fragt den sichtlich verblüfften Herrn aus der anderen Welt: »Un was willst du, mei Scheißerle?«

Nun drei Anekdoten, in denen der Tod auf unterschiedliche Weise eine Rolle spielt. Manchmal lacht man in diesem Zusammenhang unfreiwillig, manchmal hilft man sich auch mit schwarzem Humor.

Eine Frau betritt ein Geschäft und fragt die Drogistin: »Saachnsema, hammse das in dor Zeidung geläsn vom Herrn Brinkmann?«

»Nee.«

»Dähr is geschdorm.«

»Äh! Machense geene Widze!«

Wir ließen zu DDR-Zeiten unsere Fenster von einer PGH (Produktionsgenossenschaft des Handwerks) putzen. Zum ausgemachten Termin kommen plötzlich zwei uns unbekannte Mitarbeiter.

Ich frage den einen: »Wo ist denn der Herr Kunkel?«

»Dähr is eichendlich schon dohd … Dähr is nur zu faul zum Umfalln.«

Ärzte, die bei der Dringlichen Medizinischen Hilfe Dienst leisteten, kannten natürlich ihre »Pappenheimer«. So auch Dr. T., als er wieder mal in eine Kneipe gerufen wurde.

Der Mann, der am Boden lag, war von dem Arzt und dessen Team schon mehrmals versorgt worden, denn der volltrunkene Eddy ließ sich in diesem Zustand gern von der DMH nach Hause chauffieren.

Der Arzt beugte sich über ihn und meinte zu seinem Mitarbeiter: »Hol mal den Totenschein aus dem Wagen. Dieses Mal ist er wirklich tot.«

Da sprang der »tote Eddy« plötzlich in die Höhe und suchte schwankend, aber schnell das Weite.

Die meisten Waren in der DDR waren Mangelwaren. In den Fleischereien war der Mangel besonders augenfällig: geräucherte Lende, Kalbsleber, Rumpsteak, Rindsrouladen, Wild ... An der Ladentheke war davon nichts zu sehen, doch wer gute Beziehungen hatte, bekam von seiner Fleischersfrau mitunter etwas »Gewiggeldes«.

Das waren mit Papier umhüllte Päckchen, von deren Inhalt der Käufer nicht die geringste Ahnung hatte. Die Überraschung zeigte sich erst zu Hause, denn darin verbargen sich solche oben erwähnten Köstlichkeiten. Der Kunde zahlte willig, ohne zu fragen und ohne zu wissen, was ihn unter dem Packpapier erwartete.

Eine Frau hatte beobachtet, wie die vor ihr stehende Kundin solch ein Päckchen für 24 Mark 18 in Empfang genommen hatte. Als sie an der Reihe war, meinte sie: »Ich mechde ooch so ä Bäggl fier vierunzwanzch Marg achdzn!«

Darauf antwortete die Fleischersfrau hinter der Ladentafel pikiert: »Sie wissen doch gar nich, was da drinne war!«

Die forsche Frau kombiniert: »'s wärn schon geene Hundegnochn gewäsen sinn!«

Die folgende Anekdote kann erfunden, kann aber auch passiert sein …

In einer Fleischerei verlangt ein Kunde zwei Rouladen. Die Frau hinter der Ladentheke meint, dass es keine gebe.

Der Mann informiert daraufhin die Verkäuferin, dass er von der ABI (der Arbeiter- und Bauern-Inspektion) käme und dass ihm bekannt sei, dass die Fleischerei mit Rouladen beliefert worden wäre. Daraufhin geht die Verkäuferin nach hinten und kommt zerknirscht mit dem Gewünschten zurück.

Als der Mann den Laden verlassen hat, sagt die nächste Kundin: »Ich will auch zwei Rouladen!« Die Fleischersfrau meint darauf, das wären wirklich die letzten gewesen. »Hören Sie«, sagt darauf sehr bestimmt die Kundin, »ich bin von der ABS!«

Völlig verunsichert geht die Frau nochmals in die hinteren Räume und auch diese Frau erhält die gewünschten Fleischstücke. Als sie bezahlt und das Päckchen eingepackt hat, fragt die Frau hinter der Theke vorsichtig: »Sagen Se mal, also, ABI, das weeß'ch ja, aber was ist denn die ABS?«

»Ganz einfach – die August-Bebel-Straße!«

Gottfried Wolff, Pfarrer in Holzhausen, hatte ökumenische Kontakte nach Polen. Zu den Benediktinern. Wegen der Zuspitzung der Verhältnisse durch den Sieg von Solidarność war das Land für Touristen aus der DDR gesperrt.

Wolff erhielt für sich und seine Familie eine Einladung. In dem Brief stand »Es soll eine ekumenische Urlaubsvisite sein«.

Die Polizistin in der Dimitroffstraße besieht sich den Brief, der von der Benediktiner-Äbtissin unterschrieben und mit einem polnischen Stempel versehen ist. Nachdem sie alles genau studiert hat, fragt die Uniformierte den Pastor: »Ist das so eine Art Betriebsferienheim-Austausch?«

Der Pastor schaltet schnell und sagt: »Ja, ja.«

»Dann geht es! Das ist überhaupt das Einzige, was zur Zeit möglich ist!«

Und er erhält auch noch die Genehmigung, in der Staatsbank der DDR die entsprechende Menge Złoty zu tauschen.

Ein echter »ekumenischer« Erfolg!

Ein Rentnerpaar siedelte in den sechziger Jahren von Leipzig in den Westen Deutschlands über.

Die Frau fuhr aber fast jedes Jahr – meist während der Messe – in ihre alte Heimatstadt.

Als sie bei einem Besuch in die Straßenbahn einsteigt, stößt sie zum ersten Mal auf eine Zahlbox. Sie ist etwas verunsichert und betrachtet misstrauisch dieses Gerät. Die Leipziger sind zumeist hilfsbereit und geben ihr sofort für die Benutzung entsprechende Hinweise, die sie mit Gesten untermauern: »Das Geld missnse dord neinstäggn, dann kräfdich an dem Hebel mit dr Gnubbl ziehen und dähn Fahrschein dord abreißen!«

Die Frau macht alles nach Ansage, drückt den Hebel wie befohlen und hat ihn plötzlich in der Hand. Sie erschrickt natürlich und ein Fahrgast sagt seelenruhig: »Nu hammse das Ding gabudd gemachd!«

Aufgeregt versucht sie, das Metallteil wieder in die Halterung zu stecken. Der Fahrgast steht der nun völlig verunsicherten älteren Dame bei: »Gähmse ma her, Sie missn das Ding richdich neinwummsn!«

Der Mann löst mit einem Griff das Problem, sie dankt und sucht sich erleichtert im Wagen einen Platz. Da sie immer eine Schachtel West-Zigaretten für eventuelle kleine Handreichungen einstecken hat (und damals rauchte ja fast noch jeder Mann!), will sie dem freundlichen Helfer ein paar »Stäbchen« geben. Sie spricht einen Mann an, den sie für ihren Retter in der Not hält.

Der lacht aber und meint:« Nee, das war ich nich, dähr Mann, dähr Ihnen geholfn hadd, is ähm ausgeschdiechn, awwr gähmse nur her, ich rooche ooch!«

Zwei junge Frauen unterhalten sich an einer Straßenbahnhaltestelle in Grünau.

»Haste dir die Sonnbrille ooch aus Ungarn mitgebracht?«

«Ja.«

»Was haddn die gegosded?«

»Zweehunderdfuffzch Forint!«

»Zweehundertfuffzch? Das gehd eichendlich.«

»Was?! Du hast wohl geene Reladziohnen mähr? Fuffzch Marg for das Scheißding!«

Zu den absoluten »Bedarfslücken« in der DDR zählten auch diverse Werkzeuge und Gerätschaften, wie zum Beispiel ein Abbrenngerät.

Ein Bekannter erzählte mir, wie der Verkäufer in der Heimwerkerabteilung eines Kaufhauses auf seinen Wunsch reagiert hatte: »Da gibbds zwee Meechlichgeidn: Entweder Sie gomm hier jeden Daach zehn Mal vorbei oder – Sie heiradn eene Vorgäuferin!«

Wahr oder nicht wahr? Aber zumindest gut erfunden!

Die Flut an Transparenten ging ja in den Jahren der DDR nie aus. Es wurde erzählt, dass am Krankenhaus für Psychiatrie in Leipzig-Dösen dieser schöne Spruch gehangen habe: »Alles, was wir sind, verdanken wir der Partei!«

Die Stasi-Zentrale von Leipzig befand sich in einem Gebäude, das vom Volksmund »Runde Ecke« genannt wurde. Die Architekten, die den mächtigen Bau der ehemaligen Leipziger Feuerversicherung entworfen hatten, verzichteten am Ring auf einen rechten Winkel und ließen das Haus um die Ecke schwingen. Wegen dieser baulichen Variante ersann der Volksmund diesen Namen.

Im Nachlass der Staatssicherheit befindet sich wenig Stoff für Heiterkeit, aber Belege für unfreiwilligen Humor kann man schon aufstöbern. In meinen Akten entdeckte ich den Extrakt eines Telefonats mit meinem Freund Fritz Haase, der im Raum Hannover wohnt.

Wir erzählten uns in dem Gespräch das Neueste von unseren Familien.

Meine Frau heißt Stefanie, sie wird von Verwandten und Bekannten aus Kindertagen auch manchmal Steffi genannt. Der Kosename meines Sohnes Alexander ist Sascha.

Und was haben da die Stasiohren aus dem Gespräch für wichtige Informationen gewonnen?

»Das Geburtstagsgeschenk für Alexander (Sohn von Lutz) war schön … Weiter wird bekannt, dass Lutz weitere Kinder hat. Sie heißen Sascha und Steffi.«

Als eine besondere Perle in den Akten erwies sich eine handschriftliche Verpflichtungserklärung aus dem Jahre 1977, auf die eine Mitarbeiterin im Archiv der Birthler-

Behörde gestoßen war. Die Form dieser Erklärung spottet jeder Beschreibung. Deshalb kann man den Text eben nur so original-orthografisch übernehmen. Denken Sie also nicht, die Sätze seien eine unglückliche Häufung von Druckfehlern!

»Verpfichtung

Ich verpficht mich, auf freiwillger Basis, mit einem Schicherheits Orkan der DDR zusamarbeiten. Ich verpfichte mich dur meine Inoffizielle Tägikkeit, das Schicherheitsorkan im Kampf gegen alle Gezetsesverletzsungen Aktiv zu unterstürßen …

Alle mir im Zusammenhang meiner Inoffiziellen Tägigkeit bekannt gewordenen Mittel und Metoten so wie der Inhalt der abgegeben Bechrichte unterliegen der Strängsten Geheimhaltung.

… Ich erkläre mich bereit alle abgegebene Berichte mit dem Decknamen ›Otto‹ zuunterzeichnen und erkönen diese Unterschrift stets als die Maine an.«

Zwei Überlegungen gingen mir nach dem Lesen durch den Kopf.

Der Hammer wäre natürlich, wenn sich hier jemand absichtlich so strohdumm gestellt hätte, um mit dieser Strategie zu erreichen, dass er von den »Orkanen« sofort ausgemustert wurde!

Wenn »Otto« wirklich auf diesem geistigen Niveau war, was ja doch eher zu vermuten ist, so haben die Genossen von der »Schicherheit« bestimmt »auf freiwillger Basis« auf die Zusammenarbeit verzichtet, weil sie die Entschlüsselung des Inhaltes der Texte einfach zuviel Mühe gekostet hätte!

1972 hatte ein Mitarbeiter der Abteilung II der Staatssicherheit ein Problem.

Was war passiert? Der geheime Vertreter der unbeliebten

Gruppierung »Schild und Schwert der Partei« hatte eine der beliebtesten Leipziger Nachtbars aufgesucht: die »Femina«.

Und wann? »... Nach den Festlichkeiten anlässlich des Jahrestages des MfS ...«

Aha, da hatte ihn wohl der genossene Alkohol zu mehr animiert und er wollte noch diesen und jenen Trunk zur vielleicht ordensgeschmückten Brust nehmen.

Wo aber lag sein Problem?

Er hatte »... seine Aktentasche an der Garderobe abgegeben«.

Na, das ist doch in Ordnung. Nicht, dass er sie am Ende noch vergisst und unter dem Tisch stehenlässt! Das wäre doch für ihn peinlich gewesen!

»Aufgrund Alkoholgenuss vergass er diese Aktentasche und ging ohne diese nach Hause.«

Oh, oh, oh, das klingt ja gar nicht gut!

Die Frage ist natürlich: Ist er auch wirklich gleich nach Hause gegangen? Oder war da noch was Feminines aus der »Femina« im Spiel? Naja, zu spät ... das kriegen wir nie mehr raus!

Also gut: Nun wird er am nächsten Morgen im verkaterten Zustand das Fehlen der Tasche bemerkt und sie sich im Büro der Tanzbar wieder abgeholt haben!

»Ein Aufsuchen der Bar führte nicht zum Wiedererhalt der Aktentasche.«

Was?! Das ist ja ein dicker Hund! Wieso denn nicht? Wo soll sie denn sonst sein?

Die Tasche – war weg!

Nun musste die Kriminalpolizei ran. Man recherchierte, dass die Garderobenfrau einem Mitarbeiter der Bar die Tasche übergeben hatte, damit er sie im Büro einschließt. Der Mann wurde aufgesucht und verhört, leugnete aber zunächst, dass er eine Tasche erhalten habe. Mein lieber Mann, der wird vielleicht ins Schwitzen gekommen sein!

Die Tasche eines Stasi-Mannes!

Schließlich gab er unter dem Druck der Beweislast zu, sie an sich genommen zu haben.

In der Tasche befand sich ein Notizbuch, aus dem zum Glück nicht viel zu entziffern war. Aber zum Inhalt gehörte noch der wichtigste Besitz des Stasi-Menschen. Es wird ihm nur einmal gegeben: sein Parteidokument! Darum also die akribischen Nachforschungen.

Es stellt sich natürlich die Frage: Was bewog den gastronomischen Dieb, die Beute zu behalten? War die Aktentasche von so exquisiter Qualität?

»Da er in der Tasche Bananen sah, reifte in ihm der Entschluss, diese mit nach Hause zu nehmen. Die eingeleiteten Massnahmen führten zur Rückgabe der Tasche und des Inhaltes, ausser der Bananen.«

Die wurden vermutlich auf dem Heimweg, allein oder in Begleitung … einfach restlos aufgefuttert!

Stellen Sie sich vor, eine Mutter hört ihren zehn-, elfjährigen Sohn im Jahre 1984 zu Hause ein Lied singen, das er in der Schule aufgeschnappt hat. Sie ist aber nicht nur Mutter und Werktätige, sondern sie ist auch noch »Sibylle«.

Die Mutter fordert ihren Jungen sofort sinngemäß auf: »Hol einen Block, dann kommst du her und schreibst das jetzt alles auf! Wort für Wort!«

Dem Jungen ist vielleicht nicht ganz wohl dabei, er kann mit einem merkwürdigen Gefühl, das ihn wegen dieser Aufforderung befallen hat, nichts anfangen. Er macht es sehr ungern, aber schließlich sagt ihm seine Mutter, dass das ein böser Vers ist, und deshalb gehört der Vorfall gemeldet.

So setzt sich der kleine Junge also lustlos an den Tisch und schreibt auf kariertes DIN A 4-Papier:

»Nach der Melodie *Ein Männlein steht im Walde*

Honni steht im Walde, ganz still und stumm.
Da kommt ein großer Panzer und rollt ihn um.
Sag wo kommt der Panzer her?
Von der Deutschen Bundeswehr
Honni halt die Schnauze, sonst komm noch mehr!«

Den zweiten Vers hat er angefangen zu schreiben und dann aufgehört.

Seine Mutter vermerkt am Rand, dass ihr Sohn sich nicht weiter erinnert.

Was sie garantiert ärgert!

»Sibylle« notiert unter dem Kindervers, dass es sich bei dem Tatort »um die Klasse 5R der 48. POS ›Maurice Thorez‹« handelt, nennt den Namen des Schülers, den Beruf und Namen des Vaters.

Sie macht so aus ihrem Sohn ein Werkzeug der Denunziation.

Sibylle ist griechisch und heißt Seherin. In unserem Fall war sie auch noch eine aufmerksame Hörerin.

Eben eine Ehrenamtliche von Horch und Guck!

Im »Kaffeebaum« verkehrten vor allem – neben Touristen und vielen Studenten – die Reste der bürgerlichen Gesellschaft Leipzigs. 1970 gab der Wirt auf. Die HO »Gastronom« übernahm die traditionsreiche Gaststätte und renovierte erst mal die Patina weg.

Altmagnifizenz »Mayer-Schorsch«, der weithin bekannte Rektor der Universität, flüchtete in das noch existierende private »Schwalbennest« in der Magazingasse.

1978 öffnete im ersten Stock des »Kaffeebaums« das sogenannte Künstlercafé. So konnte die Partei sich über Schriftsteller, Maler und Schauspieler einen Überblick verschaffen.

Gotthelf Zacharias dichtete vor Urzeiten über die berühmte Gaststätte:

> »So streckt dies stolze Haus den Giebel in die Lüfte
> und hüllt das hohe Dach in ew'gen Rauch und Düfte.
> Der Eingang zeigt sogleich in einer Schilderei,
> daß hier des Kaffeegotts geweihter Tempel sei!«

Aber nicht nur der Kaffeegott residierte hier. Verwundert nahm ich irgendwann einmal zur Kenntnis, dass in dem historischen Gebäude Räume von einem VEB Mikroelektronik Erfurt genutzt wurden. Andererseits fehlte überall Büroraum in diesem Land, und das schien Erklärung genug. Nach der Friedlichen Revolution stellte sich heraus, dass jenes Messebüro des VEB Mikroelektronik Erfurt in Übereinstimmung mit dem Direktor für Ökonomie und dem für Umsatz und Beschaffung von der Staatssicherheit zur Beschaffung von Informationen genutzt wurde. Zwischen den Messen wurde es in der Woche ab 15 Uhr als »Objekt Bach« für die Trefftätigkeit mit IMs genutzt, samstags ganztägig.

Nur 1977 klemmten die Informationen – nach einem Dachstuhlbrand im »Kaffeebaum« konnte man das Objekt »für Trefftätigkeit vorübergehend nicht nutzen«, weil es Wasserschäden gegeben hatte. Haben da seinerzeit die Feinde der DDR davon profitiert?

Es stellt sich natürlich die Frage, warum die Genossen den konspirativen Ort ausgerechnet »Bach« genannt haben? Da kann ich nur mutmaßen ...Vom »Kaffeebaum« läuft man keine fünf Minuten zum Bachdenkmal. Aber »Baum« wäre natürlich logischer gewesen!

Die Stasi hatte mit dieser Nutzung »keine finanziellen

Verpflichtungen«, benötigte (und bekam) einen Blanko-Betriebsausweis und zwei Objektschlüssel. In den Akten findet sich die Bemerkung »gegenüber der Gaststättenleitung ist das Objekt dekonspiriert«. Die waren demnach auch nicht blöde und hatten die Sache mitgekriegt. Das fanden natürlich die Stasileute nicht gut, aber die zentrale Lage war für sie vermutlich ideal.

Noch am 30.10.1989 forderte die Kreisdienststelle Leipzig-Stadt: »Es wird um Anfertigung einer Schlüsselkopie gemäß beiliegenden Abdruck für ›Bach‹ gebeten.« Da hatten sie vermutlich noch große Hoffnung, dass alles weiter seinen staatssicherheitlichen Gang geht.

Keinen Monat später, am 22.11.1989, gab das neue Amt für Nationale Sicherheit den Abdruck »zur Entlastung« zurück.

Nun hatten sie kapiert, dass auch »Bach« den Bach runtergegangen war.

Als Student lernte ich in den sechziger Jahren noch den urigen »Kaffeebaum« kennen. Der angehende Arzt Uwe Tischer verkehrte ebenfalls dort. In froher Runde fragte ihn eines Tages eine Frau, die um seinen Beruf wusste, was man gegen ein Überbein machen könne.

Uwe Tischer hatte irgendwann einmal gehört, wie alte Hausärzte solche Überbeine beseitigen. Er hatte aber jene Geschichten mit großer Skepsis zur Kenntnis genommen und nicht daran geglaubt.

»Wer hat denn mal ein Fünfmarkstück?«

Im Gesicht der Fragenden zeigte sich Verwunderung.

Das war schnell zur Hand. Nun bestellte er beim Kellner: »Einen Hammer bitte.«

Der war in seinem Beruf schon manche Überraschung gewohnt und brachte ohne große Nachfrage das Gewünschte.

Die Besitzerin des Überbeins allerdings begann allmählich ihre Frage zu bereuen. Ihr wurde mulmig. Als der Hammer zur Stelle war, legte der angehende Arzt die Münze genau auf das hervorstehende Überbein und schlug mit dem Hammer einmal kräftig drauf.

Was er nicht für möglich gehalten hätte, geschah: Zu seiner und zur großen Verwunderung der Frau konnte nur noch konstatiert werden, das Überbein war weg!

Der frühere Pfarrer der Nikolaikirche, Christian Führer, erzählt in seinem Buch »Und wir sind dabeigewesen«, dass die Junge Gemeinde ab 1982 so einen Zulauf erlebte, dass die dafür genutzte Jugendkapelle kaum ausreichte.

Eines Tages wartet man auf zwei Jugendliche, die zu dem Treffen in der Kirche etwas Verpflegung mitbringen sollten. Damit war reihum jeder mal dran.

Die beiden Radfahrer verspäten sich und bei ihrem Eintreffen wird nach dem Grund gefragt. Sie berichten, dass sie völlig willkürlich von einem Polizeiauto angehalten wurden. »Ausweiskontrolle!«

Danach hat man die beiden gefragt: »Wo wollen Sie hin, Bürger?«

Wenn Polizisten irgendwelche verkehrsmäßigen Fehler ahndeten oder allgemeine Kontrollen durchführten, gab es in der DDR ein garantiertes »Bürgertum«.

Die beiden antworten wahrheitsgemäß: »In die Nikolaikirche.«

Das kommt den beiden Polizisten spanisch vor, weil ihrer Meinung nach höchstens alte Leute in die Kirche tippeln und nicht solche Typen in Jeans.

»Was haben Sie in dem Beutel?«, fragt einer der Uniformierten.

»Das Abendmahl.«

Das verunsichert die beiden Polizisten vollends. Vermutlich ringen nun zwei Seelen in ihrer atheistischen Brust.

Sie entscheiden aber, vielleicht weil sie davon gehört haben, dass in der Verfassung der DDR Religionsfreiheit gewährt wird, nicht den Inhalt des Beutels zu kontrollieren. So beschränken sie sich darauf, von den beiden Burschen zu verlangen, dass sie den restlichen Weg durch die Stadt zu Fuß und das Fahrrad schiebend zurücklegen müssen.

Dabei werden die beiden tatsächlich zur Einschüchterung vom Polizeiauto im Schritttempo flankiert.

Eine Kontrolle des Beutelinhaltes hätte die grün Uniformierten erst recht vor eine unlösbare Frage gestellt. Darin befanden sich – Brot und Fett.

Da hätte es in den Köpfen aber gerattert.

Und damit macht man das Abendmahl?

1987 durfte ich auf Einladung einer ehemaligen Leipzigerin zu Recherchen für mein geplantes Buch über jüdische Spuren in der Messestadt in die Bundesrepublik reisen. Auf der Rückfahrt von Konstanz machte ich verbotenerweise in Frankfurt Station und wollte im dortigen Pelzhandelsviertel recherchieren.

Die Gegend um die Niddastraße hieß in den Kreisen Eingeweihter nach dem Leipziger Pelzzentrum nur – »der Brühl«.

Viele Händler aus der Rauchwarenbranche waren nach dem Krieg, als abzusehen war, was für ein System sich im Osten etablierte, nach Frankfurt am Main gegangen.

Zu meiner Überraschung stieß ich in einem Hof sogar auf ein »Haus Leipzig«, in dem sich kurioserweise auch noch die Filiale vom DDR-Pelzhandel befand. Dort, so hatte mir jemand gesagt, solle ich nach einem Herrn Hellmut fragen, der aus Leipzig stamme und viel über den Brühl wisse. Ich sprach also den erstbesten Mann an, der mir dort über den Weg lief. Von dem erfuhr ich: »Nee, nee, mei Guhdr, dähr heeßd nich Hellmuhd, dähr heeßd Hellmund, dähr is balde achdzch.«

Verdutzt stellte ich fest: »Sie sind doch auch aus Leipzig!«

»Nu glaar.«

»Und wann sind Sie weg?«

»Mier sinn bald nachm Griech fordgemachd … als mir gemergd hamm, wie dorr Hase läufd …« und dann sagt mir der Pelzhändler noch den schönen Satz: »Die wolldn uns doch das Fell iewr de Ohrn ziehn!«

Streiflicht einer Wohnsituation im real existierenden Sozialismus: In einem Hinterhaus in der Hohen Straße wohnte seit 1979 ein Mann in einer 2-Zimmer-Wohnung mit Küche, AWC (für die jüngeren Leser: Außen-WC) und einem Keller. 36 Mark Miete. Sehr billig. Aber so sah eben das Haus auch aus!

Die Wohnung selbst war, wie so viele in diesem Land, in erbärmlichem Zustand. Fenster schlossen nicht, sie waren verquollen. Im Schlafzimmer gab es Nässeschäden wegen der defekten Dachentwässerung. Putz war abgefallen. Der desolate Zustand dieser Wohnung spitzte sich Anfang 1987 weiter zu. Frostschäden ließen die Wasserleitung platzen. Der Schaden wurde von der volkseigenen Hausverwaltung beseitigt, indem man den Strang einfach abklemmte. Damit war zwar das akute Problem gelöst, doch der Mieter hatte nun kein fließendes Wasser mehr. Für die Gebäudewirtschaft war die Sache aber abgehakt, sie vertraute vermutlich auf die Findigkeit des Mieters. Die bewies er tatsächlich, indem er als improvisationsfreudiger DDR-Bürger eine Schlauchleitung installierte, mit deren Hilfe er in einer anderen Wohnung Wasser abzapfen konnte …

Der Mieter konnte von Jahr zu Jahr den Verfall des Schornsteins beobachten. Seine Ahnungen trogen ihn nicht und im Frühjahr 1987 stürzte der Schornstein schließlich ein. Deshalb konnte er zu allem Unglück nicht mal mehr seinen Ofen heizen!

Alle Eingaben brachten nichts. Schließlich entschied sich der Mann für eine ungewöhnliche Aktion: Er beschriftete einen weißen Bettbezug mit Wäschefarben in Grün und Orange, schrieb darauf ICH WILL HIER RAUS.

Dann hat er den »… beschrifteten Bettbezug aus seinem Fenster gehangen, um die Lösung seines Wohnungsproblems zu erreichen«.

So hat es die Stasi vermerkt.

Beim Verhör sagte er, dass ihn das Lied »Flugzeuge im Bauch« von Herbert Grönemeyer dazu angeregt hatte, in dem dieser Satz vorkam. Das hätte sich der Grönemeyer wohl nicht im Traum vorstellen können, dass damit jemand im Osten auf seine desolate Lebenssituation aufmerksam machen würde.

Nun werden Sie sich vielleicht fragen, welchen Sinn solch ein Transparent an einem Hinterhaus haben soll …

Der Mann wollte, auch dies hat er der Stasi freimütig gesagt, dass es der im Vorderhaus wohnende VP-Angehörige las.

Die Rechnung ging auf.

Der hat natürlich Meldung gemacht.

Da wollte also jemand nicht aus dem Land, sondern nur aus seiner Wohnung raus, die allen großartigen Losungen der Partei (»Alles für das Volk!«) Hohn sprach.

Ob sich der Mieter damit ein neues Zuhause erstritten hat, ist in der Akte nicht vermerkt. Eins steht jedenfalls fest: Drei Jahre später gab es keine staatliche Wohnungsverwaltung, keine Stasi und keine VP mehr …

Klaus Görner durfte in den Achtzigern anlässlich eines Verwandtengeburtstages in die Bundesrepublik Deutschland reisen. In einem kleinen bayrischen Ort ging er ins Rathaus, besorgte sich einen westdeutschen Pass und flog zu seiner Schwester, die auf Korsika lebte und alles schon für seinen Besuch organisiert hatte.

Der DDR-Pass verschwand in einem Panzerschrank im Rathaus und Klaus Görner weiß noch ganz genau, dass darin nichts weiter lag als sein blaues Dokument. Und er dachte sich, dass durch einen DDR-Bürger dieses Mobiliar nun endlich mal einer Nutzung zugeführt wurde.

Dann nahm er den grünen BRD-Pass entgegen.

Als er wieder in seinem Betrieb in Leipzig erschien, durfte er natürlich niemandem etwas von seiner schönen Reise erzählen. (Das war sozusagen die Strafe des Systems für das Bekenntnis als Deutscher.)

Die Kollegen wunderten sich über seine gepflegte Bräune. Er erzählte, dass er in Bayern in den Bergen gewandert wäre. Ein Kollege von ihm, Genosse, kam ebenfalls mit gesunder Farbe von seiner Verwandtenreise aus der BRD zurück. Keiner fragte den anderen nach seinen Erlebnissen. Nach der Friedlichen Revolution traf er den ehemaligen Genossen auf der Straße und erkundigte sich: »Sag mal, wo warst du denn eigentlich damals?«

»In der Türkei. Und du?«

»Auf Korsika.«

Und nun konnte Klaus Görner endlich auch den Film aus seinen Korsika-Tagen entwickeln lassen ...

Ein oder vielleicht auch mehrere anonyme Autoren haben eine sehr zutreffende Analyse über die Besonderheiten der DDR geliefert. Die wurde im Land im privaten Kreis oder auch in Arbeitskollektiven weitergereicht. Die satirische Situationsbeschreibung der Verhältnisse nannten die Schöpfer »Sieben Wunder der DDR«:

1. Obwohl es in der DDR keine Erwerbslosigkeit gibt, hat die Hälfte nichts zu tun.

2. Obwohl die Hälfte nichts zu tun hat, fehlen Arbeitskräfte.
3. Obwohl die Arbeitskräfte fehlen, erfüllen und übererfüllen wir die Pläne.
4. Obwohl die Pläne erfüllt und übererfüllt werden, gibt es nichts zu kaufen.
5. Obwohl es nichts zu kaufen gibt, haben fast alle Leute alles.
6. Obwohl fast alle Leute alles haben, meckert die Hälfte.
7. Obwohl die Hälfte meckert, wählen 99,99 % die Kandidaten der Nationalen Front!

Wenn das keine Wunder sind!

Als die DDR gegen Ende alles verscherbelte, was nicht niet- und nagelfest war – von antiquarischen Büchern über alte Möbel und Bilder bis zu Gaslaternen –, kam der Moment, wo man sogar Pflastersteine exportierte. Der Volksmund reimte sofort:

»Ach, wär' ich doch ein Pflasterstein,
dann könnt' ich schon im Westen sein!«

Ausgerechnet im dahinwelkenden Sozialismus gab Honecker – das wurde als der größte unfreiwillige Witz des Parteichefs angesehen – die These aus, dass sich Leipzig für die Olympischen Spiele bewerben würde. Die Leipziger hatten auch gleich einen Vorschlag für ein Maskottchen: den Bettelstab.

Kein Mensch ahnte, dass man sich in Leipzig im Jahr 1989 die letzten politischen Witze über die DDR erzählte. Aus einem Instinkt heraus habe ich mir in jenen Monaten alles aufgeschrieben, was ich von Besuchern oder Kollegen im Kabarett, auf der Straße oder im Kaffeehaus hörte.

1989 gab es an den Stränden der Ostsee eine Marienkäferplage.

Wie kommentierte das der Volksmund?

Das waren gar keine Marienkäfer – das waren lediglich weggeworfene Parteiabzeichen.

Es gab auch schon Vorschläge für ein neues Parteiabzeichen: Rote Füße auf schwarzem Grund. Die Erklärung? Die Roten tappen im Dunkeln.

Das Volk schlug auch ein viereckiges Parteiabzeichen vor – damit die Genossen nicht mehr so rumeiern müssen.

Nach der Fluchtwelle wurde sogar eine neue DDR-Staatsflagge entworfen: Schwarz-Rot-Gold – mit einem Koffer!

Der starre, uneinsichtige Erich Honecker stand natürlich im Mittelpunkt des Volkswitzes. Ständig witterte er hinter Berichten aus dem Ausland eine Einmischung in die inneren Angelegenheiten der DDR. Deswegen meinten die Bürger, er wolle sich nun auch keiner Operation mehr unterziehen. Das wäre seiner Meinung nach eine Einmischung in innere Angelegenheiten.

Es gab keinen visafreien Verkehr mehr in die Nachbarstaaten. Nachdem die Grenze zur ČSSR geschlossen wurde, meinten die DDR-Bürger, dass das natürlich auch Vorteile hätte, denn nun brauchte man ab sofort keinen Führerschein mehr. Wieso?

Ganz einfach: Beim Fahren in abgegrenzten Gebieten ist keiner nötig.

Immer mehr Menschen verließen das Land. Viele per Ausreise über das Aufnahmelager Gießen – deswegen hat Honecker ja auch seine Sekretärin entlassen.

Warum?

Weil sie zum Frühstück gefragt hatte: »Soll ich nachgießen?«

Kauft ein Mann in einem Geschäft zwölf Honecker-Bilder.

»Brauchen Sie eine Quittung?«

»Nein, brauche ich nicht, ich habe einen privaten Schießstand.«

Es ging dem Ende entgegen.

Honecker resigniert. Er gibt in der Zeitung eine Anzeige auf: Suche Arbeiter und Bauern. Biete Staat.

Und es tauchte ein Witz wieder auf, den es schon gegen Ende des Zweiten Weltkriegs gegeben hatte: Wer ein Mitglied für die Partei gewinnt, braucht ein Jahr keinen Beitrag zu zahlen. Wer zwei gewinnt, zahlt zehn Jahre keinen Beitrag. Wer drei gewinnt, bekommt eine Bescheinigung, dass er nie in der Partei war.

Die Endphase vor dem heißen Herbst des Jahres 1989 wird eingeläutet.

In den Zeitungen des Landes läuft ungerührt das jahrzehntelang bis zum Erbrechen absolvierte Spektakel der nervenden Agitation und Propaganda. Die unendlichen verlogenen Erfolgsmeldungen: »Unser Schiff zieht seinen Kurs fest und stolz dahin – bis zum Sieg!«

Dabei taumelt der Steuermann längst genauso wie seine angeschlagene Fregatte, die knarrt und ächzt und die wegen des eindringenden, von ihm nur noch nicht wahrgenommenen Wassers bald auf Grund laufen wird.

Und wieder ist es der Volksmund, der die tatsächliche Lage zum Beispiel auf Aufklebern an Trabis und Wartburgs auf den Punkt bringt:

»Heute stehen wir am Abgrund. Morgen sind wir einen Schritt weiter.«

Johannes Pietsch hat im Herbst des Jahres 1989 als 16jähriger Schüler im Nikolaikirchhof die Ereignisse vor Ort miterlebt. Nach dem Friedensgebet versammelten sich dort immer die Ausreisewilligen, die möglichst vor Kamerateams westdeutscher Sender »Wir wollen raus!« riefen.

Johannes beobachtete F. K., einen Schüler der Georgi-Dimitroff-EOS, der durch die Reihen lief und im besten Sächsisch vor sich hin murmelte: »Nee, da mach'sch nich midd. Ich bleibe hier!«

Und er stand mit dieser Meinung für die Mehrheit der Teilnehmer des Friedensgebetes, die sich für Veränderungen innerhalb der DDR einsetzten. Zum Glück gab es eine ganze Reihe Menschen, die die Hoffnung auf einen Wandel im Land noch nicht aufgegeben hatten. Die Mitschüler von F.K. nahmen seine Worte auf: »Nu genau, wieso solln wir denn jedzd abhaun, wo's grade scheen wird, wo hier was abgehd? Nee, wir bleiben hier!«

Zum Erstaunen der jungen Leute wurde dieser Ruf von einigen Umstehenden begeistert wiederholt: »Wir bleiben hier!«

Das ist die Losung, die im Nikolaikirchhof geboren wurde.

Die Massen auf dem Ring zeigten dann in breiter Front »Wir sind das Volk!«

Und dazu gesellte sich der wichtigste Ruf der Friedlichen Revolution, jener Ruf, der die waffenstrotzende Macht entwaffnet hat: »Keine Gewalt!«

Die DDR war quasi der Alleinerbe des verlogenen Pathos der Deutschen.

Erst hieß es »Für Kaiser, Volk und Vaterland«, dann »Für Führer, Volk und Vaterland«. In der DDR formulierten die Funktionäre »Alles für das Volk, alles mit dem Volk, alles durch das Volk«.

Mit dem dritten Teil dieser Losung machten dann die Menschen im Land ernst und somit hatte die Partei, ohne es je zu ahnen, ihr Ende selbst formuliert.

Am 16. Oktober, dem Montag nach jener legendären Demonstration, der die Entscheidung brachte, fuhren zum ersten Mal ein Polizeiauto und ein Motorrad vor den Demonstranten her, um den Verkehr zu regeln. Ich sah alte

Ehepaare, die eingehenkelt über den Ring marschierten, und junge Menschen, die mit Freunden oder Arbeitskollegen gekommen waren. Sie riefen »Erich, laß die Faxen sein, laß die Perestroika rein!«

Andere wurden deutlicher: »Honey, geh! Uns tut's nicht weh!«

Und es tat auch nicht weh, als es schon zwei Tage später passierte.

Auf einem Transparent las ich: »Schnitzler, entschuldige dich!« Das hat er nie gemacht und ist sich bis zum Schluss auf seine intelligent-perfide Art treu geblieben.

Vor der berühmten Runden Ecke, dem Stasi-Gebäude, war die Lage immer am angespanntesten. Polizisten, ausgerüstet mit Helmen und Schilden, stand dort. Demonstranten stellten brennende Kerzen vor sie. Junge Leute vom Neuen Forum drängten besonders Neugierige oder aufgebrachte Leute mit dem entwaffnenden Hinweis ab: »Geht bitte weiter, die Polizisten haben auch Angst!«

Wer hätte das ein paar Wochen früher in Leipzig gedacht, dass es in dieser Stadt ängstliche Polizisten gab! Menschen, die spürten, dass ihnen die Macht entglitt.

Unterhalb der Thomaskirche am Ring, neben der Normaluhr, traf ich auf Superintendent Magirius und den SED-Bezirkssekretär Dr. Roland Wötzel. Er war einer von den drei Funktionären der Bezirksleitung (neben Dr. Meyer und Jochen Pommert), die am Montag zuvor mit Prof. Masur, Dr. Zimmermann und mir den Aufruf vom 9. Oktober formuliert hatten.

Ich gewann den Eindruck, der Seelenhirte tröstete den Funktionär etwas im Angesicht Tausender freiwilliger Demonstranten, die für eine andere DDR sorgen würden.

Wötzel blickte ungläubig auf die vorbeiströmende Masse, hatte sie wohl so nahe noch nie gesehen.

Ich sah meinen Gemeindepastor Gerhard Riedel bedächtig in der Menge vorbeilaufen. Er nahm wenig später am Runden Tisch mit Platz und sorgte mit seiner besonnenen Art für Verständigung zwischen den unterschiedlichen Auffassungen.

Was Wötzel hier erlebte, war die Praxis der Marxschen These »Die Idee wird zur materiellen Gewalt, wenn sie die Massen ergreift«. Aber dass er diese Erkenntnis einmal auf solch eine Weise in seiner Heimatstadt Leipzig vorgeführt bekommen würde, das hätte er sich nicht träumen lassen.

Roland Wötzel musste wegen seines Autos auf die andere Straßenseite und sich deshalb durch die Menge der Demonstranten schlängeln. Plötzlich wurde er von einem Bekannten, garantiert einem Genossen, entdeckt: »Hallo, Roland, komm, marschier' mit!«

Und Wötzel sagte in einer Mischung aus Verlegenheit und Bedauern: »Nee, das kann ich nicht.«

Und während ich mich wieder in den Demonstrationszug einreihte, sah ich in der wartenden Straßenbahn am Fenster eine alte Frau sitzen, die die ganze Zeit über die Leute draußen auf dem Ring mit dem Victory-Zeichen grüßte.

P. S. Eine Woche später entdeckte ich am Versicherungshochhaus am Ring einen Imbissstand, an dem mit einem Schild für »DEMO-Bockwurst« geworben wurde.

Das war ein verfrühter Marketing-Gruß jener Gesellschaftsordnung, die nun auf uns zukam …

Erich Loest hat ein »Revolutionsstück« geschrieben: »Ratzel speist im Falco«. Darin geht es um die Friedliche Revolution und um heute. Loest ist ja der Meinung, »dass der Aufruf der Sechs, am Abend des 9. Oktober verkündet, nichts anderes zum Ziel hatte, als die Stabilität der DDR und den Sozialismus zu sichern«.

Ich muss schon sehr lange suchen, um irgendwo etwas annähernd Unsinniges zu finden.

Loests Meinung steht diametral zur Wertung von Historikern in Deutschland. So urteilt beispielsweise Ilko-Sascha Kowalczuk in seinem Buch »Endspiel – Die Revolution von 1989 in der DDR«: »In Leipzig herrschte den ganzen Tag über in den Amtsstuben von Staat und Kirchen Hektik. Es wurde verhandelt und geredet. Mehrfach fragten Leipziger Funktionäre in Ost-Berlin nach, was zu tun sei. Das ZK schwieg, Egon Krenz als zuständiger ZK-Sekretär ebenfalls ... Von hoher symbolischer Wirkung war ein Aufruf von drei SED-Funktionären der SED-Bezirksleitung (Kurt Meyer, Jochen Pommert, Roland Wötzel) und drei Leipziger Prominenten (Dirigent Kurt Masur, Theologe Peter Zimmermann und Kabarettist Bernd-Lutz Lange), die sich auf einen gemeinsamen Text verständigten.«

Loest sagte vorher schon einmal in einem Interview, das er dem MDR gab: »Der Aufruf hat nicht die geringste Bedeutung gehabt.«

Ich habe ihm daraufhin geschrieben. Er äußerte Verständnis für meinen vehementen Einspruch, entschuldigte sich gar, aber er hält weiter an seiner selbstgebastelten »Geschichtslüge« – um einen Begriff von ihm zu verwenden – fest.

Erich Loest saß bekanntlich am 9. Oktober 1989 Rheinwein trinkend in Bad Godesberg; im Gegensatz zu ihm habe ich authentische Erinnerungen an diesen Tag.

In dem Aufruf vom 9. Oktober 1989 ging es nicht um »die Stabilität der DDR« oder darum, »den Sozialismus zu sichern«, sondern der Text entstand aus tiefer Sorge, dass sich die Lage zuspitzen könnte. Es war ein Versuch, Opfer zu vermeiden. Es ging darum, in dieser hochexplosiven Situation einen Beitrag zur Entspannung zu leisten. Drei Tage vorher hatte bekanntlich ein Kampfgruppenkommandant in der LVZ gedroht, notfalls »mit der Waffe in der Hand« die Konterrevolution zu vertreiben.

Am 9. Oktober herrschte eine unbeschreibliche Stimmung in Leipzig. Auf der einen Seite Friedhofsruhe, andererseits viele Uniformierte und unentwegt in die Stadt strömende Menschen. Man hatte das Gefühl, ein schweres Gewitter mit Blitz und Donner könnte sogleich niedergehen.

Unser Aufruf wurde über den Sender Leipzig und den Stadtfunk verlesen, außerdem in allen Kirchen. Die Menschen waren in großer Sorge, als er angekündigt wurde. Sie hatten Angst, es würde der Ausnahmezustand ausgerufen. Danach klatschten Tausende erleichtert Beifall.

In den Jahren seit 1989 haben mir immer wieder ehemalige Demonstranten berichtet, wie viel Anspannung ihnen das Verlesen dieses Aufrufes genommen habe. Und jene Uniformierten auf der anderen Seite waren sichtlich beeindruckt, dass drei Funktionäre der Partei zu dessen Verfassern zählten.

Am 7. Oktober hatte sich die DDR gefeiert und in Leipzig wurde auf die »Konterrevolution« geknüppelt; zwei Tage später sprangen endlich drei SED-Funktionäre über ihren Schatten und gaben (ohne Abstimmung mit »OBEN«) erstmals öffentlich bekannt, dass tatsächlich das Volk auf der Straße ist, nicht die Konterrevolution. Und sie gestanden ein, dass es in diesem Land große Probleme gebe.

Keiner weiß, wie die Sache für die drei ausgegangen wäre, wenn in Berlin die Vertreter einer harten Linie gesiegt hätten.

Als wir den Aufruf in der Wohnung von Masur formulierten, habe ich von den drei Funktionären den Rückzug der bewaffneten Kräfte gefordert. Masur und Zimmermann schlossen sich sofort an. Die Funktionäre sagten dies zu und informierten später SED-Bezirkschef Hackenberg darüber, der dann mit den Einsatzleitern von Armee, Polizei und Staatssicherheit darüber gesprochen hat.

Erich Loest ist in seiner eigensinnigen Interpretation des Aufrufs durch nichts zu erschüttern. Sein Hass auf alles, was mit »Partei« zu tun hat, macht ihn blind für die Realität dieses Tages. Er traut den drei Funktionären keine Wandlung zu. Obwohl er doch aus eigener Erfahrung weiß, wie der Mensch zu anderen Einsichten kommen kann.

Loest war, wie er selbst bekennt, überzeugter Jungnazi, dann noch Mitglied in der NSDAP gewesen, nach zwei-, dreijähriger Denkpause wurde er Mitglied der SED, auch da lange überzeugt – bis er für Reformen eintrat, verhaftet wurde und für sieben schreckliche Jahre ins Gefängnis kam. Den Schlusspunkt seiner Parteien-Biografie bildet schließlich seine Mitgliedschaft in der SPD.

Loest hat sich gewandelt. Warum gesteht er das anderen nicht zu?!

Es gibt einen wunderbaren Text, den Christoph Dieckmann für »Die Zeit« schrieb. Er zog dort unter dem Titel »Die Würde des Ostens« eine Bilanz nach zwanzig Jahren deutscher Einheit und resümierte: »Dass kein Blut floss, war Gnade. Auch denen, die nicht schossen, sei ein Knopf vom Mantel der Geschichte zugestanden.«

Sehr anekdotenreich entwickelte sich eine Diskussion über das geplante Freiheits- und Einheitsdenkmal für Leipzig. Im Dezember 2010 brachte die »Leipziger Volkszeitung« ein Interview mit mir zu diesem Thema. Ich erzählte, warum ich kein Denkmal brauchte.

Da wäre zunächst der Hauptgrund: Wir haben in Leipzig sogar – wie Erich Loest sagte – ein »begehbares Denkmal«, die Nikolaikirche. Das ist der Ort, an dem alles begann.

Auf dem Nikolaikirchhof steht eine nachgebaute Säule aus dieser Kirche, die symbolisieren soll, wie Demonstranten die Hoffnung auf ein anderes Land, wozu in jenem Haus ermuntert und wofür gebetet wurde, nach draußen trugen. Und wie alle Leipziger bin ich unendlich dankbar, dass wir dort keinen Kranz niederlegen müssen, sondern eine Friedliche Revolution ohne Opfer erlebt haben.

Auf dem Nikolaikirchhof steht außerdem ein Brunnen mit Wasser bis zum Rand, der, so denke ich, symbolisieren soll, wie nach langer Geduld das Fass letztlich übergelaufen ist.

Außerdem wurden auf dem Platz an der Kirche farbig unterschiedlich leuchtende, pflastersteingroße Glaskörper versenkt, die zeigen sollen, dass es erst Einzelne waren, die sich dort versammelten. Denn das ist ja das eigentliche Wunder von Leipzig: Am Anfang beteten 15 Menschen für Veränderung in unserem Land und am Ende liefen 150 000 über den Ring.

Der Umschwung zur Friedlichen Revolution fand auf diesem Nikolaikirchhof statt. Die Geschichte des Augenzeugen Johannes Pietsch zeigt das ganz deutlich.

Deshalb meine ich, wir brauchen keinen künstlichen Ort, weil wir mit der Nikolaikirche einen authentischen haben.

Nach dem Interview erlebte ich eine unglaubliche Welle der Zustimmung. Menschen riefen mich oder sprachen mich auf der Straße an, schrieben mir.

Eine Blitzumfrage der »Leipziger Volkszeitung« ergab bei knapp 4000 Beteiligten, dass 92 Prozent gegen ein Denkmal waren. Auch die meisten Leserbriefe in der LVZ zeigten das.

Nun meldeten sich natürlich auch die Verteidiger des Denkmals zu Wort.

Prof. Rainer Eckert, Direktor des Zeitgeschichtlichen Forums, warb dafür, er überholte ohne einzuholen und meinte »Die Friedliche Revolution ist zudem ein wesentlicher Teil der demokratischen Traditionslinie der Bundesrepublik ...«

Die Revolution in der Bundesrepublik habe ich glatt verschlafen!

Ich habe nur mitgekriegt, dass der deutsche Westen die Demokratie von den Alliierten geschenkt bekommen hat.

Pardon, Herr Eckert, aber die Ostdeutschen sind die ersten Bürger deutscher Nation, denen so etwas gelungen ist. Nach der Revolution und freien Wahlen hat dann eine Mehrheit entschieden, der Bundesrepublik beizutreten. Und seitdem können wir Ostdeutschen auch etwas für dieses Gesamtdeutschland tun.

Und das machen wir auch gern.

Aber zurück zum Denkmal.

Lassen wir Herrn Eckert zu Wort kommen, was an jenem Monument alles symbolisch gestaltet werden soll: »die europäische Dimension des Denkmals«, »ein nationales, aber auch europäisches ›Wir‹«, »der Kampf gegen Fremdherrschaft und Tyrannei«, »die besondere Rolle der Stadt und des mitteldeutschen Raumes«, der »Appell zur Gewaltfreiheit«, »Zivilcourage, Selbstbestimmung, Meinungsfreiheit, Demokratie, Reisefreiheit, Erinnerungen und Emotionen ...«

Bissel viel für ein Denkmal, oder?!

Also, wenn Sie mich fragen – da möchte ich kein Künstler sein, der das alles in Stein, Bronze oder was auch immer packen muss!

Wegen der vielen Gegenstimmen zum Projekt wurde ein Forum in der Alten Börse veranstaltet. Sozusagen die große Volksaussprache. Das heißt, das Volk konnte sich aussprechen, ohne dass an der Entscheidung etwas zu rütteln war. Denn die war längst gefallen.

Nun wunderten sich die Organisatoren, dass deshalb jene Leipziger, die kein Denkmal wollten, gar nicht erst erschienen. Wozu auch?

Die Leipziger sind praktische Menschen. Sie haben in der LVZ ihre Meinung gesagt, aber sie engagieren sich nur für eine Sache, die wenigstens eine minimale Chance auf Erfolg hat. Sie haben schnell gemerkt, dass in diesem Fall längst alle Messen gesungen waren, »weil es politischer Beschluss ist«, wie der Oberbürgermeister ausführte. Warum sollen die Leipziger aber ein Demokratiespiel mitspielen, wenn schon alles beschlossen ist?!

Übrigens: Friedrich Schorlemmer, der sich auch gegen ein Denkmal ausgesprochen hat, meinte sinngemäß, dass die errungene Demokratie das eigentliche Denkmal ist. Dem kann man nur zustimmen und ergänzen, dass die Demokratie als Gedenkanlage außerdem für diese und künftige Generationen jeweils eine Dauerbaustelle ist …

Nach diesem Revolutionsexkurs, der auf besondere Weise zeigt, wie viele Purzelbäume im Leben geschlagen werden können, möchte ich Sie am Schluss des Bandes noch mit ein paar Anekdoten aus unsrer neuen Zeit unterhalten.

Burkhard Jung zog bald nach der Wiedervereinigung nach Leipzig und erhielt – trotz seiner Jugend – eine tolle Aufgabe: Er wurde Direktor des Evangelischen Schulzentrums.

1991 reihte er sich eines Tages in der Hauptpost in eine Schlange ein und kam mit seinem Vordermann ins Gespräch. Der fragte ihn irgendwann, woher er denn stamme.

Jung stammt aus Siegen und antwortete deshalb: »Ich komme aus dem Siegerland.«

Pause.

Dann drehte sich der Mann wieder um und sprach kein Wort mehr mit unserem späteren Oberbürgermeister. Das war dem eine Lehre und er kam fürderhin immer nur aus Siegen …

Die stabilsten Schlangen, die sich aus der DDR ins neue Zeitalter herübergerettet haben, sind die vor den Bahnschaltern. Das änderte sich auch nicht, als man diese Stellen in weltmännischer Protzmanier »Counter« genannt hatte.

Ort der Handlung ist also eine lange Schlange daselbst. Am Tresen steht ein Vietnamese. Der Mitarbeiter fragt ihn etwas, tippt, sieht auf den Bildschirm.

Pause. Fragt, tippt, sieht auf den Bildschirm.

Das wiederholt sich ins Unendliche.

Der Mann vor mir dreht sich zu mir um und deutet mimisch seine Verzweiflung an.

Ich sage ihm: »Der lässt sich wahrscheinlich eine Verbindung nach Hause geben.«

»Ja, aber mit'm Personenzug!«

Ein Leipziger fuhr 1991 mit der Straßenbahnlinie 17 von Böhlitz ins Zentrum und erlebte folgendes: In Höhe des Hotels Merseburger Hof stieg eine Gruppe westdeutscher Touristen in den Wagen. Auf der anderen Seite saß eine alte, elegant gekleidete Dame. Als die Bahn etwa das Stadion passierte, fragte einer aus der Gruppe: »Sie entschuldigen, können Sie mir ein paar Tipps geben, was man sich in Leipzig unbedingt ansehen sollte?«

Die Dame antwortete: »Das tut mir leid, ich bin nicht aus Leipzig. Ich komme aus Ostpreußen und bin erst seit 1945 hier!«

Zwei Freundinnen unterhalten sich über Kleidungsfragen. Die eine hat figürlich in den letzten Jahren ordentlich zugelegt. Schließlich rät ihr die viel schlankere Dame, sie solle es doch mit ihrem Klamotten-Wunsch einmal bei H & M versuchen.

»Bei H & M?!!! Das einzige, was mir dort passt, ist die Umkleidekabine!«

Anfang der neunziger Jahre besichtigte ein neuer Hausbesitzer mit zwei Baufachleuten sein eben erworbenes Gründerzeitgebäude irgendwo in der Messestadt.

Die Mieter sahen so etwas immer mit einem weinenden und einem lachenden Auge. Auf der einen Seite kündigte sich an, dass der weitere Verfall nun gestoppt und der alte Glanz wieder zum Leben erweckt würde. Auf der anderen Seite bedeutete das den Auszug mit ungewissem Ausgang, denn ob man sich anschließend die lieb und teuer gewordene Wohnung noch würde leisten können?

Solche wichtigen Männer in Anzügen standen also Anfang der neunziger Jahre überall in unserer Stadt auf den Höfen und sahen nach oben, betrachteten das Treppenhaus, erbaten sich auch Zugang zu einer Wohnung, um modellhaft den Schnitt zu betrachten und Konsequenzen für die Rekonstruktion zu ziehen. Schließlich kam der Boden dran und man lehnte in unserem Fall eine aus der Gründerzeit stammende Eisenleiter an, um durch ein Fenster auf das Dach zu steigen.

Plötzlich hörte der Mieter im 4. Stockwerk einen ohrenbetäubenden Krach.

Dann Stille und bald Hilferufe.

Er verließ seine Wohnung, ging nach oben und sah, dass die Leiter abgerutscht war. Daher das Getöse! Vor dem hellen Himmel über der Luke entdeckte er drei ängstliche Gesichter, die jenen Mieter baten, die Leiter zur Rettung der Ausgesperrten wieder anzustellen.

Da meinte der pfiffige Mann: »Das lässt sich schon machen...Da müssen wir bloß vorher noch über die Höhe der Miete nach der Rekonstruktion reden!«

Vieles hat uns die neue Zeit gebracht, aber eine Sache, die mir besonders am Herzen lag und die meinem Herzen auch immer nahe ist, geht uns mit der neuen Zeit mehr und mehr verloren: der Dialekt.

Nun höre ich, dass das nicht, wie ich dachte, in Sachsen

besonders verbreitet ist, weil die pfiffigen und dynamischen jungen Bewohner des Freistaats eine landesweite Karriere ins Auge fassen und glauben, jene oft als »gemiedlich« eingeschätzte Sprache wirke zu putzig im harten Geschäft des Alltags. Nein, auch in den alten Ländern, so sagte man mir, sei der Dialekt generell auf dem Rückzug. Die jungen Menschen sprechen in der globalisierten Welt eher Englisch als die Mundart ihrer Väter und Großväter.

Welch ein Verlust!

Dabei haben die älteren, noch sächsisch sprechenden Bewohner unseres Landstrichs längst Begriffe, die mit der neuen Zeit über uns gekommen sind, ins Sächsisch eingearbeitet. Und zeigen so, dass auch der Dialekt mit der Zeit gehen kann!

Ich nenne nur das in Kinos über dem Boden zerkrümelte »Bobbgorn« oder die Unterstellmöglichkeit für Autos, den »Gahrbohrd«, sowie die beim Einkauf verwendete »Beebägg-Garde«.

Aber was den Dialekt an sich anbetrifft: Ich weiß nicht, wie viel Eindruck heutzutage noch Goethe macht ... seine Wirkung lässt ja schon eine Zeitlang nach. Oder kennen Sie jemand, der gerade etwas von ihm liest? In einer Bestsellerliste ist er auch noch nie aufgetaucht.

Sei es, wie es sei: Er brachte jedenfalls der jeweiligen Umgangssprache immer viel Sympathie entgegen und soll selbst bis ins Alter einen Anklang an den Frankfurter Dialekt nicht verleugnet haben.

Und der Deutschen größter Dichter sagte seinerzeit: »Der Dialekt ist doch eigentlich das Element, in welchem die Seele ihren Atem schöpft.«

Deshalb frage ich mit Bezug auf die sprachlichen Verluste: Und woraus schöpft sie dann zukünftig?

Verwendete Literatur

Ahbe, Thomas/Hofmann, Michael: Es kann nur besser werden, Gustav Kiepenheuer Verlag, Leipzig 2001

Bachmann, Ralf: Die Bornsteins, Sax Verlag, Beucha 2006

Bachwitz, Hans: Wetten, Sie lachen!, Verlag A. Bergmann, Leipzig o. J.

Baresel, Alfred: Musikgeschichte in Witzen, F. Krick Verlag, Leipzig 1926

Baresel, Alfred: Frohes Volk, vergnügte Sachsen, Verlag Klaus Edgar Herfurth, Frankfurt am Main 1962

Bemmann, Helga: Berliner Musenkinder-Memoiren, Berlin 1981

Blumenthal, Oscar: Auf der Mensur, Verlag von Ernst Julius Günther, Leipzig 1878

Brandl, Willy: Scherzo, Bechtle Verlag, Esslingen 1951

Das Leipziger Musikviertel, Verlag im Wissenschaftszentrum, Leipzig 1997

Dem Luther aufs Maul geschaut, ausgewählt von Thomas Maess, Verlag Koehler & Amelang; Leipzig o. J.

Die Einübung der Außenspur. Die andere Kultur in Leipzig 1971 bis 1990, Thom Verlag, Leipzig 1996

Die Fermate, Jahresschrift des anspruchsvollen Künstlers, hrsg. Gewandhaus zu Leipzig, Leipzig

Ebermayer, Erich: Eh' ich's vergesse, herausgegeben und mit einem Nachwort von Dirk Heißerer, LangenMüller Verlag, München 2005

Eggebrecht, Axel: Der halbe Weg, Zwischenbilanz einer Epoche, Rowohlt Verlag, Hamburg 1975

Esche, Eberhard: Der Hase im Rausch, Eulenspiegel Verlag, Berlin 2000

Fallada, Hans: Damals bei uns daheim, Aufbau-Verlag Berlin und Weimar 1982

Forner, Johannes: Kurt Masur, Propyläen Verlag, Berlin und München 2002
Führer, Christian: Und wir sind dabei gewesen. Die Revolution, die aus der Kirche kam, Ullstein Verlag, Berlin 2008

Günther, Herbert: Drehbühne der Zeit, Christian Wegner Verlag, Hamburg 1957

Haas, Willy: Die literarische Welt, Paul List Verlag, München 1957
Heindl, Gottfried/Schambeck, Herbert: Prozesse sind ein Silberschweiß oder Juristenbrevier, Paul Neff Verlag, Wien 1979
Hirsch, Helmut: Bebel, Rowohlt Taschenbuch Verlag, Reinbek 1973
Hoerning, Hanskarl: Die Leipziger Pfeffermühle, Lehmstedt Verlag, Leipzig 2004

Kästner, Erich: Der Karneval des Kaufmanns, Lehmstedt Verlag, Leipzig 2004
Katsch, Günter/Schwendler, Gerhild: Leipziger Universitätsgeschichtliche Kuriositäten, Karl-Marx-Universität, Leipzig 1990
Kinder in Uniform. Generationen im Gespräch über Kindheit und Jugend in zwei deutschen Diktaturen, herausgegeben vom Schulmuseum – Werkstatt für Schulgeschichte, Leipzig 2008
Kowalczuk, Ilko-Sascha: Endspiel. Die Revolution von 1989 in der DDR, Bundeszentrale für politische Bildung, Bonn 2000
Kulissentreiben, Almanach für 1906, Kommissionsverlag von C. F. W. Siegels Musikalienhandlung, Leipzig 1906
Kutschbach, Albin: Jugenderinnerungen eines alten Leipzigers, Verlag Heinr. F. A. Timm, Leipzig 1926

Leipziger Anekdoten aus Kultur und Wissenschaft, gesammelt, bearbeitet und herausgegeben von Dietmar Keller, VEB Verlag für Grundstoffindustrie, Leipzig 1987. Neue Folge, Leipzig 1989
Leipziger Blätter, Nr. 36 und 39, Passage-Verlag, Leipzig
Leipziger Capricen. Humoristisch-satyrisches Leucht- und Buntfeuer von Sprühteufel, Druck und Verlag von Gustav Kürsten, Leipzig 1852
Leipziger Frauengeschichten, herausgegeben von Gerlinde Kämmerer und Anett Pilz, Gebr. Klingenberg Buchkunst, Leipzig 1995

Leipziger Kalender, 1904 bis 1914, 1925, Verlag von Georg Merseburger, Leipzig
Leipziger Raritäten-Cabinet. Blätter für Ernst und frohe Laune, Verlag der H. E. Kramer'schen Buchdruckerei, Leipzig 1858
Lippold, Adolf: Erinnerungen eines alten Leipzigers, Verlag von Otto Lenz, Leipzig 1893
Loest, Erich: Durch die Erde ein Riß, Hoffmann und Campe Verlag, Hamburg 1981
Lohse, Günter: Ich bin keine Bodentür. Anekdotisches aus der Musiktheaterwelt, xlibri. de
Ludwig Hoffmann: Lebenserinnerungen eines Architekten, Gebr. Mann Verlag, Berlin 1983

Mack, Fritz: Das lustige Anekdotenbuch, Verlag A. Bergmann, Leipzig 1926
Markun, Silvia: Ernst Bloch, Rowohlt Taschenbuch Verlag, Reinbek 1977
Martens, Kurt: Schonungslose Lebenschronik, Rikola Verlag, Wien 1921
Mayer, Hans: Ein Deutscher auf Widerruf, Suhrkamp Verlag, Frankfurt am Main 1984

Nowak, Kurt: Jenseits des mehrheitlichen Schweigens, Union Verlag, Berlin 1990

Rauch, Karl: Die Anekdote, Bechtle Verlag, Esslingen 1953
Rauch, Karl: Mein Leipzig lob ich mir, Verlag Wolfgang Weidlich. Frankfurt am Main 1965
Reimann, Hans: Das Paukerbuch, Georg Müller, München 1918
Reimann, Hans: Dr Geenij, Paul Steegemann Verlag, Hannover und Leipzig 1923
Reimann, Hans: Leipzig. Was nicht im Baedeker steht, R. Piper & Co. Verlag, München 1929
Reimann, Hans: Mein blaues Wunder, Paul List Verlag, München 1959
Reimann, Hans: Sächsische Miniaturen, Band 2, Paul Steegemann Verlag, Hannover und Leipzig 1923
Reimann, Hans: Tyll, Kurt Wolff Verlag, München 1922
Res severa est verum gaudium, Gewandhausanekdoten, gesammelt von Gewandhausdirektor Dr. Karl Zumpe

Ringelnatz, Joachim: Mein Leben bis zum Kriege, Rowohlt Taschenbuch Verlag, Reinbek 1966

Schauspieler sein … Die Erinnerungen Bernhard Wildenhains, herausgegeben und bearbeitet von Ferdinand und Käte May, Henschelverlag, Berlin 1958
Schulz, Stephan: What a Wonderful World. Als Louis Armstrong durch den Osten tourte, Verlag Neues Leben, Berlin 2010
Schwimmer, Max: Skizzen per Post. Mit Randnotizen von Eike Midell, VEB E. A. Seemann Verlag, Leipzig 1975
Sickert, Maxi: Clarinet Bird, Christian Broecking Verlag, Berlin 2009

Uhlrich, Claus: Verschwunden. Schicksale Leipziger Denkmale, Gedenksteine und Plastiken, Verlagsbuchhandlung Bachmann, Leipzig 1994
Und heiter ist die Kunst. Walther Davisson erzählt, Privatdruck, Hamburg 1992
Universitätskirche Leipzig, Verlag Kunst und Touristik, Leipzig 1992

Witkowski, Georg: Von Menschen und Büchern. Erinnerungen, 1863–1933, Lehmstedt Verlag, Leipzig 2003

Zeitgemäßes aus der »Literarischen Welt« von 1925–1932, herausgegeben von Willy Haas, J. G. Cotta'sche Buchhandlung Nachf., Stuttgart 1963

Personenregister

Ausgewählte Personen

Dank

Neben selbst erlebten Begebenheiten aus dem Alltag habe ich Freunde, Bekannte und Persönlichkeiten gebeten, mir Anekdotisches aus ihrer Erinnerung zu erzählen.

Darum danke ich an dieser Stelle Dr. Annette Boenheim / Klaus Bresser / Wolfgang Bruns / Peter Chalupsky / Edwin Dorner / Wella Dost / Friedhelm Eberle / Marion Eckertz-Höfer / Doris Fuhrmann / Prof. Sighard Gille / Heinz Gothe (†) / Klaus Görner / Christa Gottschalk / Dr. Hajo Götze / Jürgen Hart (†) / Dr. Renate Hartleb / Egbert Herfurth / Prof. Klaus Hertel / Dr. Siegfried Hillert / Franz Hohler / Prof. Eberhard Hoyer / Frank Hüfner / Burkhard Jung / Tobias Jurack / Prof. Ruth Kestner-Boche / Simson Jakob Kreutner (†) / Sascha Lange / Stefanie Lange / Günter Lohse (†) / Wolfgang Mattheuer (†) / Michael Meyer / Eva-Charlotte Müller / Max Christoph Naumann / Thomas Pammler / Prof. Karl-Heinz Passin / Bernd Peschko / Johannes Pietsch / Axel Prahl / Valentin Querner / Rolf Richter / Frederick Rose (†) / Prof. Hans-Joachim Rotzsch / Prof. Helmut Rötzsch / Michael Rosenthal / Prof. Dr. Gerd Schönfelder (†) / Wolfgang U. Schütte / Peter Seidel / Hans-Jürgen Silbermann / Peter Sodann / Heinz Sterz (†) / Volker Stiehler / Schoschana Stobezki (†) / Dr. Uwe Tischer / Dr. Michael Tröltzsch / Barbara Trommer / Johannes Truckenbrod / Manfred Uhlig / Oswin Volkamer / Brigitte Volkwein / Prof. Heinz Wagner (†) / Prof. Cornelius Weiss / Hans-Robert Wille (†) / Wolf Winkler / Gottfried Wolff / Dr. Roland Wötzel / Prof. Gert Wunderlich / Manfred Zetzsche

Besonders danke ich Dr. Dietmar Keller, der mir seinen anekdotischen Fundus zur Auswertung zur Verfügung stellte.

Doris Mundus vom Stadtgeschichtlichen Museum danke ich für Informationen zum »Verbrechertisch«, Petra Eichinger von der Bibliothek Museums für Buchtipps zum historischen Leipzig.

Mein besonderer Dank gilt Renate Kranz für das Aufspüren interessanter Dokumente von der BStU (Die Bundesbeauftragte für die Unterlagen des Staatssicherheitsdienstes der ehemaligen DDR) Leipzig.